Rydian Dieyi

LES TEMOINS DE JEHOVAH :
LA VERITE A L'ENDROIT

Tous droits de traduction, d'adaptation et de reproduction réservés pour tous pays.

© Rydian Dieyi, 2022
Édition : BoD – Books on Demand, info@bod.fr
Impression : BoD – Books on Demand, In de Tarpen 42, Norderstedt (Allemagne)
Impression à la demande
Page de couverture : Canva creative Studio
ISBN : 978-2-3224-5258-3
Dépôt légal : Novembre 2022

Les Témoins de Jéhovah : La vérité à l'endroit

A Amélie,
A mes enfants.

« Mais *celui qui agit selon la vérité vient à la lumière,
afin que ses œuvres soient manifestées,
parce qu'elles sont faites en Dieu.* » (**Jean 3 :21, LS**)

« *Tous ceux que le Père me donne viendront à moi,
et je ne mettrai pas dehors celui qui vient à moi ;
[...]Or, la volonté de celui qui m'a envoyé,
c'est que je ne perde rien de tout ce qu'il m'a donné,
mais que je le ressuscite au dernier jour.* » (**Jean 6 :37, 39, LS**)

« *But he that doeth truth cometh to the light,
that his deeds may be made manifest,
that they are wrought in God.* » (**John 3 : 21, KJV**)

« *All that the Father giveth me shall come to me;
and him that cometh to me I will in no wise cast out.
[...] And this is the Father's will which hath sent me,
that of all which he hath given me I should lose nothing,
but should raise it up again at the last day.* » (**John 6 : 37,39 KJV**)

AVANT-PROPOS

Le présent ouvrage répond avant tout à un besoin d'explication sur l'inanité des fondements sur lesquels repose l'Eglise des Témoins de Jéhovah.

A ce titre, la démarche de l'ouvrage poursuit une finalité pédagogique pour tout lecteur curieux du fait religieux.

Plus prosaïquement, ce livre sert également de réponse, par anticipation, aux interrogations, fort légitimes, que mes enfants pourront avoir sur les raisons de mon départ d'un mouvement religieux où j'ai passé les 25 premières années de ma vie en son sein, y apportant temps et soutien actif, ne serait-ce que dans l'œuvre de recrutement des futurs membres.

Ce manuscrit est enfin le symbole d'un engagement, fut-ce minime, aux côtés de la Liberté et de la Responsabilité, attributs devant caractériser tout citoyen et tout chrétien, soucieux de la préservation de l'identité intrinsèque de l'Homme.

Ces deux caractéristiques fondamentales sont malheureusement annihilées par l'appartenance, accidentelle (du fait de la naissance) ou volontaire (du fait d'une adhésion postérieure), d'un individu au sein des Témoins de Jéhovah, malgré les vives dénégations de ces derniers sur ce fait.

Les Témoins de Jéhovah : la vérité à l'endroit est un ouvrage qui apporte un éclairage objectif sur l'artificialité de toutes les croyances et pratiques des Témoins de Jéhovah.

Toute l'histoire des Témoins de Jéhovah résulte en effet d'une construction mythologique, pouvant, au demeurant, être datée et sourcée. Ce bricolage s'étend sur les croyances fondamentales de cette Eglise, à telle enseigne qu'elle manque de colonne vertébrale sur tous les points doctrinaux censés engager et diriger la vie d'un croyant.

Ne supportant aucune contradiction, la Société Watch Tower[1] a théorisé une théologie de l'obéissance ; mieux, de la soumission à tous ses dires, faits et gestes. Au terme de ce processus, elle s'est dissoute dans la vérité, s'identifiant alors à cette dernière, au point de lier le salut des âmes dans l'appartenance au mouvement, lequel est « *la vérité* ».

C'est donc contre cette arnaque intellectuelle et spirituelle que cet ouvrage se propose de ferrailler.

La méthodologie retenue consistera à (i) rappeler les origines historiques du mouvement, telles que construites par ses quatre premiers dirigeants ; s'ensuivra (ii) une analyse thématique de cinq points mettant en exergue l'inconsistance congénitale de tout l'édifice doctrinal et organisationnel des Témoins de Jéhovah.

Le point focal sur la France achèvera (iii) la description du décalage existant entre, d'une part, la jouissance de l'officialité reconnue au mouvement depuis sa victoire devant la Cour Européenne des Droits de l'Homme (CEDH) le 30 juin 2011 et, d'autre part, la détérioration continue de son image dans l'opinion publique française.

---

[1] Cf Glossaire

Je n'élude pas les us et coutumes des témoins de Jéhovah dans leur individualité. Leurs obligations « spirituelles », doublée d'un dressage quotidien reçu de la Société Watch Tower, ne les prédestinent pas à être des grands lecteurs.

Il existe des exceptions (même dans l'armée la plus disciplinée au monde). Ces exceptions ont d'ailleurs tendance à augmenter, à en croire les défections régulières que ne cesse d'enregistrer la Société Watch Tower.

Toute prise de conscience d'une illusion est toujours progressive, et le temps passé à appréhender toute la mesure d'une idée reçue, initialement tenue pour vraie, dépend du degré d'enracinement de cette idéologie.

Dans cette œuvre salvatrice d'aide à la prise de conscience de la nocivité des doctrines et des pratiques promues par la Société Watch Tower, le découragement n'est pas de mise.

Plusieurs activistes œuvrent, parfois à temps plein, dans cette mission périlleuse et ingrate.

Leur courage doit être salué.

Même si je ne suis pas membre de cette armée spartiate, j'ai tout de même souhaité faire mienne le même adage qui motiva un héros méconnu de son temps, Walter Salter[2], à s'opposer courageusement au 3ième président de la Société Watch Tower d'alors, et qui se résume de la sorte :

---

[2] Cf. Chapitre 3.

« *Un homme qui ne peut pas penser est un idiot ; un homme qui ne pense pas est un imbécile ; et un homme qui a peur de penser est un lâche* ».

Aussi, après avoir « *pensé* » en toute objectivité la Société Watch Tower, si cet ouvrage peut contribuer d'aider d'autres « *à penser* », fut-ce un tant soit peu, que le Seigneur, du haut de son trône, soit loué.

Rydian Dieyi

SOMMAIRE

GLOSSAIRE 9-10

PARTIE I 11

Chapitre 1 : Charles T. Russell, le pionnier 12

Chapitre 2 : Joseph F. Rutherford, le fondateur 58

Chapitre 3 : Dupond & Dupont 105

PARTIE II 168

Chapitre 4 : L'introuvable Collège dirigeant 169

Chapitre 5 : Un double état de désespérance 198

Chapitre 6 : Vive le sang, vive la mort ! 210

Chapitre 7 : Présumé coupable 227

Chapitre 8 : Ainsi parlait Monsieur X… 241

PARTIE III 259

Chapitre 9 : Chez les Gaulois 260

GLOSSAIRES

La Société Watch Tower :

Sa dénomination intégrale est la Watch Tower Bible and Tract Society, New-York Inc. Il s'agit de l'entité juridique et commerciale détentrice de tous les droits de propriété intellectuelle et industrielle de toutes les productions de l'Eglise mère des Témoins de Jéhovah, ayant son siège à New-York. A ce titre, « *La Société Watch Tower* » peut être utilisée en synonyme des **T**émoins de Jéhovah.

Les Témoins de Jéhovah :

Dans l'ouvrage, l'expression « *les Témoins de Jéhovah* » fait référence à l'Eglise mère des témoins de Jéhovah, en ce compris sa hiérarchie officielle, exécutive et commerciale. L'expression « *témoins de Jéhovah* » renvoie seulement aux membres de cette organisation, prise dans leur individualité.

Ancien :

Il s'agit du ministre du culte ou de la dénomination officielle du responsable d'une église locale des témoins de Jéhovah. Depuis les années soixante-dix, la direction d'une église locale des témoins de Jéhovah est devenue collégiale. On parle alors du ou d'un collège d'anciens.

La Tour de Garde :

Il s'agit d'une brochure mensuelle, publiée par la Société Watch Tower, et servant d'outil principal d'enseignement des témoins de Jéhovah dans le monde. Toutes les églises locales des témoins de Jéhovah reçoivent ainsi le même enseignement, sans aucune variation ou adaptation. Cet outil permet d'assurer une standardisation des croyances et des pratiques de tous les fidèles. En pratique, un article de la Tour de Garde dispose de la même valeur qu'un verset de la Bible, en dépit d'un discours officiel contraire.

Colporteur :

Il s'agit d'un membre baptisé s'adonnant à l'œuvre d'évangélisation. De nos jours, on parle de proclamateur. Le terme de colporteur peut également signifier un membre baptisé s'engageant à effectuer un certain nombre d'heures précis (dans le mois ou dans l'année) dans l'œuvre d'évangélisation. De nos jours, on parlera de « *pionnier* ». Un pionnier s'engage à effectuer 50 heures par mois (avant, il s'agissait de 70 heures), soit 600 heures dans l'année.

Salle du royaume :

Il s'agit de la dénomination officielle des lieux de culte des témoins de Jéhovah. Ce terme fut inventé par Joseph Rutherford, 3ième président de la Société Watch Tower.

PARTIE I

La Société Watch Tower prône la recherche de la genèse de toute chose, avant d'en recommander l'usage à ses fidèles ou de les en dissuader.

Soit.

Appliquons donc cette méthode en ce qui la concerne.

Nous revisiterons ainsi la vie et l'œuvre de Charles Taze Russell (**Chapitre 1**), puis nous reconsidérerons la présidence de Joseph Franklin Rutherford (**Chapitre 2**), en ponctuant cette rétrospection sur le tandem Nathan Homer Knorr et Frederick William Franz (**Chapitre 3**).

Au terminus de ce voyage, voyons s'ils sont dignes de recommandation, conformément à l'exhortation biblique suivante :

> « *Souvenez-vous de vos conducteurs qui vous ont annoncé la parole de Dieu, et, considérant l'issue de leur conduite, imitez leur foi.* » (**Héb 13 :7, Darby**).

Chapitre 1 : Charles T. Russell, le pionnier

Charles T. Russell est davantage considéré par les Témoins de Jéhovah comme le pionnier dans l'œuvre de refondation du vrai christianisme, en lieu du fondateur du mouvement.

Même si la quasi-totalité de ses enseignements n'ont plus cours dans le corpus doctrinal du mouvement, les Témoins de Jéhovah lui reconnaissent toujours le rôle de *primus inter pares* dans leur histoire officielle, ne serait-ce qu'en guise de reconnaissance du complexe immobilier et industriel que Charles Russell, en capitaine d'industrie, légua au mouvement.

Rejeter la figure de Charles Russell rendrait immédiatement incompréhensible l'existence de Joseph Rutherford et certaines doctrines enseignées, au rang duquel figure la doctrine d'un Collège dirigeant ou d'un « *esclave fidèle et avisé* »[3].

Toutefois, l'arrimage de la Société Watch Tower à Charles Russell n'a qu'un rôle utilitaire résiduel : l'objectif poursuivi consiste à rattacher le mouvement à l'œuvre de refondation ou de restauration d'un christianisme primitif non dévoyé, telle que Charles Russell s'est-il prétendument évertué de réaliser.

Cet objectif atteint, ce pionnier est immédiatement rangé dans son sinistre musée, réservé à ses seuls vrais acolytes[4], qui ont essaimé

---

[3] Cf. Chapitre 4
[4] Le Mouvement Missionnaire Intérieur Laïque, l'Association Française des Libres Etudiants de la Bible, l'Association des Etudiants de la Bible « Aurore », l'Association Philanthropique des Amis de l'Homme, l'Institut Biblique Pastoral de Brooklyn, les Etudiants de la Bible Associés, les Serviteurs de Yah…

dès l'avènement de Joseph Rutherford à la tête de la Société Watch Tower.

Revenons brièvement sur les points marquants de l'histoire de Charles Russell.

1. **Une jeunesse marquée par des préoccupations spirituelles**

   1.1. <u>De la ferveur au doute</u>

Charles Russell naquit le 16 février 1852, à Pittsburgh (Pennsylvanie). Il est le deuxième d'une fratrie de 5 enfants, de Joseph Lytel et d'Ann Russell[5].

De bonne heure, Charles Russell fut initié à la religion, puis aux affaires de son père. Ces deux activités ne le quittèrent plus, devenant des traits saillants de sa personnalité[6].

A l'aube de sa jeunesse, Joseph Russell associa son fils dans la chaîne de mercerie qu'il possédait.

A 12 ans, le jeune Charles s'occupait déjà des relations contractuelles et commerciales du groupe, avant de devenir, à l'âge de 18 ans, le co-dirigeant de la structure familiale[7].

En parallèle, Charles Russell faisait déjà état d'une forte dévotion religieuse.

---

[5] Jehovah's Witnesses in the Divine Purpose, 1959, p17
[6] Cathleen Koenig, Charles Taze Russell
[7] https://medium.com/@Brownstoner/the-end-of-the-world-charles-t-russell-and-why-the-jehovah-s-witnesses-came-to-brooklyn-105ffc46c1d4

On le retrouvait ainsi régulièrement dans les rues de la ville, placardant des écrits ou des versets bibliques relatifs à l'enfer sur les clôtures des maisons et les panneaux publicitaires[8].

A 13 ans, il abandonna l'église presbytérienne, dont sa famille fut membre depuis son enfance, pour intégrer l'église congrégationaliste.

Il tenta de compléter sa très modeste éducation[9] par une lecture extensive de traités théologiques et de la Bible. Malheureusement, tous ses efforts s'effondrèrent lorsque confronté, à 16 ans, à un agnostique lors d'un débat, il constata piteusement la faiblesse de son argumentaire[10].

Déçu par une foi aussi faible et vacillante, il se mit à rechercher ardemment des réponses à ses questions vers d'autres pratiques religieuses, hors de la sphère du christianisme.

En vain.

Il retrouvera du zèle et de la confiance dans le christianisme grâce à des rencontres déterminantes.

1.2. L'éveil d'un millénariste

En 1870, Charles Russell ressortit bouleverser d'un sermon présenté par Jonas Wendell, prédicateur adventiste et disciple de William Miller.

---

[8] Overland Monthly February 1917, p 129
[9] Il fréquenta l'Ecole publique pendant 7 ans, avant de cesser ses études à 14 ans.
[10] Cathleen Koenig, Charles Taze Russell

A 18 ans, il avoua à ses proches que le sermon de Wendell avait ranimé sa foi dans la Bible[11].

C'est d'ailleurs vraisemblablement à cette époque que Charles Russell fit la connaissance de William H. Conley, qui deviendrait son associé dans la Zion's Watchtower Tract Society[12], sous sa forme associative, et le premier président de cette structure.

En cette même année, il mit sur pied un groupe d'étude de la Bible, suivant son intuition selon laquelle les croyances et les doctrines de son temps étaient entachées d'erreur. Soit l'annonce d'une *Tabula rasa*…

Classique.

Ce groupe, appelé Les Etudiants de la Bible d'Allegheny[13], était initialement composé de 5 personnes : William et, sa femme, Sarah Conley, ainsi que Joseph, Margaret[14] et Charles Russell[15].

En 1876, la position de Charles Russell fut définitivement fixée sur des points fondamentaux du christianisme : rejet de l'enfer de feu, rejet de l'immortalité de l'âme, rejet de la divinité éternelle du Christ et de la divinité de l'Esprit Saint[16].

La même année, après une rencontre déterminante avec l'adventiste Nelson Barbour, Charles Russell, enthousiasmé par cet

---

[11] La Tour de Garde, 1er juin 1916, p170
[12] Ancêtre de la Watchtower Bible and Track Society
[13] Sa dénomination officielle fut la People's Pulpit Association
[14] Fille de Joseph Lytel Russell et sœur de Charles Russell
[15] https://www.watchtowerlies.com/russell_pas_le_premier_president_de_la_watchtower.html
[16] Cathleen Koenig, Charles Taze Russell

autre millénariste, vendît la mercerie familiale afin de soutenir l'œuvre de Barbour[17].

Et pour cause !

Nelson Barbour, via des calculs alambiqués, prédît le retour physique du Christ en avril 1878[18].

Fort du soutien financier de Charles Russell, Nelson Barbour propagea le retour imminent du Christ et l'enlèvement consécutif des saints.

Charles Russell ne fut pas du reste dans cette campagne d'éveil spirituel.

Lorsque la prédiction de Nelson Barbour échoua, plusieurs de ses disciples l'abandonnèrent.

Curieusement, si Nelson Barbour se montra fort gêné de s'être autant fourvoyé, Charles Russell ne manifesta aucun embarras.

Un de ses proches collaborateurs, Alexander MacMillan[19], confirma l'état d'indifférence de Charles Russell face à ce fiasco[20].

Un rapide réexamen du calcul de la prophétie le convainquît que Nelson Barbour n'eut que partiellement tort. Charles Russell considéra en effet que Christ était bien revenu en 1878, mais

---

[17] https://www.challies.com/articles/the-false-teachers-charles-taze-russell/
[18] Herald of the Morning, July 1878, p5
[19] Membre du Collège dirigeant selon une réécriture de l'histoire par la Société Watch Tower à partir de 1971 (Cf. Chapitre 4)
[20] Alexander MacMillan, Faith on the March, 1957, p27

seulement de manière « *invisible* » ou spirituelle ; la parousie[21] devant arriver dans peu de temps …

Nelson Barbour, de son côté, ne se remît jamais de son échec.

De cet épisode naîtra une des méthodes chères à Charles Russell, puis à tous ses successeurs : confronté à une fausse prévision, il convient d'exciper d'une simple erreur de calcul, puis modifier l'un des termes de la prophétie (ex. remplacer la parousie par un retour « *invisible* »), pour maintenir en vie la prédiction.

En pratique, il suffisait d'avancer l'idée que l'année 1878, loin de correspondre à la parousie, marquait en réalité le début du règne invisible de Jésus depuis les cieux. De la sorte, toute nouvelle date, annoncée comme l'échéance de la parousie, pouvait être modifiée à loisir.

Charles Russell s'hasarda à convaincre Nelson Barbour de rallier cette version.

Peine perdue.

C'est alors que Charles Russell lui retira son soutien financier.

2. L'avènement d'un leader spirituel

2.1. <u>La mise à pied d'une machine de guerre</u>

Après sa séparation d'avec Nelson Barbour, Charles Russell créa la Zion's Watch Tower Tract Society en 1881.

---

[21] Le second retour physique de Christ

Cette structure, initialement créée sous la forme d'une association, eut notamment pour objectif de propager et de commercialiser les publications doctrinales des Etudiants de la Bible d'Allegheny.

Le Comité d'administration de la Zion's Watch Tower Tract Society était composé de la manière suivante :

Membres	Fonctions	Capital
William Conley	Président	3 500$ (70%)
Joseph Russell	Vice-Président	1 000$ (20%)
Charles Russell	Secrétaire Trésorier	500$ (10%)

4 instruments jouèrent un rôle fondamental dans le prompt développement de l'œuvre de Charles Russell :

- ✓ L'érection d'une société d'édition.

    La « *Tower Publishing Company* » lui permît d'imprimer ses propres tracts, magazines et ouvrages théologiques[22].

- ✓ Un réseau d'églises indépendant[23].

- ✓ Une main-œuvre gratuite et organique, appelée colporteurs[24], fournie par les églises affiliées aux Etudiants de la Bible.

---

[22] Annuaire des Témoins de Jéhovah, 1975, p42
[23] Biography of Pastor Russell, Divine Plan of the Ages, 1918, p6
[24] Cf. Glossaire

- ✓ La diffusion d'un périodique, dénommé la « *Zion's Watch Tower and Herald of Christ's Présence*[25] », dans lequel on retrouvait les sermons et les enseignements de Charles Russell.

En 1884, Charles Russell se sépara de William Conley, qui se plaignait notamment du déséquilibre constaté entre le capital investi [26] et le faible retour sur investissement, ainsi que le rejet de la doctrine de la trinité.

La même année, Charles Russell transforma la Zion's Watch Tower Tract Society en une société et en devint le président, en remplacement de William Conley.

En 1886, la Zion's Watch Tower Tract Society devint la Watch Tower Bible and Tract Society.

En 1908, le siège de la nouvelle société, initialement situé à Allegheny (Pennsylvanie), fut transféré à Brooklyn, dans l'Etat de New-York.

La raison de ce transfert était double : d'une part, la taille de la ville de New-York, son prestige et sa réputation séduisaient le capitaine d'industrie que fut Charles Russell[27].

D'autre part, le déménagement à New-York permettait à Charles Russell de tenter d'échapper à l'exécution du jugement des

---

[25] Futur Tour de Garde.
[26] Il fut l'associé majoritaire de l'association
[27] A l'époque, New-York était communément appelée « la cité des églises ». Les journaux de l'époque éditaient et diffusaient les sermons des meilleurs pasteurs de la ville, donnant ainsi un formidable coup de pouce à la carrière d'un pasteur. Charles Russell ne fut pas insensible à l'idée de voir son nom accolé aux personnalités de l'époque, à l'instar des pasteurs DeWitt Talmage, Richard Storrs ou encore Henry Ward Beecher.

juridictions de Pennsylvanie, l'ayant condamné à payer une pension à sa femme, Maria Russell[28], ou du moins de retarder considérablement l'exécution de ce jugement.

Installé à Columbia Heights Avenue, à Brooklyn, lequel comprenait le siège de la *People's Pulpit Association*, les habitations des collaborateurs permanents et une grande imprimerie de 7 étages, la machine de guerre[29] de Charles Russell était fin prête pour son plein déploiement.

2.2. La dissémination des doctrines russelliennes

Charles Russell fut pénétré de sa vocation de restaurer les doctrines originaires du christianisme apostolique.

Ce ministère autoproclamé produisît les enseignements résumés ci-après.

✓ *Sur la trinité*

Initialement, Charles Russell professait croire en la trinité.

C'est en 1882 qu'il rejeta formellement la conception traditionnelle de la trinité, au profit d'une approche quasi arienne[30].

---

[28] http://www.providentialbc.com/Exposing_Jehovahs_Witnesses.html
[29] Ce complexe immobilier s'appelle communément « *Bethel* », mot hébreux signifiant « *Maison de Dieu* ». Les habitants permanents du Béthel sont appelés « *Bethélites* ». Par extension, toute filiale de la Société Watch Tower, dans un pays quelconque, s'appelle également « *Béthel* ».
[30] L'arianisme est une doctrine christologique niant la trinité. Elle est rattachée à Arius, théologien alexandrin du IV siècle. Arius prétendît notamment que Jésus-Christ fut engendré par Dieu le Père à un moment donné. Jésus Christ est donc une créature « engendrée », distincte du Père, mais subordonnée à Lui. En ce sens, sa divinité est nécessairement amoindrie et différente de celle du Père. La pensée de Charles Russell n'est qu'une variante de l'idée d'Arius.

C'est d'ailleurs l'un des points qui contribua à sa séparation d'avec William H. Conley.

Résumons la pensée de Charles Russell en citant un extrait de son sermon délivré en juin 1912, à New-York :

> « *Pas une seule fois, de la Genèse à l'Apocalypse, le mot trinité n'apparaît.* »

> « *La Bible déclare que Jéhovah est le Dieu Tout-Puissant, et que notre Seigneur Jésus est son Fils, sa progéniture, glorieusement exalté à la droite du Père, fait de puissance, de domination et de gloire, en tant que son Principal Représentant et Agent en toutes choses. Le Père et le Fils, bien que des personnes différentes, sont un dans le sens où notre Seigneur Jésus l'a affirmé, un en esprit, en dessein, en plan, en action, en tout sauf en personne.* »

> « *<u>Et la Bible explique que le Fils premier-né de Jéhovah était hautement honoré</u>, en ce sens que le Père l'a utilisé comme canal et agent par lequel toutes les créations ultérieures ont été effectuées. C'est lui qui reçut la commission et le privilège honorables d'être le Rédempteur de l'homme, <u>et de prouver ainsi sa loyauté envers Jéhovah, et d'être élevé à la nature divine</u>, "bien au-dessus des anges, des principautés et des puissances". <u>Dès le début, il était au-dessus de toutes les autres créations réalisées par lui ; mais par cette dernière exaltation, il a atteint</u>, dans sa résurrection d'entre les morts, <u>une place de loin au-dessus de tous les autres à côté du Père à la droite de Dieu, où il restera toujours sans égal.</u>* »

> « *Quant au Saint-Esprit, l'esprit de Vérité, l'esprit de Dieu, l'esprit du Christ, l'esprit de sainteté, l'esprit d'un esprit sain, c'est l'antithèse, ou l'opposé d'un esprit d'erreur, un esprit d'hésitation, l'esprit de*

Satan, ou l'opposition à Dieu, un esprit d'injustice, ou d'impiété. <u>Ce ne sont pas des êtres spirituels différents, mais des émanations d'êtres spirituels.</u> <u>Comme l'esprit de Satan est un esprit du mal</u>, ou une influence, un esprit ou un tempérament mauvais, une puissance émanant de Satan, de même, au contraire, l'esprit de Dieu est un esprit de sainteté, de justice, de vérité, <u>l'émanation et la manifestation de la volonté, du but, de l'énergie et de la puissance divine. Et ce Saint-Esprit procède de Dieu le Père.</u> »

« *Et notre Seigneur Jésus-Christ, étant en parfaite harmonie avec le Père, <u>son Esprit est le même esprit de sainteté et de vérité</u>. Et tous les consacrés de Dieu, dans la mesure où ils ont la pensée de Christ, l'Esprit de Christ, ont le Saint-Esprit et répandent cette sainte influence sur tous ceux avec qui ils entrent en contact.* »

« *Ainsi nous voyons qu'il y a une trinité des Ecritures bien différente de la trinité du Credo, une belle trinité.* »

En résumé, si le Père est Dieu depuis l'éternité, le Fils, lui, devint « Dieu » après sa mort et sa résurrection, élevée à cette position divine par son Père, en récompense à sa vie marquée par une obéissante parfaite.

Quant à l'Esprit Saint, loin d'être une personne, il n'est qu'une manifestation ou une émanation de la puissance du Père ou du Fils.

Sans rentrer dans la contre-argumentation de cette position, constatons simplement que la position russellienne soulève des difficultés théologiques de taille.

Affirmer la divinité postérieure de Jésus remet immédiatement en cause l'affirmation divine trouvée en Esaïe 43 :11[31] :

- Si Jésus fut élevé à la stature divine, postérieurement à sa résurrection, un autre « *Dieu* » fut nécessairement formé après Le Père, en contradiction flagrante avec le texte précité ;

- Si Jésus sauva l'humanité à la croix, antérieurement à son élévation à la stature divine, il y eut alors nécessairement deux sauveurs, et non plus un seul sauveur, comme l'affirme le texte précité.

Par ailleurs, Charles Russell réalisa un saut dans l'inconnu en affirmant que Dieu aurait fait de son Fils un « Dieu[32] » : est-ce à dire que la divinité serait une nature sécable et cessible ? Dieu aurait-il « prit » et « partagé » sa nature avec son Fils, comme l'on partagerait un parapluie en un temps pluvieux ? Si c'est le cas, Dieu peut-il se départir pleinement de ses attributs divins au profit d'un tiers ? Que deviendrait-Il dans ce cas ? Etc.

Au demeurant, tant Le Père que Le Fils ne peuvent plus être crédités des attributs d'immutabilité, de sorte que les textes suivants sont, soit nécessairement faux, soit sujets à interprétation à l'infini :

---

[31] « *Avant moi il n'y a point été formé de Dieu, et après il n'y en aura point*. C'est moi, moi qui suis l'Eternel, *et hors moi il n'y a point de sauveur*. »
[32] Nathan Knorr (4ième président) et Frederick Franz (5ième président) modifièrent intégralement cette doctrine, notamment en accolant au Verbe « d » minuscule en Jean 1 :1...

« *Car je suis l'Eternel, je ne change pas* » (**Mal 3 :6**) ; « *Jésus-Christ est le même hier, et aujourd'hui, et éternellement* » (**Heb 13 :8**) ; « *Père des lumières, chez lequel il n'y a ni changement ni ombre de variation.* » (**Jac 1 :17**).

Enfin, remarquons que si on doit suivre le raisonnement de Charles Russell quant à la nature de l'Esprit saint, on doit nécessairement reconnaitre l'existence de « deux » esprits dans le temps, car le « *Jésus* » (avant qu'il ne devienne « *Dieu* »), avait une nature différente de celle de son Père, et donc des caractéristiques « d'esprit » nécessairement différentes de celles de son Père.

L'esprit humain ne peut que sombrer dans un vertige des questions sans fin et sans réponse satisfaisante.

Dans la christologie de Charles Russell, un être créé (Jésus) pouvait devenir « *Dieu* », comme dans la doctrine mormone. Sa doctrine rendait ainsi l'identité de Dieu, telle que décrite dans la Bible, incompréhensible.

✓ *Sur l'enfer*

Très tôt, le jeune Charles se sentît très mal à l'aise avec la doctrine de l'enfer.

Incapable de concilier ce lieu avec la bonté parfaite de Dieu, il en vint à élaborer sa propre théologie sur la question.

Selon lui, l'enfer n'était pas le lieu préparé par Dieu pour déverser sa juste colère contre les injustes. Un tel endroit n'avait pas de fondement biblique, sauf dans les ouvrages de théologie.

Il soutint plutôt l'idée que l'âme cessait d'exister après la mort, et que tous les hommes, à l'heure de la mort, retournaient au néant.

Sur ce point, contentons-nous d'une simple citation[33] :

> « <u>*Les gens intelligents et pensants*</u> *ont commencé à se demander pourquoi le Seigneur ressusciterait les morts, s'ils étaient soit au paradis, soit en enfer, et leur part fixée à jamais de manière inaltérable. Puis ils ont commencé à se demander pourquoi les morts étaient appelés morts, s'ils étaient vraiment vivants. Puis ils se sont demandé pourquoi notre Seigneur et les apôtres n'avaient rien dit sur le fait que les morts étaient encore vivants, mais au contraire ont toujours indiqué une résurrection comme le seul espoir ; déclarant même que s'il n'y a pas de résurrection, tous ont "péri". (**I Cor. 15 :13-18**.) Alors les paroles de notre Seigneur, promettant un réveil à "tous ceux qui sont dans leurs tombes", ont commencé à avoir un sens ; et l'on s'aperçut peu à peu que les morts ne sont pas vivants, mais que la mort signifie le contraire de la vie. Et ceux qui ont cherché ont trouvé que les Écritures sont en parfaite harmonie avec elles-mêmes sur ce sujet, mais en opposition directe avec les traditions communes d'aujourd'hui, reçues de la papauté. La racine de l'erreur étant ainsi supprimée, les différentes branches ont rapidement commencé à se flétrir. ; et bientôt on vit qu'au lieu que la vie éternelle (dans la misère) soit la punition des méchants, l'inverse est la déclaration biblique du plan de Dieu ; - que la vie éternelle est la récompense de la justice et que la mort, une cessation de la vie, est le châtiment des pécheurs volontaires* »

Cette position, exprimée différemment, a toujours cours chez les Témoins de Jéhovah.

---

[33] Millennial Dawn, Vol. III: Thy Kingdom Come (1891), p. 117.

✓ *Sur le salut*

On peut lire, ci et là, que Charles Russell croyait au salut par la grâce via la foi en Jésus.

Négatif.

Il croyait que le salut s'obtenait par la foi et par les œuvres.
Sur cette question, il s'exprima de la sorte dans son testament [34] :

> *« A la chère famille de Béthel, [...] Je vous supplie de continuer à progresser et à croître, en connaissance et surtout en amour, qui est le fruit important de l'esprit dans ses différentes formes. <u>Je vous exhorte à être humbles</u>, non seulement avec le monde, mais aussi entre vous, <u>à être patients</u> les uns à l'égard des autres et avec tous les hommes, <u>à être doux envers tous</u>, <u>à avoir de la bonté fraternelle</u>, <u>à être pieux et purs</u>. Je vous rappelle que <u>toutes ces qualités nous sont nécessaires, si nous voulons entrer dans le Royaume promis</u> ; l'apôtre nous dit que, si nous faisons ces choses, nous ne broncherons jamais. « <u>C'est ainsi, en effet, que l'entrée dans le royaume éternel de notre Seigneur et Sauveur Jésus-Christ nous sera pleinement accordée</u> ».*

✓ *Sur la pyramidologie*

En 1864, après avoir passé 4 mois à mesurer les pyramides sur le plateau de Gizeh (Egypte), Charles Piazzi Smyth émît l'hypothèse, dans son livre « *Notre héritage* », que les dimensions de ces monuments avaient un lien avec les prophéties contenues dans l'Ancien et le Nouveau Testaments.

---

[34] http://aquilatj.free.fr/Historique/russell_test.htm

Robert Menzies, correspondant de Smyth, supputa que les dimensions du complexe pyramidal de Gizeh n'étaient que la traduction numérique des prophéties bibliques.

L'adventiste, George Storrs, influencé par les spéculations intellectuelles de Charles Smyth, fit écho de cette idée dans ses écrits, lesquels tombèrent entre les mains de Charles Russell.

Ce dernier en fut conquis.

Rapidement, Charles Russell établît, à son tour, un lien entre le complexe pyramidal de Gizeh et le texte d'Esaïe 19 : 19-20[35].

Il expliqua que l'absence de l'expression « *Grande pyramide* » dans le texte d'Esaïe ne faisait aucun obstacle à sa présence [36] :

> « *La Grande Pyramide s'avère être un entrepôt de vérités importantes - scientifiques, historiques et prophétiques - et son témoignage s'avère être en parfait accord avec la Bible, exprimant les traits saillants de ses vérités dans des symboles beaux et appropriés. Ce n'est en aucun cas un ajout à la révélation écrite : cette révélation est complète et parfaite, et n'a besoin d'aucun ajout. Mais c'est un fort témoignage corroborant le plan de Dieu et peu d'étudiants peuvent l'examiner attentivement, notant l'harmonie de son témoignage avec celui de la Parole écrite, sans être impressionnés que sa construction fut planifiée et dirigée par la même sagesse divine et que c'est la stèle de témoignage dont a parlé le prophète dans la citation ci-dessus.* »

---

[35] « *En ce même temps, il y aura un autel à l'Eternel. Au milieu du pays d'Egypte, et sur la frontière un monument à l'Eternel. Ce sera pour l'Eternel des armées un signe et un témoignage dans le pays d'Egypte.* »
[36] Millennial Dawn, Vol. III: Thy Kingdom Come (1891), pp. 314-5, 319,

> « *La vieille théorie selon laquelle [la Grande Pyramide] a été construite comme une voûte ou un tombeau pour un roi égyptien est indigne de foi ; car, comme nous le verrons, il fallait plus que la sagesse d'aujourd'hui, sans parler de celle de l'Égypte d'il y a quatre mille ans, pour concevoir un tel édifice. D'ailleurs, il ne contient rien à la manière d'un cercueil, d'une momie ou d'une inscription. Ce n'est que lorsque nous sommes arrivés au temps appelé dans la prophétie de Daniel "le temps de la fin", lorsque la connaissance devrait être accrue et que les sages devraient comprendre le plan de Dieu (Dan. 12:4, 9, 10), que les secrets de la Grande Pyramide ont commencé à être compris, et nos questions ont commencé à avoir une réponse raisonnable.* »

Les mesures internes de la pyramide permirent ainsi à Charles Russell de pronostiquer le second retour de Jésus pour 1878, puis 1914.

En voici un exemple [37] :

> « *Donc, alors, si nous mesurons en arrière vers le bas le « Premier Passage Ascendant » jusqu'à sa jonction avec le « Passage d'entrée », nous aurons une date fixée pour marquer sur le passage vers le bas. Cette mesure est de 1542 pouces et indique l'an 1542 avant J-C comme la date à ce point. Puis mesurant vers le bas le « Passage d'entrée » à partir de ce point, pour trouver la distance jusqu'à l'entrée de la « Fosse », représentant la grande tribulation et la destruction, point culminant de cette période, quand le mal sera déchu de son pouvoir, nous trouvons qu'il s'agit de 3416 pouces, symbolisant 3416 ans à partir de 1542 avant J-C.*

---

[37] Millennial Dawn, Vol. III: Thy Kingdom Come (1891), pp. 342.

Ce calcul aboutit à 1874 après J-C comme marquant le début de la période de la tribulation ; car 1542 ans avant J-C plus 1874 ans après J-C égale à 3416 ans.

Donc, la Pyramide témoigne que la fin de 1874 fut le début chronologique du temps de la tribulation tel qu'il n'y en a pas eu depuis, et qu'il n'y en aurait plus jamais. Et donc, il sera noté que ce "Témoin" [la pyramide] corrobore entièrement le témoignage de la Bible sur ce sujet... »

Citons-le encore :

« *Fermement encastrés dans cette solide structure rocheuse, au-delà de la puissance des tempêtes de la nature ou de la main impitoyable du destructeur, les esquisses du grand plan de Dieu se sont tenues pendant quatre mille ans, prêtes à rendre leur témoignage au temps fixé, au soutien du témoignage similaire révélé, mais caché pendant des siècles, de la sûre Parole de la prophétie. Le témoignage de ce "témoin de l'Éternel dans le pays d'Égypte", comme celui de la Parole écrite, indique avec une précision solennelle et infaillible le naufrage final de l'ancien ordre de choses de la "fosse" de l'oubli, et l'établissement glorieux du nouveau, sous Christ Jésus, la grande pierre angulaire de l'édifice éternel de Dieu, conformément aux lignes du caractère glorieux duquel toutes choses dignes d'existence éternelle doivent être édifiées sous lui. Amen ! Amen ! Que ton Royaume vienne ! Que ta volonté soit faite sur la terre comme elle est faite au ciel !* [38]»

---

[38] Ibid

✓ *Sur la parousie*

Grâce à sa pyramidologie, conjuguée à un goût immodéré pour les spéculations prophétiques, Charles Russell réussît l'exploit d'annoncer, **à sept reprises,** le second retour de Jésus[39].

On pourrait légitimement s'interroger sur la raison d'être de cette prise de risque, que d'aucuns qualifieraient de pure folie.

La raison de cette chimère se situe dans le positionnement idéologique même de Charles Russell.

Il se voyait jouer un rôle central, parmi les églises existantes, dans la compréhension et l'enseignement des prophéties bibliques relative à la fin des temps.

Voici l'approche schématique des *Etudiants de la Bible* d'alors :

- L'enseignement spirituel devait reposer sur la diffusion du « *plan divin du salut* », lequel consistait en une fresque historique sur l'origine et la destinée de l'humanité ;

- La compréhension de ce destin deviendrait lumineuse durant « *les derniers jours* », dont Charles Russell était persuadé d'y vivre ;

- Après que Dieu eut laissé un temps suffisant aux humains pour se livrer à la gestion des affaires du monde à leur guise (appelé « *Temps des Gentils* »), Il entrerait en scène en deux temps ;

---

[39] 1874, 1878, 1881, 1910, 1914, 1915 et 1918

- On assisterait, dans un premier temps, à une phase d'effondrement, caractérisée par un complet renversement des Institutions terrestres au terme d'une révolution mondiale. Cette révolution mondiale correspond à ce que le livre de la Révélation identifie par la bataille « d'Armageddon » (**Rév 16**).

Charles Russell formula d'ailleurs une réflexion sur la signification profonde de la Révolution française (1789) en lien avec sa conception de la bataille d'Armageddon [40] :

« Le dessein de Satan en incitant à la Révolution française était de créer une alarme dans toute l'Europe, en particulier parmi la classe influente, défavorable à la liberté, et d'illustrer ainsi en France la théorie selon laquelle, si les superstitions de Rome devaient être renversées et la liberté être pleinement en vigueur, toute loi et tout ordre cesseraient rapidement. Ce fut un coup de maître politique, digne de son auteur, et destiné, comme le montre le prophète, à accabler la « femme » (l'Église réformée), et à refouler tous les conservateurs et pacifistes - gouvernants et gouvernés - vers union et harmonie avec la papauté. L'échec du plan n'était pas dû au manque de ruse de son concepteur, mais au pouvoir absolu de Dieu, par lequel il est capable de faire en sorte que toutes choses concourent pour le bien. »

- Dans un second temps, la bataille d'Armageddon serait suivie d'une ère de grande reconstruction, au cours de laquelle les maux de l'humanité (la maladie, la douleur et la mort) seraient éradiqués et la justice restaurée ;

- Avant l'établissement définitif du royaume divin, un « *petit troupeau* », au nombre de 144 000 chrétiens oints, seraient

---

[40] Vol. III: Thy Kingdom Come (1891), Page 66

transformés en êtres spirituels et recevraient l'immortalité au ciel.

Puisque l'objectif est d'appartenir à ce royaume divin, il convenait d'apparaitre comme le seul leader spirituel capable de discerner le temps et l'époque où « *toutes ces choses* » devraient arriver (**Cf. Mat 24**). La capacité de Charles Russell d'effectuer des prédictions prophétiques concourrait directement à cet objectif.

C'est d'ailleurs ce qu'il affirma :

> « *Nombreuses sont les questions relatives à la vérité présentées dans l'Aube Millénaire et la Tour de Garde de Sion, quant à leur origine et comment elles se sont développées jusqu'à leurs proportions symétriques et magnifiques actuelles - y avait-il un résultat de visions ? Dieu a-t-il, d'une manière surnaturelle, accordé la solution de ces mystères jusqu'alors de ce plan ? Les écrivains sont-ils plus que des êtres ordinaires ? Revendiquent-ils une sagesse ou un pouvoir surnaturel ? ou comment se fait la révélation de la vérité de Dieu ?*
>
> *Non chers amis, nous ne revendiquons rien de supériorité, ni de pouvoir surnaturel, de dignité ou d'autorité ; nous ne nous exaltons pas non plus dans l'estime de nos frères de la maison de la foi, si ce n'est dans le sens où le Maître l'a exhorté en disant : «Que celui qui veut être le plus grand d'entre vous soit votre serviteur »* (**Matthieu 20 :27**). »
> [...]
>
> « <u>*Non, la vérité que nous présentons, en tant que porte-parole de Dieu, n'a pas été révélée dans des visions ou des rêves, ni par la voix audible de Dieu, ni d'un seul coup, mais progressivement, surtout depuis 1870*</u>, *et particulièrement depuis 1880, une période de plus de vingt ans. Et ce clair déploiement présent de la vérité n'est dû à aucune*

ingénuité humaine ou acuité de perception, <u>mais au simple fait que le temps voulu de Dieu est venu ; et si nous ne parlions pas, et qu'aucun autre agent ne pouvait être trouvé, les pierres mêmes crieraient.</u> [41] »

3. Hâbleur dites-vous ?

3.1. <u>Une moralité douteuse</u>

Eu égard aux scandales dans lesquels Charles Russell se retrouva empêtrés, l'honnêteté aurait dû l'inciter de s'interroger sur le maintien de son office de « *pasteur* » (**1 Tim 3 :1-7, Tite 1 :5-9 et 1 Pie 5 :1-4**), si tant est qu'il le fût réellement.

Passons en revue trois des quatre scandales ayant remis en cause la probité de Charles Russell.

✓ *Sur la maltraitance de sa femme*

Le 13 mars 1879, alors âgé de 27 ans, Charles Russell épousa Maria Frances Ackley, de 2 ans son aînée[42].

Maria Russell était une femme éduquée, ayant fréquentée le Lycée public de Pittsburgh et l'Ecole Normale de Curry, en vue de devenir Enseignante.

Aux côtés de son époux, elle fut un auteur prolifique et doué, ayant rédigé un certain nombre d'articles dans les colonnes de la Tour de Garde ou dans les différents volumes du *Millennial Dawn* (l'*Aurore du Millénium*), Best-Seller de son époux.

---

[41] La Tour de Garde d'avril 1894, Harvest Gatherings and Siftings
[42] La Gazette de Pittsburgh, 14 mars 1879

On peut d'ailleurs juger de la force de son caractère et du tranchant de ses positions dans une brochure qu'elle publia, après son départ du domicile conjugal, intitulé « *Twain One* »[43]

Car, à partir de novembre 1897, le couple vivait séparément en effet.

Maria Russell n'a cherché qu'à officialiser le statut de séparation, aux fins d'obtenir une pension alimentaire. Elle chercha à obtenir du Tribunal le prononcé d'une « séparation judiciaire », situation correspondant au prononcé de la séparation de corps, en droit français.

Dans sa saisine du Tribunal, elle fit état de « *la vanité [de son mari], son égoïsme, sa domination et sa conduite inappropriée en rapport avec les autres femmes* ».

Maria Russell se plaignît notamment du fait que son époux refusait d'avoir des relations sexuelles avec elle, la contraignant à vivre maritalement dans une forme de célibat.

Au terme d'une longue procédure, le Tribunal accueillit favorablement sa demande, en avril 1906, en reconnaissant « *la cruauté* » de son époux.

Charles Russell interjeta appel et, en 1908, la Cour supérieure de Pennsylvanie confirma le jugement de première instance.

---

[43] https://www.pastorrussell.pl/wpcontent/uploads/2017/11/The_Twain_One.pdf

Cette procédure judiciaire mît en lumière la relation inappropriée de Charles Russell vis-à-vis de Rose Ball, une jeune sténographe, qu'il recruta et hébergea[44].

Cette dernière fut pourtant, pendant longtemps, considérée comme la fille adoptive du couple Russell.

Citons quelques passages éclairant d'un des comptes-rendus d'auditions de ce procès[45] :

> « ***Q.*** *Dites-nous ce que vous avez vu, ainsi sa version de fait ?*
> ***R.*** *La femme du pasteur raconte ses prétendues visites nocturnes :*
>
> « *Un soir, il a passé la soirée en bas et notre bibliothèque et notre chambre étaient proches à l'étage. J'ai passé la soirée en train de lire, puis je suis montée à l'étage vers 10 heures du soir en direction de ma chambre. J'ai supposé qu'il fût soit dans la bibliothèque soit qu'il m'avait déjà précédé dans la chambre. Lorsque je suis montée, je me suis aperçu qu'il n'était ni dans l'une ni dans l'autre. Et pendant que j'étais dans le couloir, j'ai découvert qu'il était en robe de chambre, assis à côté du lit de Miss Ball et elle était allongée. A une autre occasion, je l'ai surpris se diriger dedans, elle l'appelait et lui disait qu'elle ne se sentait pas bien et qu'elle le voulait proche d'elle. J'ai objecté à cela, et j'ai dit que cela était fortement impropre, et j'ai dit : « nous avons des gens à la maison. Quelle serait la réputation de cette maison si vous faîtes des telles choses ? », puis il s'est énervé. »*
> ***Q.*** *Vous dites que vous l'avez trouvé faisant cela à d'autres occasions. Quelle en était la fréquence ?*
> ***R.*** *Je l'ai surpris à plusieurs reprises ; je ne peux me souvenir combien de fois.*

---

[44] http://www.providentialbc.com/Exposing_Jehovahs_Witnesses.html
[45] http://jwdivorces.bravehost.com/decisions/ctrdivorce.html

Q. Dans sa chambre ?

R. Oui, Monsieur. Et je l'ai aussi surpris dans la chambre de la domestique. Et je l'ai trouvé enfermé dans la chambre de la domestique.

Q. A-t-il apporté une explication à cela ?

R. Non, il s'est juste énervé.

Q. Que vous lui avez-dit concernant sa conduite et que vous a-t-il répondu ?

R. Je lui ai dit : « Nous avons beaucoup à faire », et j'ai dit « Dans cette œuvre, toi et moi devons marcher avec grande circonspection devant le monde et si tu te comportes ainsi, qu'arrivera-t-il ? Supposons que tu as raison dans tes opinions, ne penses-tu pas que les gens se jetteront sur ce type d'histoire ? » Et j'ai rajouté « Je ne suis pas satisfaite de cela », et il m'a répondu qu'il ne se laisserait pas gouverné par moi. Mais je me suis sentie très accablée à cause de cela.

Q. Que faisait Rose au sein de la Watch Tower ?

R. Elle s'occupait de la correspondance.

Q. Où se situait son bureau par rapport au bureau de Monsieur Russell dans la Watch Tower Society ?

R. Il n'était pas à côté du sien ; il se trouvait néanmoins au siège.

Q. Quand se rendait-il à la Watch Tower, le matin ?

R. Je ne me souviens pas ; il y descendait seul.

Q. Qui l'accompagnait au retour ?

R. Elle revenait avec lui le soir et ils revenaient vers 11h du soir, et les hommes qui étaient au bureau – elle était la seule femme – ces jeunes hommes rentraient à la maison, et lui ne l'autorisait pas à rentrer à la maison avec ces messieurs, et elle devait attendre et rentrer avec lui seulement.

(Objection) Je veux simplement les faits, est-ce que cette fille Rose retournait à la maison avec votre mari ?

R. Oui, Monsieur

Q. En quelle année c'était ?
R. Fin 1894 (Réponse de M. Porter, avocat de la plaignante)
Q. Avez-vous adressé à votre mari lors de cette confrontation des mots doux proférés ?
R. Oui, Monsieur.
Q. Quels furent-ils ?
R. J'ai dit « Elle m'a dit qu'un soir, tu es revenu à la maison ». Je lui ai demandé que cela s'est-il passé. Je lui ai dit : « Elle m'a dit que cela s'est passé en bas au bureau quand elle était avec toi là-bas le soir lorsque tout le monde était déjà parti, et à la maison lorsque j'étais absente.
Q. Maintenant, revenons aux mots doux
Mrs. Russell : « Elle (Rose) a dit qu'un soir, lorsqu'elle est revenue à la maison avec lui (Russell), lorsqu'elle est arrivée dans le couloir, c'était tard le soir, environ 11 heures du soir. Il l'a pris par la taille et l'a embrassé. C'était dans le vestibule avant qu'elle n'entre dans le couloir, et il l'a appelé sa petite femme, mais elle lui a dit « je ne suis pas votre femme. » et il lui a dit « je t'appellerai ma fille. Car une fille a pratiquement tous les privilèges d'une femme mariée ».

Q. Quels étaient les autres mots utilisés ?
Mrs. Russell : « Alors il (Russell) lui a dit : « Je suis Je suis comme une méduse. Je flotte ici et là. Je touche celle-ci et celle-là. Et si elle répond je l'amène à moi. Je flotte sur les autres. » Et elle (Rose) me l'a mise par écrit afin que je me souvienne exactement des mots utilisés lorsque je le confronterais à cela. Et il m'a avoué avoir dit cela.

Q. Et les jeunes hommes repartaient à la maison avant eux ?
R. Oui, Monsieur.
Q. Dites au Tribunal et au jury quels propos, éventuels, avez-vous eu avec cette fille Rose, en rapport avec sa relation avec votre mari, que vous aviez rapporté à votre mari ?

Cette question ayant fait l'objet d'une objection, elle a été reformulée de la sorte :

Q. *Vous devrez nous dire ce que vous aviez dit à votre mari concernant les propos de Rose et quel a été sa réponse ?*

Mme Russell dit que la fille lui a parlé des caresses du Pasteur.

R. *Je lui ai dit que j'ai appris quelque chose de très sérieux et je ne lui ai pas dit d'emblée. J'ai laissé un jour d'écart afin de retrouver du contrôle sur moi-même, de savoir que j'étais en mesure de parler, et je lui ai dit que j'avais quelque chose de très sérieux à lui dire concernant cette affaire, et il m'a répondu : « qu'est-ce que c'est ? » et je lui ai répondu « Rose m'a dit que tu t'es montré intime avec elle, que tu as pris l'habitude de l'enlacer et de l'embrasser, de la faire assoir sur tes genoux et se caresser mutuellement, et elle m'a dit que tu lui as interdit de ne rien me dire, mais qu'elle ne pouvait plus le garder plus longtemps. Elle m'a dit que si j'étais accablée par cela, elle se sentirait le devoir de venir me l'avouer, et elle l'a fait. »*

Q. *Qu'a-t-il dit ?*

R. *Il a essayé de le banaliser dans un premier temps et je lui ai répondu : « Mon mari, tu ne peux pas faire cela. Je connais toute l'histoire. Elle m'a tout dit et je sais que c'est la vérité. » Bien, il m'a dit que c'était vrai ; qu'il en était navré. Il a dit qu'il ne voulait pas me faire du mal. J'ai dit : « Je ne vois pas comment tu peux agir de la sorte sans vouloir ne pas me faire du mal ».*

Les comptes-rendus des audiences en disent long sur la manière dont Charles Russell considérait les femmes, ainsi que son rôle de mari.

Lors d'une occasion, Maria Russell, épuisée, dit à son mari que « *Même un chien a ses droits.* ». « *Tu n'as aucun droit que je sois tenu de respecter* », lui retorqua son mari[46].

Autre incident : Maria Russell, souffrante, révéla le point de vue de son mari sur sa situation [47] :

> ***Q.** [Russell] vous a-t-il dit quoi que ce soit ce soir-là, ou n'importe quel autre soir, pendant que vous étiez malade, sur la cause de votre maladie ?*
> ***R.** Il a dit que c'était un jugement sur moi de la part de Dieu.*
> ***Q.** Pourquoi ?*
> ***R.** Je n'étais pas en harmonie avec lui.*

Le juge interrogea Charles Russell sur cet incident :

> ***Q.** Avez-vous ou n'avez-vous pas dit à [Maria] que sa maladie était le jugement de Dieu sur elle -- pour son refus de vous obéir ?*
> ***R.** Je ne l'ai pas fait.*
> ***Q.** Vous n'avez pas fait cela ?*
> ***R.** Non.*
> ***Q.** Rien de ce genre ?*
> ***R.** Non, monsieur. J'ai dit quelle chose de ce genre.*
> ***Q.** Qu'avez-vous dit ?*
> ***R.** Mlle Ball, qui était son amie spéciale, et dont je savais qu'elle lui dirait - j'ai dit [Mlle Ball], à mon avis, c'était un jugement du Seigneur sur [Maria].*
> ***Q.** Et vous vouliez que Mlle Ball lui dise cela ?*

---

[46] http://jwdivorces.bravehost.com/decisions/ctrdivorce.html
[47] Ibid

> ***R.*** *Oui, monsieur. Je l'ai souhaité. Je pensais que [Maria] devait le savoir.*
> ***Q.*** *[LE JUGE]. Était-ce la fois où elle avait l'érysipèle ?*
> ***R.*** *Oui, Monsieur.*
> ***Q.*** *Croyez-vous que ce fût le Jugement du Tout-Puissant ?*
> ***R.*** *Je pense que oui.*
> ***Q.*** *Où avez-vous obtenu cette autorité ?*
> ***R.*** *Eh bien, que mon jugement soit bon ou non...*
> ***Q.*** *C'est juste votre propre jugement ?*
> ***R.*** *Oui, monsieur.*

L'annonce, par Rose Ball, de l'avis de Charles Russell sur la maladie de sa femme provoqua une grave rechute de la maladie de cette dernière.

Le contre-interrogatoire de Charles Russell sur cet incident se conclût par la question et la réponse suivantes :

> « ***Q.*** *C'est votre idée d'un bon traitement ?*
> ***R.*** *C'était mon idée. Je traitais la dame le pour le mieux ; il n'aurait pas pu y avoir de meilleur traitement accordé à qui que ce soit dans le monde ; et je sais que je ne pouvais pas lui dire cela ; elle ne m'aurait pas cru ; et j'ai pensé que cela pourrait lui être bénéfique ; et j'ai prié de manière que cette maladie se tourne à son avantage ; et j'espérais que ce serait le cas.*

———

Maria Russell rapporta également l'anecdote suivante [48] :

> [Maria] : « *Mon mari, les ennuis semblent surgir du sol avec toi. Je ne peux rien dire, mais qu'est-ce que tu trouves à redire. Qu'est-ce qui t'arrive ?* »
> [Charles] : « *Je peux te montrer un millier de femmes qui seraient heureuses d'être à ta place, et qui connaîtraient mes souhaits, et les feraient* »
> [Maria] : « *Qu'est-ce que tu veux ?* »
> [Charles] : « *Je peux te montrer un millier de femmes, que si je disais : « Je veux des patates douces », les patates douces seraient là. Si je voulais de la tarte à la citrouille, la tarte à la citrouille serait là.* »

Lors du procès, Maria Russell précisa qu'après avoir été forcée de quitter son mari, elle retourna au domicile conjugal en une occasion et demanda à son mari si elle pouvait récupérer ses livres.

Face à son refus, elle lui dît :

> « *Veux-tu enfin m'accorder avoir une partie du confort que j'ai apporté pendant que j'étais ici ?* »

Réponse de l'intéressé :

> « *Non, tout ce que tu as fait en tant que ma femme est à moi* [49] ».

---

[48] Ibid
[49] Ibid

Voici une lettre de Charles Russell à sa femme, telle que figurant dans le bordereau des pièces des débats judiciaires :

> « *Depuis trois ans, tu m'imposes peu à peu la preuve que nous nous sommes tous deux trompés de jugement en nous mariant, que nous ne sommes pas adaptés l'un à l'autre, incapables de nous rendre heureux, comme nous en étions convenus, et supposé que nous pussions y parvenir. J'en conclus que je ne suis adapté à personne, et que personne ne m'est adapté, sauf le Seigneur. <u>Je suis heureux que lui et moi nous comprenions et ayons confiance l'un dans l'autre</u>.* »

Relevons enfin l'avis du Juge Orlady :

> « *Dans l'analyse des témoignages, il est assez difficile de comprendre le point de vue de l'intimé [Charles Russell] quant à son devoir de mari envers sa femme. De son point de vue, il a sans doute estimé que ses droits de mari étaient radicalement différents de la norme imposée par la loi et reconnue par tous les tribunaux de ce pays.* [...]
>
> *Sa ligne de conduite envers sa femme témoignait d'un égoïsme si insistant et d'un éloge de soi extravagant qu'il serait manifeste pour le jury que sa conduite envers [sa femme] était une domination arrogante continuelle, qui rendrait nécessairement la vie de toute femme chrétienne sensible un fardeau et rendrait sa condition invivable.* »

Charles Russell prétexta le déménagement de ses affaires à Brooklyn (New-York) pour retarder l'exécution de la décision de justice de Pennsylvanie.

Face à une nouvelle procédure engagée pour résistance abusive, outrage et fraude, il s'embarqua pour un tour d'Europe et laissa son avocat régler au mieux la situation.

In fine, Charles Russell transféra ses biens propres à la Société Watch Tower, lésant ainsi les droits de son épouse[50].

Voulant sans doute se racheter une petite conscience, Charles Russell évoqua son épouse dans son testament de manière elliptique :

> « *Au cours des années passées ayant donné, en plusieurs fois, tout ce que je possédais en propre, à la Watch Tower Bible and Tract Society, excepté une petite somme d'à peu près deux cents dollars qui est à la banque Exchange national de Pittsburgh, cette somme devra être remise à ma femme si elle me survit.* [51] »

Ironie de l'histoire : l'avocat de Charles Russell, dans la procédure qui l'opposa à sa femme, ne fut autre qu'un certain Joseph F. Rutherford, successeur de Charles Russell à la tête de Société Watch Tower…

3.2. Dénonciation d'autoritarisme

Dès 1882, Charles Russell, âgé de 30 ans, essuya des critiques sur son style de leadership par un certain nombre de ses collaborateurs les plus proches.

En 1893, ces collaborateurs, dont notamment Otto Van Zech, Elmer Bryan, J.B Adamson, S.G Rogers et Paul Koetiz, diffusèrent

---

[50] http://jwdivorces.bravehost.com/decisions/ctrdivorce.html
[51] http://aquilatj.free.fr/Historique/Testament_Russel.htm

publiquement une note documentée sur les griefs reprochés à Charles Russell (*i.e.* dictateur, commerçant usurier, fraudeur).

Charles Russell réagît en deux temps.

<u>*Primo*</u>, il rédigea et publia un article de 60 pages[52] dans l'édition de la Tour de Garde d'avril 1894.

Il dénonça un complot ourdi à son endroit, accusant en retour ses accusateurs d'être « *guidés par Satan dans une tentative de subvertir son travail de ministre de la bonne nouvelle* ».

Cherchant à les décrédibiliser, il rendît public les correspondances privées échangées avec eux [53].

Naturellement, aucun droit de réponse ne fut offert à ses détracteurs dans les colonnes de la Tour de Garde…

<u>*Secundo*</u>, Charles Russell ne découragea pas l'idée émise par sa femme selon laquelle il constituait, à lui tout seul, « *le serviteur fidèle et avisé* » de Matthieu 24 : 45-47.

Cette idée fut parente de la manière dont Charles Russell révéla les modalités de son inspiration [54]:

> « *Croyant que la prière recevrait une réponse affirmative, j'entrais dans mon bureau le lendemain matin, prêt à étudier et à écrire. Je passais la matinée à scruter le texte et les autres Écritures susceptibles de l'éclairer, en particulier l'épître aux Hébreux, et à me tourner vers le Seigneur pour la sagesse et la direction ; mais aucune solution du*

---

[52] A Conspiracy Exposed and Harvest Siftings
[53] Ibid
[54] La Tour de Garde, Avril 1894, p110

passage difficile ne vint. L'après-midi et la soirée se passèrent de la même manière, et toute la journée du lendemain. Tout le reste était négligé, et je me demandais pourquoi le Seigneur me gardait si longtemps ; mais le troisième jour, vers midi, toute l'affaire m'est apparue aussi claire que le soleil de midi, si claire et convaincante et si harmonieuse avec toute la teneur de l'Écriture, que je ne pouvais pas mettre en doute son exactitude, et personne n'a jamais pu lui trouver une faille.

Alors j'ai compris pourquoi le Seigneur m'y avait conduit si lentement et si prudemment. J'avais besoin d'une préparation spéciale du cœur pour la pleine appréciation de tout ce qu'il contenait, et j'étais d'autant plus assuré que ce n'était pas de ma propre sagesse ; car s'il m'appartenait, pourquoi ne viendrait-il pas tout de suite ? »

Forte de cette révélation, Maria Russell expliqua à George Woolsey, un étudiant de Bible de New-York, le point suivant:

« Mais quand on vient vers Matt. 24:45-51, il me semble que c'est un cas totalement différent [de Révélation 16:15]. Ici il est porté à notre attention - ce "serviteur", "ses compagnons de service" et "la maisonnée". Maintenant, si le Seigneur veut indiquer le serviteur principal de la vérité et les compagnons de service servant la viande en temps voulu à la maisonnée de la foi, il n'aurait pas pu choisir un langage plus précis pour exprimer une telle pensée. Et, au contraire, ignorer un tel ordre et un tel caractère raisonnable dans le récit, à mon avis, jette tout le récit dans la confusion, rendant les termes "les serviteurs" (pluriel) et "le serviteur" (singulier) interchangeables. »

Charles Russell, flatté par ce nouveau sobriquet, s'accoutuma parfaitement avec cette nouvelle doctrine le temps que dura la controverse avec ses collaborateurs[55].

Ultérieurement, Charles Russell reconnût les droits d'auteur de cette position à sa femme, en pleine crise conjugale :

> *« Progressivement, son interprétation du « serviteur » cheminait dans son esprit. Premièrement, elle a suggéré que tel un corps humain, il y a deux yeux, deux oreilles, deux mains, deux pieds, etc., cela devrait parfaitement représenter deux en un – elle et moi comme un en mariage et en esprit et dans le Seigneur. Mais l'ambition ne s'arrêta pas là. En un an, Madame Russell concluait que la dernière partie [du verset] n'était pas simplement un avertissement, mais qu'elle aurait un réel accomplissement – signifiant que son époux remplirait cette description, et qu'elle, en conséquence, prendrait sa place en tant que « serviteur », en dispensant la nourriture en temps voulu ».*

Maria Russell, de son côté, fut contrainte de légitimer sa prise de distance idéologique et spirituelle avec celui-là même qu'elle identifiait, naguère, comme le « *serviteur fidèle et avisé* » :

> *« Si quelqu'un dans l'église devient ainsi grisé, l'église doit se méfier. Ou si le mari chrétien ou non chrétien, entraîné par l'adversaire via l'orgueil ou l'égoïsme, ou l'amour du pouvoir, entreprend ainsi de régner sur sa femme et d'interférer dans son allégeance suprême à Dieu, alors la femme chrétienne doit se méfier et ne pas se laisser séduire par une « humilité volontaire » qui mettrait sous le joug de la servitude au péché une âme que Christ a affranchie. « La crainte des hommes tend un piège, Mais celui qui se confie en l'Eternel est protégé.*

---

[55] La Tour de Garde, 1er mars 1923, p 68

> *Prov. 29 :25 ; « C'est l'Eternel des armées que vous devez sanctifier, C'est lui que vous devez craindre et redouter." Es 8:13*[56].

Dans les années soixante-dix, les Témoins de Jéhovah remirent en cause le fait que Charles Russell eut reconnu avoir été, à titre individuel, le « *serviteur* » de Matthieu 24 :45[57] :

> « *A partir de cela, il est visible que l'éditeur de la Zion's Watch Tower désavouait publiquement tout propos l'identifiant, personnellement, dans sa personne, comme ce serviteur fidèle et avisé. Il n'a jamais prétendu l'être* [58] ».

Une note en bas de page accompagnait la citation précitée, elle-même tirée du livre *God's Kingdom Of A Thousand Years Has Approached*.

Cette note en bas de page renvoyait le lecteur à un ouvrage de Charles Russell, dans lequel ce dernier affirmait pourtant, en contradiction de la thèse du rédacteur du livre *God's Kingdom*, que « *l'esclave fidèle et avisé* » de Matthieu 24 :45-47 était un individu, et non une entité collective...

Au demeurant, le livre *God's Kingdom Of A Thousand Years Has Approached* fut publié à une date (1973) où la direction de la Société Watch Tower devint collégiale, contrairement aux années précédentes où elle n'était qu'individuelle.

L'on comprend alors pourquoi l'auteur de *God's Kingdom Of A Thousand Years Has Approached* se donna toutes les peines du monde

---

[56] Maria Russell, Twain One
[57] La Tour de Garde, 15 février 1927, p 56
[58] God's Kingdom Of A Thousand Years Has Approached, 1973, p 345-347

pour soutenir que Charles Russell avait une position concordante à celle correspondant au nouveau mode d'exercice du pouvoir de la Société Watch Tower [59]…

En tout état de cause, retenons que lorsque confronté à une critique sur son mode de leadership et, donc, de son aptitude à assumer l'office de « pasteur », Charles Russell encouragea la diffusion d'une doctrine circonstancielle et opportuniste, qui lui conférait le rôle du « *serviteur* » que Dieu choisît pour « *nourrir* » son peuple « *en temps voulu* ».

Est-ce là probablement l'«*éloge de soi extravagant* » dont faisait allusion le Juge Orlady dans son jugement… ?

✓ *Sur le charlatanisme*

En juin 1912, John Jacob Ross, pasteur baptiste d'Ontario (Canada), publia un pamphlet intitulé « *Some Facts About The Self-Styled* « *Pastor* » *Charles T. Russell* »[60], dans lequel il mît en lumière les insuffisances chroniques de Charles Russell.

Il critiqua, sans ménagement, ses manques de qualification comme ministre du culte et sa théologie bancale.

Il dépeignit Charles Russell comme un érudit de bas niveau, qui « *n'a jamais fréquenté l'université, ne connaissant rien sur la philosophie, la théologie historique ou systématique, et est totalement ignorant des langues mortes* ». Il vitupéra contre ses pratiques douteuses en affaires, sa

---

[59] Cf. Ce point est expliqué en détail au chapitre 4.
[60] Suivi, après le procès, d'un autre pamphlet intitulé « *Some Facts And More Facts About The Self-Styled «Pastor» Charles T. Russell* ».

fraude vis-à-vis de sa femme et sa stature morale en rez-de-chaussée.

Fou de rage, Charles Russell saisît la juridiction compétente d'Ontario pour diffamation.

Lors du procès, en dehors de ses simples dénégations, Charles Russell ne parvint nullement à apporter la preuve du caractère mensonger des écrits de son détracteur.

Si les comptes-rendus des auditions ne sont malheureusement plus disponibles, il existe néanmoins des extraits des interrogatoires de Charles Russell.

Sur la question des langues mortes par exemple, en voici un extrait [61] :

> « *Q. Connaissez-vous le Grec ?*
> *R. Oh, oui*
> *Q. Etes-vous familier avec la langue grecque ?*
> *R. Non*
> *Q. Vous ne prétendez donc pas être érudit en latin ?*
> *R. Non, Monsieur*
> *Q. Ou en Grec ?*
> *R. Non, Monsieur.*

Sur ce point, on ne peut que s'interroger sur le sens de la diffamation alléguée…

En tout état de cause, par jugement du 1er avril 1913, la Haute Cour d'Ontario rejeta la demande de Charles Russell, considérant qu'il n'y avait eu aucune diffamation.

---

[61] http://www.providentialbc.com/Exposing_Jehovahs_Witnesses.html

Dans son nouveau pamphlet intitulé « *Some Facts And More Facts About The Self-Styled « Pastor » Charles T. Russell* », J.J. Ross soutint que durant les auditions du 17 mars 1913, Charles Russell parjura, affirmant dans un premier temps qu'il était ordonné, puis se rétractant pendant le contre-interrogatoire ; soutenant ensuite qu'il connaissait le Grec koïné, mais se montrant incapable de le reconnaitre lorsque le conseiller Staunton lui montra un extrait du Nouveau Testament en Grec ; prétendant qu'il n'était pas divorcé de sa femme, mais modifiant sa version pendant le contre-interrogatoire.

Charles Russell répondit à ses allégations sur les colonnes de la Tour la Garde, indiquant n'avoir jamais affirmé connaître le Grec, mais simplement son alphabet. Il compara les attaques de son détracteur aux moqueries des ecclésiastiques adressées contre les disciples de Jésus, d'être des personnes ignorantes et sans éducation.

Il soutint également que son ordination provenait directement de Dieu, conformément au modèle biblique, laquelle n'exigeait prétendument aucune approbation d'une dénomination quelconque ou une formation théologique préalable.

Il voyait, dans sa réélection annuelle en tant que « pasteur » par près de 500 congrégations dispersées dans le monde, le signe d'une parfaite ordination.

Les réponses de Charles Russell révèlent en réalité son imposture.

Dans la Bible, on rencontre schématiquement deux types d'ordination :

- L'une, que l'on qualifierait d'ordination divine, c'est-à-dire celle procédant directement de Dieu.

  On en voit la manifestation lorsque Dieu appelle directement une personne pour remplir une mission donnée (Moïse, Samson, David, Salomon, Esaïe, Elie).

- L'autre, correspondant à une ordination organique. Il s'agit d'une ordination qui procède d'un organe, d'une entité ou d'une autorité, préalablement marqué(e) du sceau divin.

  C'est le mode d'ordination le plus fréquent (**Ex 18 :17-26 ; Ac 6 :1-6 ; Timothée et de Tite**).

- Le cas des apôtres, à l'exception de Judas, ne pose aucune difficulté : ayant été directement choisi par Jésus pour accomplir un rôle spécial dans son ministère et, par suite, lors des premiers pas de l'Eglise (Cf. le livre des Actes), leur ordination se rattache incontestablement à la première catégorie.

  Ayant été choisi par Jésus (ordination divine), ils avaient ainsi l'autorité nécessaire et suffisante pour procéder à l'ordination de toute autre personne à une fonction donnée (ordination organique).

  A son tour, si cette personne continuait de remplir les conditions propres à sa fonction de pasteur ou d'évêque, elle pouvait également procéder à l'imposition des mains sur une nouvelle personne (ordination organique). Etc.

Forte de cette distinction, on ne peut qu'être interloquer par le cas de Charles Russell.

D'emblée, écartons la première catégorie d'ordination à son endroit, sauf à souffrir du ridicule.

Pourtant, Charles Russell, dans sa défense face à J.J Ross, n'hésita pas à se référer à l'ordination divine. Si on ne peut que comprendre sa gêne, constatons sa reconnaissance tacite de l'impossibilité d'invoquer, à son profit, le second type d'ordination, car c'est précisément ce à quoi J.J Ross fit allusion.

Et pour cause.

S'il est vrai que des personnes l'ont appelé « pasteur », la théologie qu'il développa le plaça hors de l'orbite de l'orthodoxie chrétienne.

Charles Russell oublia que l'ordination n'est pas une fin en soi, fut-elle divine ou organique. Elle n'est qu'un moyen au service de l'Evangile, lequel est la fin de toute chose.

L'apôtre Paul l'a d'ailleurs signifié en des termes d'une absolue clarté :

> « *Car je n'ai point honte de l'Évangile : c'est une puissance de Dieu pour le salut de quiconque croit, du Juif premièrement, puis du Grec, parce qu'en lui est révélée la justice de Dieu par la foi et pour la foi, selon qu'il est écrit : Le juste vivra par la foi.* » (**Rom 1 :16,17**) ; « *Car je n'ai pas eu la pensée de savoir parmi vous autre chose que Jésus-Christ, et Jésus-Christ crucifié.* » (**1 Cor 2 :2**).

Et c'est d'ailleurs parce que l'Evangile, et non l'ordination, est une fin en soi que le rédacteur des paroles précitées, malgré son ordination divine, n'a pas hésité à vérifier, auprès d'autres apôtres, si le message qu'il colportait aux gens des nations (les gentils) était le bon :

> « *Et ce fut d'après une révélation que j'y montai. Je leur exposai l'Évangile que je prêche parmi les païens, je l'exposai en particulier à ceux qui sont les plus considérés, afin de ne pas courir ou avoir couru en vain.* [...] *Au contraire, voyant que l'Évangile m'avait été confié pour les incirconcis, comme à Pierre pour les circoncis, car celui qui a fait de Pierre l'apôtre des circoncis a aussi fait de moi l'apôtre des païens, et ayant reconnu la grâce qui m'avait été accordée, Jacques, Céphas et Jean, qui sont regardés comme des colonnes, me donnèrent, à moi et à Barnabas, la main d'association, afin que nous allassions, nous vers les païens, et eux vers les circoncis. Ils nous recommandèrent seulement de nous souvenir des pauvres, ce que j'ai bien eu soin de faire.* » (**Gal 2 : 2, 7-10**) ;

Loin de rechercher une validation d'autres apôtres, en particulier de ceux le plus en vue (Jacques, Pierre et Jean), l'apôtre Paul vérifiait simplement s'il y avait une harmonie de pensée avec ceux qui côtoyèrent le Maître et furent ordonnés, comme lui, par la même autorité.

Charles Russell ne pouvait toutefois en faire autant. Et c'était d'ailleurs là le sens de la démarche de J.J Ross, lorsqu'il décida de le dénoncer en « *faux prophète* » et en charlatan.

En outre, la comparaison de sa situation avec celle des apôtres faisant régulièrement l'objet de raillerie relève de l'argutie.

Charles Russell feignit d'oublier qu'il s'agissait là d'un choix délibéré du Maître de choisir des personnes insignifiantes et sans instruction, selon les critères du monde, pour en faire des instruments majeurs au service du salut du grand nombre.

Les Ecritures n'éludent pas cette ambition :

> « *En ce temps-là, Jésus prit la parole, et dit : Je te loue, Père, Seigneur du ciel et de la terre, de ce que tu as caché ces choses aux sages et aux intelligents, et de ce que tu les as révélées aux enfants. Oui, Père, je te loue de ce que tu l'as voulu ainsi.* » (**Matt 11 :25,26**) ; « *Considérez, frères, que parmi vous qui avez été appelés il n'y a ni beaucoup de sages selon la chair, ni beaucoup de puissants, ni beaucoup de nobles. Mais Dieu a choisi les choses folles du monde pour confondre les sages; Dieu a choisi les choses faibles du monde pour confondre les fortes; et Dieu a choisi les choses viles du monde et celles qu'on méprise, celles qui ne sont point, pour réduire à néant celles qui sont, afin que nulle chair ne se glorifie devant Dieu.* » (**1 Cor 1 :26-29**)

Cette « *administration* » ou « d*ispensation* » divine permettait d'éviter que nulle chair ne se glorifie, sinon en Christ seul :

> « *Or, c'est par lui que vous êtes en Jésus Christ, lequel, de par Dieu, a été fait pour nous sagesse, justice et sanctification et rédemption, afin, comme il est écrit, Que celui qui se glorifie se glorifie dans le Seigneur.* » (**1 Cor 1 : 30, 31**).

Pourtant, en matière d'instruction, l'Ecriture est claire : le chrétien doit être instruit et avoir d'excellentes aptitudes à manier la parole de vérité[62].

La capacité d'enseignement d'un évêque ou d'un pasteur est une des qualités requises propre à cette charge :

> « *Cette parole est certaine : Si quelqu'un aspire à la charge d'évêque, il désire une œuvre excellente. 2 Il faut donc que l'évêque soit* [...]<u>*propre à l'enseignement*</u>. » (**1 Tim 3 :2**).

---

[62] Prov 4 :5 ; 2 Thi 2 :15

> « *Or, il ne faut pas qu'un serviteur du Seigneur ait des querelles ; il doit, au contraire, avoir de la condescendance pour tous, <u>être propre à enseigner</u>, doué de patience; <u>il doit redresser avec douceur les adversaires</u>, dans l'espérance que Dieu leur donnera la repentance pour arriver à la connaissance de la vérité, et que, revenus à leur bon sens, ils se dégageront des pièges du diable, qui s'est emparé d'eux pour les soumettre à sa volonté.* » (**2 Tim 2 : 24-26**).

> « *Car il faut que l'évêque soit [...] attaché à la vraie parole telle qu'elle a été enseignée, afin d'être capable d'exhorter selon la saine doctrine et de réfuter les contradicteurs.* » (**Tite 1 : 7, 9**).

Ce n'est pas parce que l'Evangile est chose abjecte pour l'incroyant (**1 Cor 1 :23,24**) qu'il ne recèle aucune profondeur ; certains points peuvent même être ardus. Les enseignements « *difficile à comprendre* » exigent une certaine instruction et une méthodologie rigoureuse pour ne pas sombrer dans la charlatanerie :

> « *Croyez que la patience de notre Seigneur est votre salut, comme notre bien-aimé frère Paul vous l'a aussi écrit, selon la sagesse qui lui a été donnée. C'est ce qu'il fait dans toutes les lettres, où il parle de ces choses, <u>dans lesquelles il y a des points difficiles à comprendre, dont les personnes ignorantes et mal affermies tordent le sens, comme celui des autres Écritures, pour leur propre ruine</u>.* » (**2 Pie 3 :15,16**).

Seule une instruction rigoureuse, dispensée par des hommes qualifiés et précédemment éprouvés par d'autres chrétiens les ayant précédés dans le chemin de la foi (**Héb 13 :7**), est de nature à satisfaire à l'exigence biblique.

A contrario, seuls l'orgueil et la vanité peuvent expliquer la raison pour laquelle plus d'un remirent en cause la suffisance de l'Ecriture

– en introduisant notamment la pyramidologie dans leur doctrine – et développer des thèses hérétiques et blasphématoires.

Quelle fraternité chrétienne partager avec un individu qui finit par croire que Jésus est devenu « Dieu », au terme de sa course terrestre ? Quelle communion avoir avec celui qui estime que l'Esprit-Saint n'est qu'une simple émanation de la puissance du Fils ou du Père ? Quel dialogue peut-il exister avec celui qui considère que le complexe pyramidal de Gizeh est « *l'Ecriture en pierre* » ?

Charles Russell franchît plusieurs postes-frontières rendant tout dialogue impossible. En s'écartant loin des rivages de la saine doctrine de la foi, il s'est non seulement condamné lui-même, mais il a surtout, en homme qui « *égare* » et « *s'égare* » (**Ps 119 :21 ; Es 9 :15 ; 2 Ti 3 :13**), « *aveuglé l'intelligence* » des naïfs « *pour leur propre ruine.* »

Charles Russell répondit à son détracteur canadien que ses attaques trahissaient une jalousie et une incapacité à lui répondre sur le fond.

Si cette hypothèse avait une consistance quelconque, pourquoi s'époumoner à répondre à des arguments théologiques qui furent rejetés, pour l'extrême majorité d'entre eux, en bloc et en détail par sa propre descendance spirituelle, les Témoins de Jéhovah ?

Il fallut attendre quelques années après sa mort pour que les Témoins de Jéhovah reviennent sur toutes les idées majeures de Charles Russell (la divinité postérieure de Jésus, la pyramidologie, la notion individualiste du « serviteur » de Matthieu 24 :45, son sionisme extrêmement militant et tant d'autres explications des plus étranges).

Aucun témoin de Jéhovah n'est aujourd'hui autorisé à citer les écrits de Charles Russell lorsqu'il sort « *évangéliser* », ni de justifier sa position actuelle au regard des arguments théologiques du fondateur. Non pas que les arguments modernes des Témoins de Jéhovah aient une pertinence quelconque (ce que nous réfuterons sans peine dans les pages suivants), mais l'absence de référence aux enseignements prétendument solides du « pasteur » Russell est tout de même révélatrice de la considération que ses propres « enfants » lui portent.

Comble de l'ironie, les Témoins de Jéhovah sont plus « *à l'aise* » avec la figure titulaire de Joseph Rutherford, pourtant abominable à plus d'un titre, que de celle de Charles Russell.

Chapitre 2 : Joseph F. Rutherford, le fondateur

Joseph F. Rutherford est plus qu'un personnage ; c'est un monument dans l'histoire des Témoins de Jéhovah.

Si Charles Russell n'est cantonné qu'à un rôle de pionnier, Joseph Rutherford est le véritable père fondateur du mouvement. Les Témoins de Jéhovah lui doivent le nom, l'esprit et le fonctionnement du mouvement.

Même si aucun des écrits de ce *« père fondateur »*, pourtant très gênant à plus d'un titre, n'est utilisé dans les ouvrages doctrinaux de référence des Témoins de Jéhovah, ces derniers ont conservé sa vision du fonctionnement du mouvement et des membres qui la composent.

Revenons sur le parcours de cet icone.

1. Un jeune homme ambitieux et déterminé

1.1. <u>Un brillant parcourt en droit</u>

Joseph Rutherford naquit le 8 novembre 1869, à Versailles (Missouri), dans une famille fermière, rurale et baptiste.

Très jeune, il manifesta, à l'âge de 16 ans, le souhait de poursuivre des études de droit.

Son père, inquiet de l'avenir de la ferme familiale, céda toutefois à l'ambition de son fils, compte tenu du fait que ce dernier proposa de payer un ouvrier qui le remplacerait dans les champs[63], pendant qu'il userait des bancs de l'Université.

Pour y arriver, il obtint un prêt pour financer ses études et, dans l'intervalle, travailla à mi-temps comme prospecteur et greffier à la Cour[64].

Le 31 décembre 1891, Joseph Rutherford se mariait avec Marie Malcom Fetzer et, un an plus tard, était admis au Barreau de l'Etat du Missouri, à l'âge de 22 ans. C'est également l'année où il devint père d'un fils, Malcom Cleveland Rutherford[65].

Il exerça dans un cabinet d'avocats, en contentieux, puis en tant que substitut du procureur à Boonville pendant 4 ans.

Il fut ensuite nommé juge remplaçant dans une juridiction de première instance dans le Missouri[66], ce qui lui permettait, en théorie, de statuer sur des affaires en cas d'absence d'un juge titulaire. C'est du fait de cette nomination qu'il conservera le titre de « *juge* », symbole de sa consécration personnelle.

En 1909, alors âgé de 40 ans, il fut admis à exercer dans l'Etat de New York, ainsi qu'à plaider devant la Cour suprême des Etats-Unis[67].

---

[63] Alan Rogerson, Millions Now Living Will Never Die, 1969.
[64] Annuaire des Témoins de Jéhovah, 1975, p 81
[65] St. Paul Enterprise 16 January 1917, p. 1
[66] Religion: Jehovah's Witness", Time, 10 June 1935
[67] Annuaire des Témoins de Jéhovah, 1975, p 83

1.2. Une étroite collaboration avec Charles Russell

En 1894[68], Joseph Rutherford, alors âgé de 25 ans, fut confronté, pour la première fois, aux écrits de Charles Russell.

Après avoir acheté et lu les trois premiers tomes de l'Aurore du Millénium, Joseph Rutherford fut séduit par les idées du 2ième président de la Société Watch Tower. Il adressa immédiatement une lettre de remerciement pour ces ouvrages[69].

En 1906, Joseph Rutherford fut baptisé[70] et, un an plus tard, fut nommé conseiller juridique de la Société Watch Tower[71]. C'est à cette occasion qu'il représenta les intérêts personnels de Charles Russell devant les juridictions de Pennsylvanie face à Maria Russell.

Il est naturellement difficile de déterminer précisément les sentiments de Charles Russell vis-à-vis de Joseph Rutherford.

Pendant cette curieuse collaboration, on peut toutefois percevoir une certaine séduction pour l'homme charismatique et éloquent qu'était Joseph Rutherford et, en même temps, une certaine méfiance face à cet homme manifestement ambitieux.

L'attrait de Charles Russell pour Joseph Rutherford fut manifeste, ne serait que dans sa désignation pour représenter la Société Watch Tower lors des discours publics ou à l'occasion des tournées

---

[68] Tony Wills, A People For His Name, 2006
[69] Les Témoins de Jéhovah, Proclamateurs du Royaume de Dieu, 1993, p 67
[70] Barbara Grizzuti Harrison, Visions of Glory – A History and Memory of Jehovah's Witnesses, 1978, chapter 6.
[71] La Tour de Garde, 15 mars 1955, p 175

européennes, en remplacement d'un Charles Russell affaiblie par la malade[72].

En tout état de cause, le choix de Joseph Rutherford en qualité de principal Conseiller juridique de la Société Watch Tower constituait, en soi, le symbole de la confiance de Charles Russell en sa personne.

La méfiance fut pourtant au rendez-vous.

S'il est incontestable que le nom de Joseph Rutherford figurait sur la liste des personnes envisagées pour occuper la fonction de membre du Conseil d'administration et du Comité de rédaction de la Société Watch Tower, ce nom ne figurait que sur une liste subsidiaire : [73]

> « *L'entière responsabilité de la rédaction du Zion's Watch Tower reposera entre les mains d'un comité de cinq frères, que j'exhorte à avoir une grande prudence et à être fidèles à la vérité.*
> [...]
> *Les membres du comité de la rédaction dont les noms sont indiqués ci-après (s'ils acceptent cette charge) sont considérés par moi comme entièrement fidèles aux enseignements des Écritures et surtout à la doctrine de la rançon, aux doctrines selon lesquelles Dieu n'accepte personne, ne lui donne le salut et la vie éternelle, si ce n'est par la foi en Christ, l'obéissance à sa parole et à son esprit.*
> [...]
> *Si l'un de ceux qui sont désignés ne se trouvait plus d'accord un jour avec ces dispositions prises, il violerait sa conscience et commettrait un péché s'il restait néanmoins membre de ce comité, car il saurait que, s'il le faisait ce serait contraire à l'esprit et au but de ces décisions.*

---

[72] La Tour de Garde, 15 janvier 1915, p 26
[73] http://aquilatj.free.fr/Historique/Testament_Russel.htm

Le comité de rédaction doit continuer à exister de la manière suivante : si l'un de ses membres meurt ou donne sa démission, les autres membres auront le devoir d'élire son successeur, afin qu'un numéro du journal ne paraisse pas sans que le comité éditeur de cinq membres soit complet. Je recommande au comité nommé d'user d'une grande prudence dans l'élection d'autres membres ; une vie pure, une compréhension claire de la vérité, doivent être les caractéristiques des frères qu'ont veut élire : ils doivent se montrer zélés au service de Dieu, ils doivent aimer les frères et être fidèles au Rédempteur.

<u>J'ajoute aux noms des cinq frères désignés pour former le comité, les noms de cinq autres frères parmi lesquels, selon moi, il serait préférable de choisir avant de chercher plus loin pour remplir des places vacantes dans le comité de rédaction</u> : ceci devra être fait à moins que, dans le temps écoulé entre le jour où j'ai écrit ceci et le jour de ma mort, une chose arrive qui prouve que d'autres frères seraient plus aptes à remplir les places vacantes. Les noms des frères désignés pour former le comité de rédaction sont :

William E. Page, William E. Van Amburgh, Henry Clay Rockweill, E. W. Brenneison, F.H. Robison.

Les noms des cinq autres frères qui, je pense, seraient les plus capables <u>pour remplir les places vacantes dans le comité de rédaction</u> sont :

A.E. Burgess, Robert Hirsh, Isaac Hoskins, Geo.H. Fisher (Scranton), <u>J.F. Rutherford,</u> Dr John Edgar. »

Trois idées majeures ressortent des dernières volontés de Charles Russell :

<u>*Primo*</u>, Charles Russell avait une idée extrêmement précise du nombre et de l'identité des personnes devant lui succéder sans délai, post mortem. Parmi ces personnes, Joseph Rutherford n'y figurait pas.

<u>*Segundo*</u>, le nom de Joseph Rutherford n'était évoqué qu'en second lieu, sous réserve d'empêchement d'un des cinq membres pré désignés par Charles Russell pour diriger la Société Watch Tower.

<u>*Tertio*</u>, Joseph Rutherford n'était pas, ni ne pouvait tenir le rôle de meneur dans la Société Watch Tower.

2. Un président omnipotent et tyrannique

Pourtant, à la mort de Charles Russell, l'impétueux Joseph Rutherford manœuvra farouchement pour obtenir le siège de président [74].

En octobre 1916, un directoire à trois têtes assura la transition de la Société Watch Tower jusqu'à la prochaine Assemblée générale extraordinaire[75].

Curieusement, Joseph Rutherford fit parti de ce trio de tête, président ès qualités, aux côtés d'Alfred Ritchie (vice-président) et William Van Amburgh (secrétaire trésorier).

Sa présence constituait en soi une trahison de la lettre et de l'esprit du Testament de Charles Russell.

---

[74] Rud Persson, Rutherford's Coup, The Watch Tower succession Crisis of 1917 and its Aftermath, Hart
[75] Les Témoins de Jéhovah, Proclamateurs du Royaume de Dieu, 1993, p 647

Le 6 janvier 1917, Joseph Rutherford fut élu président, ainsi que sept autres administrateurs. Subséquemment, il fut également désigné membre du Comité de rédaction de la Tour de Garde.

Des nouveaux Statuts furent adoptés, attribuant au président des larges prérogatives d'ordre exécutif[76].

Dès le mois de juin 1917, le style de gouvernance de Joseph Rutherford essuya des critiques sévères, provenant de 4 administrateurs frondeurs (Robert Hirsh, Alfred Ritchie, Isaac Hoskins et James Wright).

Impatient, Joseph Rutherford procéda à leur renvoi immédiat et à leur remplacement par quatre autres membres acquis à sa cause[77][78].

Tant les frondeurs que l'exécutif en place, sans mentionner leurs partisans respectifs, s'échangèrent des pamphlets d'une rare violence, s'accusant mutuellement d'ambitions et de légèreté blâmable[79][80].

Cet épisode contribua, sans pour autant qu'il en constitue le facteur suffisant, à la désaffiliation de certaines congrégations, les fidèles à la doctrine de Joseph Russell considérant le nouveau président comme un traître à la ligne et à l'enseignement du « *fondateur* »[81].
N'ayant plus les mains liées, Joseph Rutherford pouvait désormais agir à sa guise.

---

[76] Pierson, Light After Darkness, p 5-6
[77] Ibid, p4
[78] Joseph Rutherford, Harvest Siftings, 1 August 1917
[79] Pierson, Light After Darkness, p11
[80] Facts for Shareholders, 15 November 1917, p 14
[81] Les Témoins de Jéhovah, Proclamateurs du Royaume de Dieu, 1993, p 93

2.1. Une destruction méthodique de l'œuvre de Charles Russell

Joseph Rutherford s'activa à détricoter tout ce que Charles Russell s'efforça de bâtir, tant sur le plan organisationnel que sur le terrain doctrinal.

Il y a une double raison à cela.

<u>La première</u> est d'ordre circonstancielle : plusieurs personnes voyaient d'un très mauvais œil l'élection de Joseph Rutherford à la présidence de la Société. Des langues se délièrent d'ailleurs rapidement (en 4 mois !) du sommet (les quatre administrateurs frondeurs) à la base (plusieurs partisans de Russell).

Joseph Rutherford, en parfait animal politique qu'il fut[82], comprit d'instinct que ses actions seraient jugées à l'aune de son prédécesseur.

Refusant toute comparaison, Joseph Rutherford considéra que son autonomie d'action exigeait qu'il se débarrassât de la stature du commandeur, fut-ce avec perte et fracas.

<u>La seconde</u> raison est liée à la personnalité de Joseph Rutherford : c'était un homme profondément égocentrique, pétri d'un complexe de supériorité rarement égalé.

Ce trait de caractère devint manifeste lorsqu'il prit les rênes de la Société Watch Tower.

---

[82] Il dirigea la campagne d'un malheureux candidat démocrate pendant ses jeunes années d'avocat.

La première destruction qu'il opéra fut, ironiquement, sa nomination en qualité de président et sa désignation incidente au Comité de rédaction de la Tour de Garde.

Il était mieux placé que quiconque, en sa qualité d'avocat de la Société Watch Tower, pour savoir qu'une telle désignation était manifestement contraire à la lettre et à l'esprit de son prédécesseur.

Les Témoins de Jéhovah s'empressèrent de faire état de sa volonté d'éliminer tout culte de la créature. Non seulement cette assertion est fausse, comme nous le démontrerons ci-après, mais ils ne semblent pas mesurer la portée de leur objection.

Si le choix de Joseph Rutherford avait la faveur divine, cela impliquait notamment le fait que le Testament de Charles Russell avait la défaveur divine.

Pourtant, son opinion sur le refus d'un administrateur de la Société Watch Tower de démissionner de son poste, en dépit de son opposition avec ses vues telles que formulées dans son Testament, ne souffrait d'aucune nuance[83] :

> *« Si l'un de ceux qui sont désignés ne se trouvait plus d'accord un jour avec ces dispositions prises, il violerait sa conscience et commettrait un péché s'il restait néanmoins membre de ce comité, car il saurait que, s'il le faisait ce serait contraire à l'esprit et au but de ces décisions. »*

Il est clair que le mode de fonctionnement de la Société Watch Tower faisait partie intégrante des « *dispositions prises* » par Charles Russell, et qu'à ce titre, ces « *dispositions* » servaient de conditions

---

[83] http://aquilatj.free.fr/Historique/Testament_Russel.htm

requises au choix et au maintien d'un individu en qualité de membre du Comité.

Comment pouvait-on considérer que le non-respect de « *ces dispositions* » (en ce compris le mode de désignation et de fonctionnement de la Société Watch Tower), était de nature à entacher la conscience d'un membre et le placer en situation de pêcher, tout en ne trouvant rien à redire sur la désignation de Joseph Rutherford aux fonctions qui furent les siennes ?

Soit Charles Russell avait raison de se prononcer de la sorte, auquel cas Joseph Rutherford était condamné spirituellement dès ses prises de fonction, soit Charles Russell avait tort, auquel cas il n'était probablement pas l'élu ou le « *serviteur* » de Dieu…

La deuxième action de démolition de l'œuvre de Charles Russell consista en la publication d'un nouvel ouvrage, sans consultation préalable du Comité de rédaction, et la mise en circulation d'un nouveau périodique, l'Age d'Or[84] (ultérieurement renommé *Consolation*, puis *Réveillez-vous*).

Joseph Rutherford ne s'embarrassait plus de la méthode : il indiqua clairement être l'auteur des ouvrages publiés (soit une vingtaine au total) et cessa de consulter le Comité de rédaction, qui fut ultérieurement dissout.

On se souvient néanmoins que Charles Russell s'opposa à la signature des articles de la Tour de Garde.

---

[84] L'Age d'Or, 1er octobre, 1919

La parution d'un nouveau périodique était directement contraire aux vœux exprès de Charles Russell et aux instructions claires qu'il rappela de son vivant :

> *« Le nom des membres du comité (avec les changements qui devront probablement être apportés de temps en temps) devront paraître dans chaque numéro du journal, mais on ne doit faire connaître d'aucune manière le nom de l'auteur de chaque article. Il suffira qu'on sache que les articles du journal ont l'approbation de la majorité des membres du comité.*
>
> *La société a déjà convenu avec moi de ne publier aucun autre journal périodique ; Il est aussi demandé du comité rédacteur de n'écrire pour aucun autre journal ou de ne s'allier pour le faire avec aucune autre publication d'aucune manière et sous aucune forme. Mon but en formulant cette demande est de sauvegarder le comité et le journal de l'esprit d'ambition, d'orgueil d'autorité, afin que la vérité soit reconnue, appréciée selon sa propre valeur et afin que le Seigneur soit toujours reconnu comme la Tête ou la Clef de l'Église et comme la source de la vérité. »*

<u>La troisième</u> œuvre destructrice de Joseph Rutherford consista à rejeter la pyramidologie[85][86] et le sionisme militant de son prédécesseur.

Entre 1928 et 1933, Joseph Rutherford remit en cause la doctrine russellienne selon laquelle la Bible enseignait et prophétisait la restauration future des juifs en Palestine. Il dénia aux juifs un rôle

---

[85] Le Messager, 5 août 1928, p1
[86] La Tour de Garde, 15 novembre 1928

quelconque dans le plan de Dieu, voyant plutôt en eux un peuple arrogant et extrêmement égoïste[87][88].

Alors même que Charles Russell affirma que la pyramidologie était une méthode d'analyse nécessaire pour comprendre les prophéties bibliques, car le complexe pyramidal de Gizeh était « *l'Ecriture en pierre* », Joseph Rutherford modifia cet enseignement en 1928, considérant que les travaux de la grande pyramide furent menés sous le haut patronage de Satan le diable dans l'unique objectif de tromper le peuple de Dieu vivant aux derniers jours.

Ce point incita les derniers membres hésitants, fidèles à Charles Russell, de quitter le navire de la Société Watch Tower.

Comme pour faire comprendre aux derniers russellites que seule la soumission au nouveau chef leur était offerte en guise de choix, Joseph Rutherford interdît le port de la barbe aux membres affiliés de la Société Watch Tower.

En effet, à partir des années 1930, Joseph Rutherford considéra que porter la barbe était un signe ostentatoire de « *vanité* », « *un attachement aux choses du monde et une rébellion* ». Les témoins de Jéhovah étaient subitement encouragés à se raser.

William Schnell, ex béthélite, rapporta une anecdote concernant Paul Balzereit, responsable de la filiale d'Allemagne.

Lors d'une visite de Joseph Rutherford dans son pays, Paul Balzereit fit état, lors d'un repas, de la nécessité d'une nouvelle presse d'imprimerie.

---

[87] Tony Wills, A People For His Name, p129
[88] Alan Rogerson, Millions Now Living Will Never Die, p46

Après un long moment de silence, Joseph Rutherford le dévisagea et lui dit : « *Je t'achèterai une presse rotative si tu enlèves cette chose* », pointant son doigt en direction de la barbe de Paul Balzereit.

Ce dernier, interdit, s'exécuta néanmoins, ayant compris que toute résistance lui couterait sa presse et sa place[89].

Preuve de l'admiration que les successeurs de Joseph Rutherford lui portaient : cette anecdote figura dans l'annuaire des Témoins de Jéhovah de 1974[90].

Charles Russell, du haut de son trône aux côtés de Jésus, devait apprécier…

Dernière œuvre destructrice : Joseph Rutherford cessa de publier les écrits de Charles Russell en 1927, soit une dizaine d'années après la mort du fondateur[91].

Et si nous vérifions le nombre de fois où le nom de Charles Russell apparût dans les publications de la Société Watch Tower sous la présidence de son successeur ? Une seule fois, dans le livret *Millions Now Living Will Never Die*…

2.2. Une mainmise asphyxiante sur la Société Watch Tower

Après s'être acharné à liquider l'héritage de son prédécesseur, Joseph Rutherford s'évertua à instaurer une centralisation administrative et exécutive de la Société Watch Tower.

---

[89] William Schnell, 30 Years A WatchTower Slave, 1971, Baker Book House, p46
[90] Annuaire des Témoins de Jéhovah, 1974, p97-98
[91] God's Kingdom of a Thousand Years Has Approached", 1973, p347

Il promût un fonctionnement hiérarchique et militaire strict, en lieu et place d'un fonctionnement décentralisé et démocratique du temps de Charles Russell.

Rappelons que Charles Russell se montra favorable à l'élection des serviteurs de congrégation. Ce point est à mettre à son actif.

Joseph Rutherford poussa la dictature, naguère reproché à Charles Russell, à un haut degré d'incandescence[92].

Il réorganisa les filiales à l'étranger, procédant ainsi à la nomination des responsables de filiale fidèles à sa ligne. Il introduisit les serviteurs de zone[93], administrant plusieurs congrégations[94] réparties autour d'une circonscription administrative. Ces « préfets » de la Société Watch Tower s'assurèrent ainsi que chaque circonscription, dont ils avaient la supervision, se mettait au pas des nouvelles directives données.

Il supprima l'élection du responsable de congrégation, la considérant comme « *paresseux* », avant de décréter qu'un tel mode de désignation n'était pas biblique[95].

Il exigea du nouveau responsable de congrégation nommé l'obéissance aux directives qu'il fixait (appelés « *instructions* » de la Société Watch Tower).

Dans un accès d'euphorie, Joseph Rutherford affirma que la suppression des anciens élus participait de l'accomplissement de la

---

[92] Alexander Mc Millan, Faith in the March, p152
[93] Désormais appelés Surveillants de circonscription
[94] Tony Wills, A People For His Name, p201
[95] Ibid, p177-179

prophétie de 2300 jours en Daniel 8 :13,14 et que « *le sanctuaire divin* », la Société Watch Tower, était enfin balayé et nettoyé[96].

En 1931, Joseph Rutherford congédia le Comité de rédaction de la Tour de Garde, cher à Charles Russell. Il assura, de la sorte, la rédaction de tous les articles principaux de la Tour de Garde[97].

Il donna un satisfecit à cette œuvre de démolition dans l'annuaire de 1933, lorsqu'il indiqua que la dissolution du Comité de rédaction était la preuve que « *le Seigneur lui-même dirige la Société* »[98]. Ce qui impliquait nécessairement que tel n'était le cas du temps de son prédécesseur…

Le caractère extrêmement structuré et verticale de la Société Watch Tower eut officiellement un nom : la théocratie !

Qui mieux que son inventeur pour en définir le sens :

> « *La Théocratie est présentement administrée par la Watch Tower Society, dont Joseph Rutherford en est le Président et le Manager général* [99]».

Joseph Rutherford mît ainsi en place un système de management dont toutes les personnes en situation de responsabilité, tant au siège que dans les filiales, jusques et y compris dans les congrégations locales, furent directement dépendantes de lui.

En observant le fonctionnement de la Société Watch Tower, la théocratie ne fut qu'un pis-aller du pouvoir permettant à un

---

[96] La Tour de Garde, 15 juillet 1933, p214-15
[97] Tony Wills, A People For His Name, p121
[98] Annuaire 1933, p 11
[99] Joseph Rutherford, Consolation, 1938

homme ou un groupe d'homme de légitimer son/leur *pouvoir* et son/leur *autorité* personnelle sur un groupe d'hommes.

Joseph Rutherford contrôlait tout, dirigeait tout et arbitrait tout. Rien ne pouvait se faire sans son aval, sous peine de limogeage ou d'une sévère et humiliante remontrance[100].

2.3. La création du statut de « *travailleur bénévole* »

L'œuvre de colportage est antérieure à Joseph Rutherford.

Sous la présidence de Charles Russell, les fidèles des congrégations furent encouragés à répandre les enseignements de Charles Russell sur les places publiques.

Ces fidèles le faisaient surtout par conviction.

La situation prit une tournure radicalement différente sous Joseph Rutherford.

Convaincus ou non, bon gré mal gré, tous les fidèles de la Société Watch Tower devaient participer à l'œuvre de colportage du message de Joseph Rutherford.

Il convient, au passage, d'insister sur le fait qu'il s'agissait bien des enseignements de Joseph Rutherford, car tous les ouvrages et les articles majeurs, d'ordre doctrinal, furent rédigés directement par lui et portaient sa signature.

Aucun contrôle, aucune réflexion collective, aucune concertation préalable ne s'appliquait aux écrits de Joseph Rutherford.

---

[100] Alexander Mc Millan, Faith in the March, p 152

Un épisode frappant dans l'histoire des Témoins de Jéhovah éclaire cet aspect des choses.

En 1925, tous les membres du Comité de rédaction s'opposèrent à la publication du projet d'article « *La Naissance d'une Nation* », rédigé par Joseph Rutherford[101].

Furieux, ce dernier décida d'user de ses prérogatives statutaires pour court-circuiter le véto du Comité et publia, d'autorité, cet article, lequel contenait, au passage, plusieurs modifications doctrinales majeures.

Ultérieurement, Joseph Rutherford observera que Satan a « *essayé d'empêcher la publication de cet article, sans toutefois y parvenir* »[102].

Comme nous le verrons dans les pages qui suivent, toute opposition au souhait du président était immédiatement perçue comme une entrave du diable…
Il était donc clair que les témoins de Jéhovah savaient de qui provenait leur « *nourriture spirituelle* », dont ils avaient obligation de la colporter aux tiers.

Dès 1919, lors d'une assemblée tenue dans l'Ohio, les fidèles furent exhortés de distribuer les ouvrages et les articles de la Société Watch Tower de « *porte-à-porte* »[103].

En 1920, les Etudiants de la Bible furent sommés de rapporter au surveillant de congrégation, lequel jouait également le rôle du surveillant au service, le temps passé à l'activité du colportage, aussi

---

[101] La Tour de Garde, 1er mars 1925, p 67–74
[102] La Tour de Garde, 1er juillet 1938, p201
[103] James Penton, Apocalypse Delayed: The Story of Jehovah's Witnesses, p56

dénommé « *l'activité de porte à porte* », « *l'activité du champs* » ou « *le rapport de service[104]* »[105].

En 1922, Joseph Rutherford organisa une série d'assemblée internationale sous le thème « *Proclamez le Roi et le Royaume* »[106]. Il insista sur le fait que le premier devoir de tous les chrétiens était d'être « *colporteur* », tel qu'il en ressort de Matthieu 24 :14, via l'activité de « *porte-à-porte* »[107].

Il rajouta qu'en s'impliquant dans l'œuvre « *d'évangélisation* », les colporteurs contribuaient à séparer « *les brebis des chèvres* » (**Mat 25 :32-35**). Les fidèles furent encouragés à démarrer des études bibliques[108] d'une heure dans les maisons qu'ils visitaient[109].

S'étant ainsi doter d'une main-d'œuvre massive et gratuite pour écouler ses vingtaines d'ouvrages, ses tracts et ses deux revues (La Tour de Garde et l'Age d'Or), Joseph Rutherford souhaita s'approprier pleinement cette belle « *armée de réserve* » dont il s'était constitué.

En 1931, lors d'une assemblée tenue dans l'Ohio, Joseph Rutherford « *proposa* », par résolution, que les « *Etudiants de la Bible* » se fassent désormais appeler sous le vocable de « *Témoins de Jéhovah* », en référence à Esaïe 43 :12. Inutile de relever que cette résolution fut accueillie à « *l'unanimité* »[110].

---

[104] Le rapport de service est, dans un sens restreint, le support papier sur lequel est rapporté le temps passé et les activités effectuées dans l'œuvre d'évangélisation.
[105] Alan Rogerson, Millions Now Living Will Never Die, p53-54
[106] Ibid
[107] Ibid, p60
[108] Il s'agit d'un cours méthodologique et thématique sur des sujets bibliques, dont la finalité est de conduire progressivement l'élève à adhérer au mouvement.
[109] Ibid, p57
[110] Ibid, p55

L'idée était surtout de différentier les disciples de Joseph Rutherford des multiples groupes autonomes se réclamant du « *pasteur Russell* ».

Lors de cette assemblée, ceux qui quittèrent le navire des « *Témoins de Jéhovah* », pour former des groupes autonomes, furent qualifiés de « *mauvais serviteur* »[111], en référence à Matthieu 24 :48-51. Il fut même enseigné qu'il était inapproprié de prier pour eux[112].

2.4. *La promotion des doctrines délirantes, anxiogènes et mortifères*

Les doctrines promues par les Témoins de Jéhovah, sous la présidence de Joseph Rutherford, furent tellement iconoclastes, qu'elles constituèrent, à elles-seules, la preuve ultime de l'absurdité collective de toute cette masse des croyants.

Voyons quelques exemples des doctrines enseignées par Joseph Rutherford.

Avant tout, s'agissant de l'identité de Jésus, Joseph Rutherford rappela qu'il convenait d'adorer Jéhovah Dieu et Jésus :

> « *Durant le Millénium, « les principes conduiront le peuple dans leur adoration à Jéhovah et au Christ[113]* » ».
>
> *Jéhovah Dieu exige que tous adorent Christ Jésus, parce que Christ Jésus est l'image parfaite du Père, Jéhovah, et parce qu'il est l'Exécutant en Chef de Jéhovah, réalisant toujours la volonté de Jéhovah[114]* »

---

[111] Tony Wills, A People For His Name, p98
[112] La Tour de Garde, 15 février 1933
[113] Justification, Vol 3, J.F Rutherford, p 295
[114] Tour de Garde, 15 novembre 1939, p 339.

> « *Les peuples de toutes les nations qui obtiennent le salut doivent venir dans la maison du Seigneur pour l'adorer ; Ils doivent donc croire et adorer Jéhovah Dieu et le Seigneur Jésus Christ, son principal instrument* » **(Phil 2 :10, 11)** »[115]

Toutefois, la conception que Joseph Rutherford avait du Christ, et donc de Jésus, fut tout à fait singulière. Très peu des Témoins de Jéhovah savent qu'il enseigna explicitement l'existence d'un Christ composite.

Citons-le :

> « *Le royaume du Messie une fois établi, Jésus et son église glorifiée constituant le grand Messie, prodigueront les bénédictions au peuple qu'ils ont si longtemps désiré et espéré et prié pour qu'il vienne.* [116] »

> « *Le mot Christ signifie oint. L'onction signifie la désignation à une position officielle dans l'administration de Dieu. Le Christ est l'instrument ou le canal pour la bénédiction de l'humanité. <u>Le Christ est composé de Jésus, le chef grand et puissant, et de 144 000 membres</u>.* [117] »

> « *La nouvelle création est le Christ. <u>Le Christ est un corps composite composé de plusieurs membres</u>. La Tête du Christ est Jésus-Christ, le Fils bien-aimé de Dieu. Ceux qui sont pris d'entre les hommes, justifiés, engendrés et oints par l'esprit de Jéhovah, et qui ensuite restent fidèles jusqu'à la mort, constitueront les membres du Christ complet.*[118] »

---

[115] Le Salut, J. F Rutherford, 1939, p 151.
[116] Des Millions Actuellement Vivant Ne Mourront Jamais, J. F. Rutherford, 1920, p 88
[117] La Harpe de Dieu, J. F Rutherford, 1921, P 187
[118] Création, J. F Rutherford, 1927, P 192

En enseignant un Christ composite, dont Jésus ne serait qu'un membre parmi d'autres, Joseph Rutherford lia, subrepticement, le salut d'un individu à son appartenance au mouvement dont les membres composeront le « *Christ complet* », c'est-à-dire les Témoins de Jéhovah.

S'il est juste d'affirmer que les écrits des Témoins de Jéhovah, à compter de janvier 1954, ne font plus explicitement référence à la notion d'un « *Christ composite* », il n'en demeure pas moins vrai que la conséquence attachée à cette notion soit toujours d'actualité au sein du mouvement.

En d'autres termes, les Témoins de Jéhovah continuent d'enseigner que le salut d'un individu dépendra notamment de son soutien actif aux restes des 144 000 « *oints* » (**Rév 14 : 3**) témoins de Jéhovah, vivant encore sur la terre :

> « *Pour maintenir ses relations avec 'notre Sauveur, Dieu', la « grande foule » doit rester unie au reste des Israélites spirituels.[119]* »

> « *Votre attitude envers les « frères oints semblables à du blé » de Christ et le traitement que vous leur accordez seront le facteur déterminant pour savoir si vous entrez dans la « retranchement éternel » ou si vous recevez la « vie éternelle[120]* ».

Ce point constitue l'un des facteurs qui explique la peur qu'éprouvent plusieurs fidèles de se dissocier de la Société Watch Tower.

---

[119] La Tour de Garde, 15 novembre 1979, p 27
[120] La Tour de Garde, 1er août 1981, p 26

Joseph Rutherford fit un pas supplémentaire, en considérant que la croix était un enseignement païen. Il soutint que Jésus était mort sur un simple poteau.

Son inculture était manifestement sans gêne…

Après avoir détruit l'identité de Jésus Christ, il s'attaqua au message principal de la Bible.

En effet, au lieu d'insister sur la puissance de l'Evangile (**Jean 14 :6 ; Rom 1 : 16, 17 ; 1 Cor 2 :2**), à partir de 1929 Joseph Rutherford affirma que l'enseignement le plus important de toutes les doctrines bibliques était la justification du nom de Jéhovah[121].

Au passage, la bataille d'Armageddon, telle qu'expliquée précédemment par Charles Russell, était dorénavant perçue comme une guerre à l'échelle planétaire, lancée par Dieu, contre ses ennemies terrestres, et non plus une révolution planétaire comme le subodorait Charles Russell.

Forte de sa trouvaille, Joseph Rutherford éprouva un certain plaisir à peindre avec force détaille la manière dont « *les méchants* » seraient détruits à Armageddon.

A cet effet, l'auteur Tony Wills prétendit même qu'à la fin de sa présidence, Joseph Rutherford passa au moins tout un semestre de chaque année à gloser sur Armageddon…

Ce vieil héritage du « *père fondateur* » de la Société Watch Tower a toujours cours au sein des Témoins de Jéhovah. En témoigne

---

[121] La Tour de Garde, 1 janvier 1926

notamment un extrait d'un ouvrage d'étude, publié postérieurement à la mort de Joseph Rutherford :

> *« 22. Qu'indique le fait que Jéhovah laisse les charognards dévorer les corps des tués, et comment pourra-t-il faire disparaître les cadavres qui resteront ?*
>
> *22 Le fait que, lors de la défaite de Gog, Jéhovah donne les corps des tués aux oiseaux et aux bêtes sauvages, symbolise que ces morts ne seront pas ensevelis dans des tombeaux commémoratifs honorables, en attendant une résurrection. Le nombre des "tués de Jéhovah" non enterrés sera tellement prodigieux que même les charognards et les bêtes sauvages ne pourront les dévorer tous. Ces créatures inférieures pourront se rassasier, mais il y aura des quantités énormes de restes. Sans doute le Dieu tout-puissant utilisera-t-il des moyens scientifiques, — avec ou sans l'antimatière, — pour faire disparaître d'une manière rapide et hygiénique ce qui restera des corps en décomposition. Les survivants de la "guerre du grand jour" verront de quelle façon il procédera. Nous nous rappelons que Noé et les sept autres survivants du déluge universel ne se sont pas vus chargés d'enterrer les victimes humaines de cette catastrophe mondiale après qu'ils furent sortis de l'arche et eurent rétabli le culte de Jéhovah sur la terre. — Genèse 8:18-22.* [122] *»*

Les thèmes de la haine et du mépris étaient fréquents dans les écrits et les paroles de Joseph Rutherford.

A titre d'exemple, il se lança dans une diatribe véhémente contre « *la chrétienté* », essentiellement composés des catholiques, des églises issues de la réforme protestante et toute autre dénomination dite chrétienne.

---

[122] « *Les Nations Sauront Que Je Suis Jéhovah.* » Comment ? 1974, chap 20

Ses attaques contre le clergé étaient d'une virulence telle, qu'elle entraina l'interruption de son émission diffusée sur la NBC Radio Network, qui condamna ses « *attaques enragées* ».

En voici un exemple :

> « *En tant que classe, conformément aux écritures, les clercs constituent des êtres les plus répréhensibles sur la terre à cause la grande guerre [WWI] qui afflige l'humanité* [123] »

Parmi ses ennemies, figurèrent aussi des groupes séparatistes fidèles à l'héritage de Charles Russell, dont il fut rappelé que Joseph Rutherford les qualifia de « *méchant serviteur* », en référence à Matthieu 24 :48-51.

Privé d'un Christ qui sauve et placé sous l'épée de Damoclès d'Armageddon, les ouailles de Joseph Rutherford n'eurent d'autres choix que de se conformer à un mode de vie, dont les caractéristiques furent exclusivement définies par lui.

C'est ainsi qu'un certain nombre de fêtes leur furent interdits : en 1927, Noël fut décrétée fête païenne, et toute personne continuant de la célébrer était perçue comme soutenant « *l'organisation de Satan* » ; les fêtes des mères ou des pères, les anniversaires de naissances et, de manière générale, toute autre fête instaurée ou reconnue par « *la chrétienté* » furent bannies.

Poussant l'austérité à l'extrême, en 1938, Joseph Rutherford supprima le chant pendant le culte ; la même année, il découragea le mariage parmi les témoins de Jéhovah et, son corollaire, le

---

[123] Discours « *Le Monde a pris fin – Des millions actuellement vivant ne mourront jamais* ».

souhait légitime d'avoir des enfants, car l'heure était à la « *proclamation du Roi et du royaume* » à l'approche d'Armageddon.

Laissons-le s'exprimer :

> « *Les personnes consacrées de Dieu feraient bien de s'abstenir de se marier à moins qu'elles ne soient continuellement tourmentées par le désir d'avoir des relations sexuelles, auquel cas elles devraient se marier. Pour ceux des plus jeunes ou des plus âgés qui ont besoin de se marier pour cette raison, qu'ils règlent l'affaire avec franchise et honnêteté en évitant le fléau, les illusions et les illusions de "l'amour" soi-disant et la cour, qui jettent des reproches sur le saint nom de Jéhovah.[124]* »

> « *Serait-il scripturairement approprié pour eux de se marier maintenant et de commencer à élever des enfants ? Non, est la réponse, qui est soutenue par l'Écriture. Ces Jonadabs qui envisagent maintenant le mariage, semble-t-il, feraient mieux s'ils attendaient quelques années, jusqu'à ce que la tempête ardente d'Armageddon soit passée.* [125] »

> « *[...] notez les paroles de Jésus, qui semblent définitivement décourager le fait d'avoir des enfants immédiatement avant ou pendant Armageddon[126]* »

S'agissant des femmes, Joseph Rutherford n'avait que mépris pour les mouvements de soutien à l'égalité homme-femme, les percevant comme « *sous influence satanique* ».

---

[124] L'Age d'Or, 27 janvier 1937, « *Cette illusions appelée Amour* » ;
[125] Face the Facts, J. F. Rutherford, p 46-50
[126] La Tour de Garde, 1 novembre 1938, p 324

S'il est tout à fait possible d'esquisser une approche biblique et chrétienne de l'égalité homme-femme, Joseph Rutherford ne s'embarrassa pas de ce scrupule préalable, préférant jeter aux orties tout ce qui provenait de cette aspiration légitime.

C'est ainsi qu'il critiqua l'habitude des hommes de tirer leur chapeau aux femmes ou de se lever à l'approche d'une femme, considérant qu'il s'agissait là d'un trait de caractère efféminé et un plan diabolique pour détourner les vrais hommes de Dieu :

> « *Si l'identité des sexes, en tant que telle, sera préservée, nous ne le savons pas. Il y a eu des cas bien authentifiés dans lesquels des femmes ont été transformées en hommes, et il est possible que cette transformation devienne générale et que nous soyons tous frères ensemble.[127]* »

> « *Les femmes font des singes ou dupes des hommes. Les hommes sont devenus efféminés, doux et facilement influençables, et ont perdu leur véritable virilité et leur robustesse dans les affaires de l'État et de la maison. Par exemple, lorsque des hommes sont assis à une table et qu'une femme s'approche, tous les hommes se lèvent et lui rendent hommage et l'élèvent ainsi au-dessus des hommes. Les hommes enlèvent leur chapeau en entrant dans un ascenseur, si une femme est présente ; et on dit que ces choses sont des actes de respect et qu'elles montrent qu'un homme est un gentleman. Mais c'est subtil, et le vrai sens est très différent de cela. C'est un stratagème de Satan pour détourner les hommes de Dieu et de sa règle annoncée de la position appropriée de l'homme et de la femme. Le Seigneur a déclaré qu'aucun homme efféminé n'héritera du royaume des cieux. (1 Cor. 6:9) Cela prouve que le plan ou l'habitude de rendre hommage aux femmes n'est*

---

[127] L'Age d'Or, 2 avril 1930, p 446

pas de Dieu, mais du grand ennemi de Dieu. C'est un vernis d'être une chose appropriée, et donc c'est plus subtil qu'autrement. [128]»

« *Pourquoi, alors, un homme qui a devant lui la perspective d'appartenir à la grande multitude devrait-il maintenant s'attacher à <u>une pile d'os et à une touffe de cheveux</u> ?* [129]»

Même si Joseph Rutherford ne pouvait pleinement appliquer sa propre doctrine, étant lui-même marié et père d'un garçon, il se rattrapa d'une certaine manière, en… abandonnant femme et enfant (sans aucune explication) dès qu'il fut élevé à la fonction suprême de la Société Watch Tower.

Joseph Rutherford poursuivît son œuvre d'aliénation des témoins de Jéhovah, en leur interdisant, en 1935, de faire état de tout acte de patriotisme, incluant notamment le salut au drapeau ou entonner l'hymne national.

2.5. <u>Un culte de la personnalité assumé</u>

Si la tendance à l'autoglorification, du temps de Charles Russell, était tout de même parée de moultes précautions de langage, Joseph Rutherford ne s'encombra pas de ces pudeurs de gazelle.

Il s'exprimait virilement.

Il était manifestement pénétré d'une très haute idée de lui-même, en contradiction avec le texte de Philippiens 2 : 3-5 :

---

[128] Justification, 1931, p 156-157
[129] Tour de Garde, 15 septembre 1941, p 287

> « *Ne faites rien par esprit de parti ou par vaine gloire, mais que l'humilité vous fasse regarder les autres comme étant au-dessus de vous-mêmes. Que chacun de vous, au lieu de considérer ses propres intérêts, considère aussi ceux des autres. Ayez en vous les sentiments qui étaient en Jésus Christ [...]* »

Voici ce qu'il affirma de lui-même :

> « *Quelques livres seulement, parmi toute la bibliographie actuelle, font résonner le message de la « sure parole prophétique » : ce sont ceux du juge Rutherford* [130] ».

> « *La Tour de Garde publique régulièrement des articles expliquant clairement les anciennes prédictions divines. Ces études sont écrites par le Juge Rutherford qui est la plus haute autorité du monde en la matière.* [131] »

> « *Je suis le porte-parole de Dieu pour cette époque et mes paroles sont marquées du sceau divin* [132] ».

Son successeur, Nathan Knorr, lui rendit un vibrant hommage, en le hissant au même rang que… Jésus :

> « *Il est vrai que, depuis le XIX siècle, des hommes tels que C. T Russell et J.F Rutherford ont joué, en tant témoins de Jéhovah, un rôle de premier plan dans cette œuvre mondiale, comme autrefois Jésus-Christ, Paul, Pierre, Jean-Baptiste, Moïse, Abraham, Noé, Abel…* [133] »

---

[130] Préparation, J.F Rutherford, 1933, P 350
[131] *Richesse, J. F. Rutherford, 1936, p 350*
[132] *Pourquoi Servir Jéhovah, J. F Rutherford, 1936, p 62*
[133] Que Dieu Soit Reconnu Pour Vrai, 1952, p 240

Soulignons, au passage, que cette liste est dénuée de sens, Jésus n'étant pas un « *témoin de Jéhovah* » comme le prétendent le rédacteur de cet ouvrage, car il est d'essence divine et s'est clairement identifié à Jéhovah. Il n'a donc pas besoin d'être le témoin de… lui-même.

S'étant ainsi fait l'autorité suprême sur toute la terre, s'étant élevé et placé à une sphère inatteignable pour le commun des mortels, rien ne pouvait empêcher Joseph Rutherford de gouter au caviar des dirigeants de toutes les sectes connues : prédire l'avenir !

Envisageons deux exemples de ses prédictions fallacieuses.

- ✓ *Sur la parousie et Armageddon*

A l'instar de son prédécesseur, Joseph Rutherford se confronta aux prophéties d'Esaïe, d'Ezéchiel, de Daniel et de la Révélation, ainsi que les prophéties contenues dans les évangiles.

De ce mélange, il en ressortit 3 prédictions.

Pour rappel, la dernière date fixée par Charles Russell, devant marquer la seconde venue de Jésus, était 1914.

Face à l'échec de cette prédiction, Joseph Rutherford se hâta de raviver la ferveur des fidèles en leur donnant une nouvelle perspective : 1918.

Dans le Mystère Accompli, les rédacteurs de cet ouvrage indiquèrent :

> « *De plus, en l'an 1918, lorsque Dieu détruira les églises par paquet et les membres d'église par millions, il arrivera que tous ceux qui*

> s'échapperont viendront vers les œuvres du pasteur Russell pour apprendre la signification de la chute du " christianisme ". »

> « Et chaque île s'évaporera – même les républiques disparaîtront à l'automne 1920. Et les montagnes n'ont pas été retrouvées – chaque royaume de la terre passera, sera englouti dans l'anarchie. »

A l'approche de 1920, Joseph Rutherford prononça un discours, *Millions Now Living will Never Die*, dans lequel il expliqua ce qui suit :

> « *Sur la base des arguments exposés jusqu'ici, donc, que l'ancien ordre des choses, l'ancien monde, prend fin et est donc en train de disparaître, et que le nouvel ordre arrive, et que 1925 marquera la résurrection des dignes fidèles de l'ancien temps et du début de la reconstruction, il est raisonnable de conclure que des millions de personnes actuellement sur la terre seront encore sur la terre en 1925. Ensuite, sur la base des promesses énoncées dans la Parole divine, des millions de personnes vivant actuellement ne mourront jamais.*[134] »

La prédiction de 1920 ayant échoué, Joseph Rutherford modifia la date du retour invisible de Jésus, initialement établie par Charles Russell en 1878, pour la refixer en 1914.

La symbolique de 1914 fut amplement développée dans l'article du 1ᵉʳ mars 1925, intitulé « *La Naissance de La Nation* », article, rappelons-le, qui fut vivement critiqué par le Comité de rédaction mis en place par Charles Russell.

---

[134] Millions Now Living Will Never Die, p 97

Voyant 1925 approcher, Joseph Rutherford écrivit en 1924 :

> « *Assurés du fait que nous nous tenons maintenant en présence du Seigneur au début de son règne, et certains du fait que le royaume des cieux est proche et que nous nous tenons aux portes de l'âge d'or, c'est avec confiance que nous annonçons que des millions de personnes actuellement en vie ne mourront jamais.* [135] »

1918, 1920 et 1925 ayant à nouveau défié les capacités prédictives du président Rutherford, ce dernier rempila pour un nouvel épisode, affirmant derechef qu'Armageddon interviendrait en…1942 :

> « *En recevant le cadeau, les enfants en marche l'ont serré contre eux, pas un jouet ou un jouet pour un plaisir oisif, mais l'instrument fourni par le Seigneur pour le travail le plus efficace dans les mois restants avant Armageddon.* [136] »

Heureusement qu'il mourut avant d'assister à son nouvel échec…

✓ *Sur Beth-Sarim (Maison des princes)*

Dans son livre « *Le Chemin du paradis* », Joseph Rutherford développa l'idée selon laquelle les patriarches de l'Ancien Testament, les prophètes et les grands rois bibliques ressusciteraient en 1925 pour établir un royaume théocratique sur la terre (pendant qu'il serait au ciel, régnant sur ces mêmes ressuscités, aux côtés de Charles Russell…[137]).

---

[135] Tour de Garde 15 septembre 1924
[136] Tour de Garde, 15 septembre 1941, p 288
[137] Cf. Chapitre 5

Pour accueillir ces ressuscités, un manoir de dix pièces de style espagnol, dénommé *Beth-Sarim*, fut bâti à Kensington, à San Diego.

Voici les termes utilisés par Joseph Rutherford pour décrire sa prédiction :

> « *L'année 1926 commencerait donc vers le premier octobre 1925. … Nous devrions donc nous attendre peu après 1925 à voir le réveil d'Abel, Enoch, Noé, Abraham, Isaac, Jacob, Melchisédek, Job, Moïse, Samuel, David, Isaïe, Jérémie, Ézéchiel, Daniel, Jean-Baptiste et d'autres mentionnés dans le onzième chapitre d'Hébreux.* [138] »

> « *Nul doute que beaucoup de garçons et de filles qui liront ce livre vivront pour voir Abraham, Isaac, Jacob, Joseph, Daniel et ces autres hommes d'autrefois sortir dans la gloire de leur "meilleure résurrection", parfaits d'esprit et de corps. Il ne faudra pas longtemps au Christ pour les nommer à leurs postes d'honneur et d'autorité en tant que ses représentants terrestres. Le monde et toutes les commodités présentes leur paraîtront d'abord étranges, mais ils s'habitueront bientôt aux nouvelles méthodes. Ils peuvent avoir des expériences amusantes au début ; car ils n'ont jamais vu de téléphones, de radios, d'automobiles, de lampes électriques, d'avions, de machines à vapeur et de bien d'autres choses qui nous sont si familières.* [139] »

En dépit d'un nouvel échec, Joseph Rutherford maintint que ces géants de la foi seraient bientôt ressuscités et, une fois leur résurrection actée, ils n'auraient qu'à se présenter au siège de la Société Watch Tower aux fins de justifier de leur identité pour recevoir leur part dans le manoir :

---

[138] Le Chemin du Paradis, J F. Rutherford, 1925, p.224
[139] Ibid, p 226-227

> « *Le donateur et le bénéficiaire sont pleinement convaincus par le témoignage biblique qui est la parole de Jéhovah Dieu et par des preuves étrangères que le Royaume de Dieu est maintenant en cours d'établissement et qu'il en résultera des bienfaits pour les peuples de la terre ; que le pouvoir et l'autorité gouvernants seront invisibles aux hommes mais que le royaume de Dieu aura des représentants visibles sur la terre qui auront la charge des affaires des nations sous la supervision du dirigeant invisible, Christ. Que parmi ceux qui seront ainsi les représentants fidèles et les gouverneurs visibles du monde, il y aura David, qui fut autrefois roi d'Israël ; et Gédéon, et Barak, et Samson, et Jepthé, et Joseph, ancien dirigeant de l'Egypte, et Samuel le prophète et d'autres hommes fidèles nommés avec approbation dans la Bible en Hébreux 11. La WATCH TOWER BIBLE AND TRACT SOCIETY détiendra ledit titre perpétuellement en fiducie pour l'utilisation de l'un ou de tous les hommes ci-dessus nommés comme représentants du royaume de Dieu sur terre et que ces hommes auront la possession et l'utilisation de ladite propriété décrite ci-dessus comme ils en jugeront dans l'intérêt supérieur du travail dans lequel ils sont engagés. Toute personne apparaissant pour prendre possession desdits locaux doit d'abord prouver et s'identifier auprès des officiers compétents de ladite Société comme la personne ou les personnes décrites dans le chapitre onze d'Hébreux et dans le présent acte.*[140] »

Dans l'intervalle, Joseph Rutherford transforma *La Maison des Princes* en l'une de ses résidences privées jusqu'à sa mort…

3. Deux géants parmi des nains

Joseph Rutherford cumulait toutes les caractéristiques du dirigeant d'un grand mouvement sectaire : l'argent, le faste et le confort, ainsi que le règne du favoritisme, sans oublier une attitude immonde.

---

[140] L'Age d'Or, 19 mars 1930, p 401

Inutile de chercher une critique de l'œuvre ou de la personnalité du « *père fondateur* » de la Société Watch Tower dans les écrits officiels des Témoins de Jéhovah : l'aggiornamento ne fait pas parti du registre de ce mouvement.

Toutefois, des critiques acerbes émises contre Joseph Rutherford existèrent, même si elles n'eurent pas l'écho souhaité, recouvertes par un tas d'insultes et d'attaques haineuses des partisans du président Rutherford.

Parmi ces interpellations, deux d'entre elles ne peuvent que retenir l'attention, car provenant de ses plus proches collaborateurs, à un moment où ces derniers bénéficiaient encore des bonnes grâces du président « *soleil* ».

Le premier d'entre eux est Olin R. Moyle.

Il fut le Conseiller juridique en chef de la Société Watch Tower, de 1935 à 1939.

Il devint membre des Etudiants de la Bible en 1910. En 1935, sa femme, son fils et lui déménagèrent du Wisconsin pour s'installer au Béthel de New-York.

Olin Moyle représenta la Société Watch Tower dans plusieurs affaires contentieuses devant les juridictions américaines, jusques y compris devant la Cour suprême des Etats-Unis, en particulier dans des affaires concernant le refus du salut au drapeau.

Olin Moyle avait manifestement la confiance de Joseph Rutherford, eu égard à la réaction publique de ce dernier après l'annonce de sa démission.

Alors même que personne ne s'y attendait, Olin Moyle remit sa lettre de démission à Joseph Rutherford. Les motifs de ce brusque départ portèrent essentiellement sur l'attitude et l'état d'esprit de ce dernier, dont l'ampleur devint un cas de conscience pour la famille Moyle.

Citons quelques extraits de cette lettre de démission :

> *« Cher frère Rutherford :*
>
> *Cette lettre a pour but de vous informer de notre intention de quitter Béthel le 1er septembre prochain. Les raisons du départ sont indiquées ci-après et nous demandons que vous leur accordiez une attention soutenue et réfléchie.*
>
> *Nulle part parmi les hommes imparfaits, il ne peut y avoir une parfaite liberté contre l'oppression, la discrimination et le traitement injuste, mais au siège du Seigneur sur terre, les conditions devraient être telles que l'injustice soit réduite au minimum. Ce n'est pas le cas ici au Béthel et une protestation devrait être faite contre cela. Je suis bien placé pour émettre une telle protestation parce que tu m'as généralement traité avec gentillesse, prévenance et équité. Je peux émettre cette protestation dans l'intérêt de la famille Béthel et du Royaume sans qu'aucun intérêt personnel n'entre en jeu.*
>
> <u>*Conditions de la famille du Béthel*</u>
>
> *Peu de temps après être arrivés à Béthel, nous avons été choqués d'assister au spectacle de nos frères recevant de vous ce que l'on désigne comme une « raclée ». Le premier, si ma mémoire est bonne, était un coup de langue donné à C. J. Woodworth. Woodworth, dans une lettre personnelle qu'il t'a adressée, a déclaré quelque chose insinuant que ce serait servir le diable de continuer à utiliser notre calendrier actuel.*

Pour cela, il a été humilié, traité d'âne et fustigé publiquement. D'autres ont été traités de la même manière.
[...]

Ton action constitue une violation du principe pour lequel nous luttons, à savoir la liberté d'expression. C'était l'action d'un patron et non celle d'un compagnon de service. [...] Tu as déclaré qu'aucune plainte ne t'était parvenue concernant cette méthode d'étude. Si tel est le cas, tous les faits ne t'ont pas été présentés. On se plaint en divers endroits que les études de la Watch Tower aient dégénéré en simples leçons de lecture. Il se peut que la méthode actuelle soit la meilleure qui puisse être utilisée, mais compte tenu des limites connues, la critique honnête ne devrait pas être censurée ni les critiques honnêtes punies.
[...]

Comment pouvons-nous systématiquement condamner les religieux pour leur intolérance lorsque tu fais preuve d'intolérance envers ceux qui travaillent avec toi ? Cela ne prouve-t-il pas que la seule liberté permise à Béthel est la liberté de faire et de dire ce que tu veux qu'on dise et qu'on fasse ? Le Seigneur ne t'a certainement jamais autorisé à exercer une autorité aussi élevée sur tes compagnons de service.
[...]

Tu as déclaré à plusieurs reprises qu'il n'y a pas de patrons dans l'organisation du Seigneur, mais il est indéniable que tes actions en réprimandant et en réprimandant ces garçons sont les actions d'un patron. Cela m'a rendu malade et dégoûté de les écouter se plaindre. Si tu cesses d'harceler tes compagnons de service, le Béthel sera un endroit plus heureux et l'œuvre du Royaume prospérera en conséquence.

Discrimination

[...]

Prenez par exemple la différence entre les logements qui te sont fournis et ceux de tes serviteurs personnels, comparés à ceux fournis à certains de tes frères. Tu as de nombreuses maisons, Bethel, Staten Island, Californie, etc. J'ai été informé que même à la Ferme du Royaume, une maison est réservée à ton usage exclusif pendant les courtes périodes que tu y passes. Et que reçoivent les frères de la ferme ? Petites chambres, non chauffées pendant le froid glacial de l'hiver. Ils vivent dans leurs malles comme des campeurs. C'est peut-être bien si le nécessaire y est, mais il y a beaucoup de maisons sur la ferme qui sont inutilisées ou utilisées à d'autres fins, qui pourraient être utilisées pour donner un peu de confort à ceux qui travaillent si longtemps et si dur.

Tu travailles dans une belle salle climatisée. Toi et tes accompagnateurs passez une partie de la semaine dans le calme de la campagne. Les garçons de l'usine travaillent avec diligence pendant les chauds mois d'été sans une telle aide, ni aucun effort pour leur en donner. C'est une discrimination qui mérite ton attention.

[...]

Langage grossier et vulgaire

Les injonctions bibliques contre les paroles impures et sales et les plaisanteries n'ont jamais été abrogées. C'est choquant et nauséabond d'entendre des propos vulgaires et des cochonneries au Béthel. Il a été dit par une sœur que c'était l'une des choses auxquelles il fallait s'habituer au Béthel. Les rires les plus bruyants à table surviennent lorsqu'une blague grossière ou presque grossière passe et les tiennes ne sont pas sans reproches.

Alcool

Sous votre tutelle s'est développée une glorification de l'alcool et une condamnation de l'abstinence totale qui est inconvenante.
[...]

Il semble qu'il y ait une politique définie d'introduction des nouveaux venus dans l'usage de l'alcool, et du ressentiment est manifesté contre ceux qui ne les rejoignent pas. L'adage dit : "On ne peut pas être un vrai Béthélite sans boire de la bière." Peu de temps après notre arrivée, il a été déclaré avec arrogance : "Nous ne pouvons pas faire grand-chose avec Moyle, mais nous ferons de Pierre un homme." Un frère de New York a laissé entendre que je n'étais pas en harmonie avec la vérité et avec la Société parce que je ne buvais pas d'alcool. Une sœur de New York a déclaré qu'elle n'avait jamais consommé d'alcool ni n'en avait servi jusqu'à ce que certains des garçons du Bethel l'exigent.
[...]

Tu as publiquement étiqueté les abstinents totaux comme des prudes et tu dois donc assumer ta part de responsabilité pour les bacchanales régnantes parmi les membres de la famille.
[...]»

Le second personnage héroïque de cet épisode fut Walter Salter. Peu d'informations existent sur cet autre géant. Nous savons qu'il fut le responsable de la filiale du Canada et qu'il entretenait des relations amicales avec Joseph Rutherford.

Après avoir pris du recul sur l'attitude de son supérieur, il ouvrît les yeux sur la supercherie du personnage et le caractère absolument sectaire du mouvement dont il était membre.

Il adressa en conséquence une longue missive de démission à Joseph Rutherford le 1ᵉʳ avril 1937, en même temps qu'il quittait définitivement les rangs des Témoins de Jéhovah.

Quelques extraits de cette lettre méritent incontestablement un coup de projecteur :

> « [...]
>
> *Il y a deux ans, l'été dernier, tu m'as dit, ainsi qu'à un autre, <u>que tu as bluffé toute vie. Je crois que c'était l'une des déclarations les plus vraies que tu aies jamais faites</u> et je me réfère maintenant à ton bluff, et te mets au défi de répondre à l'article ci-dessus mentionné point par point et de prouver à partir des Écritures qu'Armageddon est la bataille de Dieu Tout-Puissant.*
>
> *La prémisse de tous les enseignements des publications de la Société qui pourraient être qualifiées d'enseignements spirituels, c'est-à-dire d'enseignements censés être destinés au peuple du Seigneur, est que Christ est revenu et qu'il est dans son temple pour juger. Le fardeau du message de la Société au monde est que Dieu à Armageddon détruira toutes les forces de Satan. Si le Christ n'est pas revenu, et je crois maintenant qu'il ne l'est pas, et si Armageddon n'est pas la bataille de Dieu, et je crois que ce n'est pas le cas, la lumière à cet égard nous est parvenue, non par la Tour de Garde, mais d'une autre source, ce qui prouve que la Tour de Garde n'est pas le canal par lequel Dieu nourrit Son peuple et pas seulement ainsi mais que tous les enseignements qui y sont présentés depuis 1918 et basés sur ces fausses prémisses sont faux !*
> [...]
>
> *Alors que les écailles, par la grâce du Seigneur, sont tombées de mes yeux, j'ai été stupéfait de voir à quel point j'ai été aveuglé par tes actions, par une superstition selon laquelle la Tour de Garde était le*

canal de nourriture du Seigneur en temps voulu pour la maison de la foi et que toi, en tant que président de la Société, tu étais le principal serviteur de Dieu parmi son peuple, et que tu étais responsable, nous devrions être soumis à tout ce que tu exigeais, pensant bêtement que je n'avais aucune responsabilité en la matière et que si tout ce que tu as fait était mal, ou que j'ai fait ce que tu m'avais ordonné, le Seigneur passerait outre. C'est avec cette pensée à l'esprit que, sur tes ordres, j'achetais des caisses de whisky à 60,00 $ la caisse, et des caisses de brandy et d'autres liqueurs, sans parler des caisses indicibles de bière. Une bouteille ou deux d'alcool ne suffiraient pas ; c'était pour LE PRÉSIDENT et rien n'était trop beau pour LE PRÉSIDENT. Il était le favori du ciel, pourquoi n'aurait-il pas tout ce qui satisferait ses désirs de confort. Certes, j'y ai participé car j'ai participé à ton hospitalité, ou devrais-je dire à l'hospitalité de la Société car c'était l'argent de la Société, mais j'ai participé, comme indiqué ci-dessus, étant aveuglé par l'idée que LE PRÉSIDENT était responsable et donc responsable et pas moi. Aujourd'hui, je vois que ma pensée était absolument fausse et que le gaspillage de l'argent de la Société à cet égard était un détournement de fonds, et je n'aurais dû y prendre aucune part. Je confesse mon tort devant les amis et devant le Seigneur et je demande leur pardon et le Sien.
[...]

Tout en reconnaissant ta position de président de la société, je me suis toujours réservé le droit de penser. Il a été dit avec justesse : "Un homme qui ne peut pas penser est un idiot, un homme qui ne pense pas est un imbécile, et un homme qui a peur de penser est un lâche." Je refuse absolument que quiconque réfléchisse à ma place. Je ne pouvais pas faire autrement et être fidèle à mon Dieu. Je ne pouvais pas être Russellite et être fidèle à Dieu ; Je ne pouvais pas être Rutherfordite et être fidèle à Dieu ; Je ne pouvais pas être un Channelite et être fidèle à Dieu ; et je ne pouvais pas être un Dawnite ou tout autre Ite et être fidèle à Dieu. Être tel, selon ma compréhension

des Écritures, signifierait que quelqu'un était souillé par « des femmes » (organisations) et soumis à leur volonté et non à la volonté de Dieu (Révélation 14:4).
[...]

Il y avait d'autres choses. Je n'ai pu m'empêcher de mettre en contraste avec le sort des pionniers le luxe dont tu t'entourais et le confort dont je jouissais, et parmi ces luxes je ne peux m'empêcher de citer les suivants :

1. Pas une mais deux voitures 16 cylindres [2 Cadillac], une en Californie et une à New York. Un seul ne suffirait pas pour LE PRÉSIDENT et une voiture 6 cylindres ne serait pas assez grande pour LE PRÉSIDENT, mais un 4 suffirait pour un pionnier, ou un vélo ou un traîneau à main, ou marcher péniblement sans aucun véhicule.
2. Ton appartement à New York, qui vaut facilement une location de 10 000,00 $ par an. Et son mobilier luxueux.
3. Ta résidence somptueuse sur Staten Island, camouflée comme essentielle à la station de diffusion WBBR.
4. Comme si cette résidence n'était pas suffisante, un autre petit lieu de retraite dans les bois de Staten Island où tu peux aller reposer ton corps fatigué pendant que les pionniers et autres marchent de porte en porte.
5. Ton autre demeure à San Diego, pour laquelle tu m'as toi-même dit qu'on t'avait offert 75 000,00 $, mais bien sûr elle ne pouvait pas être vendue et les fonds utilisés pour aider les pionniers parce qu'elle était cédée à David – quelle hypocrisie !
6. Des logements spacieux et coûteux à Magdebourg, en Allemagne, pour la commodité du PRÉSIDENT, sans parler des dispositions prises pour ton confort à Londres.

Quelle est ton attitude mentale envers tout cela ? Pourquoi tu t'en glorifie et en fais-tu effrontément la publicité auprès de tes amis ? « Qui osera y trouver à redire ? Ne suis-je pas LE PRÉSIDENT ? Oui, tu t'en glorifies, tu te glorifies de ta honte. Rien n'est trop beau pour LE PRÉSIDENT. Il doit avoir tout le confort et toutes les considérations, mais il se sent très sympathique et si tendrement disposé envers les "chers pionniers". Les mots sont faciles, mais les actions parlent plus fort que les mots et je ne peux pas imaginer une illustration plus frappante, même entre la classe du clergé et les laïcs, qu'entre toi et les pionniers, comme les mots de Jésus quand il a dit [...]

Ainsi, aujourd'hui, Satan a dépassé la Société et a amené les amis à travers la Tour de Garde à croire que le moment est venu d'établir le Royaume et de rassembler la grande multitude avant le temps, affirmant bien sûr qu'ils ne le font pas mais que Dieu l'est. Mais Dieu n'est pas et ils ne vont donc nulle part comme tous les frères honnêtes l'admettent maintenant et posent les questions, « si les millions qui ne mourront jamais, constituent la grande multitude, sont rassemblés, où sont-ils ? Car ils ne viennent certainement pas dans notre ville ou notre ville. Tu sais et je sais, tous ceux qui lisent intelligemment les rapports savent que malgré tous nos efforts prodigieux – il y a moins de 50 000 associés à la Société dans son travail ! Si pendant les dix prochaines années s'associaient en moyenne 50.000 par an, à la fin de cette période il n'y en aurait plus que 550.000. Combien de temps faudrait-il à ce rythme pour rassembler les « millions qui ne mourraient jamais », et si ceux-ci doivent prendre position devant Armageddon, comme tu l'enseignes, à quelle distance se trouve Armageddon ?

Tu informes les amis et le public que les livres et brochures sont mis à la disposition du public à prix coûtant – ils le sont sûrement et plus encore !! Tu sais bien que le prix aux pionniers jusqu'à récemment couvrait tous les coûts, y compris tous les frais généraux appropriés et

même maintenant la perte n'est que légère sur certains articles, tandis que, d'autre part, le prix aux entreprises et aux réseaux publics, la Société au moins 100% ! Qu'est-ce que ce 100% si ce n'est pas un profit ? Pauvres amis crédules. Comment ils croient tout ce que tu leur dits !!! D'où pensent-ils que les millions de dollars investis dans les bâtiments, les machines, les stocks, etc., à Brooklyn, Magdebourg, Londres, Toronto et ailleurs, sans parler de tes propres logements, etc., viennent sinon du profit sur les livres ? Tu sais que je sais et je sais que le seul gain du bureau canadien au cours des dernières années a été de cent mille dollars. Et au moment où j'ai été relevé de mes fonctions, il y avait non seulement une grosse somme à la banque comme d'habitude, mais aussi plus de 25 000,00 $ en espèces se trouvaient dans les coffres de la Société au 40 Irwin Avenue et attendaient pendant des années, qui pourraient être utilisés pour les besoins du Président ou ceux qu'il pourrait désigner en cas d'urgence internationale – et les chers pionniers ? Eh bien, bien sûr, ils pourraient avoir faim. Pauvres amis crédules !! Mon Dieu, n'étions-nous pas aveugles, et comme les amis le sont encore ! Et pourtant, les rapports annuels parlent de nos grandes pertes et comment on espère que le Seigneur les rattrapera. Eh bien, dit-on, "les chiffres ne mentent pas, mais les menteurs font des chiffres".
[...]

Il semble étrange qu'après nos expériences de 1914 et 1925, nous ne parvenions toujours pas à tracer une ligne de démarcation nette entre la déduction et un « ainsi dit le Seigneur », et continuions à dogmatiser la présence du Seigneur, à dogmatiser le fait que le Seigneur est à Son temple, et dogmatisant sur ce qu'Armageddon apportera. Mais il n'y a « personne d'aussi aveugle que ceux qui ne veulent pas voir » et ils continueront à prophétiser de faux rêves jusqu'à ce que les événements eux-mêmes en prouvent la folie.

[...] »

Face à cette mise en cause sans concession de l'attitude et de la personnalité de Joseph Rutherford, on ne peut que mieux comprendre la raison pour laquelle, dès 1926, ce dernier discrédita l'attention que Charles Russell portait sur la personnalité chrétienne.

A cet effet, Raymond Franz, membre du Collège dirigeant[141] des Témoins de Jéhovah de 1971 à 1980, émît un commentaire sur ce point dans son ouvrage *Crise de conscience* :

> « *Une autre fois, il [Freddie Franz[142]] me raconta que le "Juge" (Rutherford), plus tard au cours de sa présidence institua une politique exigeant que le périodique la* Tour de Garde *ne comporte plus que des articles concernant les prophéties et l'œuvre de prédication.* <u>*C'est pourquoi pendant des années, dans ce périodique, il n'y eut plus d'articles sur des thèmes tels que l'amour, la bonté, la miséricorde, la longanimité et d'autres qualités semblables.*</u>[143] »

Expliquons brièvement deux éléments évoqués par Olin Moyle et Walter Salter, avant d'indiquer le sort qui leur fut réservé.

<u>Primo</u>, s'il fut prompt à traiter les membres séparatistes, refusant de se soumettre à son autorité, de « *méchant serviteur* » de Matthieu 24 : 48, Joseph Rutherford ne revendiqua jamais l'office de « *serviteur fidèle et avisé* » de Matthieu 24 :45.

Si l'on peut supputer qu'il reconnaissait ne pas correspondre à la stature de ce « *serviteur fidèle* », la raison profonde en fut que Joseph Rutherford ne pouvait simplement pas s'assimiler à un « *serviteur* ».

---

[141] Cf. Chapitre 4
[142] Frederick Franz, vice-président de la Société Watch Tower et membre du Collège dirigeant, fut l'oncle de Raymond Franz.
[143] Raymond Franz, Crise de Conscience, p 72

Cette parabole l'agaçait, d'autant plus qu'elle renvoyait à une doctrine dont les droits d'auteur incombaient à Maria Russell (« *une pile d'os et une touffe de cheveux* »), qu'il affronta au demeurant devant les tribunaux sans toutefois y prévaloir…

<u>Segundo</u>, concernant l'alcoolisme, ayant un gout immodéré des liqueurs, Joseph Rutherford modifia la doctrine de la Société Watch Tower concernant l'identité des « *autorités supérieures* » (**Rom 13 : 1 et 1 Pie 2 :13**).

En 1929, il considéra à brule-pourpoint que ces « *autorités supérieures* » s'appliquaient uniquement à Jéhovah et Jésus-Christ, en lieu et place des autorités temporelles investies de l'*impérium* sur un territoire donné.

Cette nouvelle doctrine permettait d'expliquer opportunément toute divergence d'opinion entre la Société Watch Tower et les autorités étatiques et, partant, le manque de soumission du premier vis-à-vis du second.

Cette modification doctrinale permît, en la circonstance, d'importer de l'alcool du Canada au profit de Joseph Rutherford, pendant la prohibition qui sévissait aux Etats-Unis, sans qu'une telle pratique ne constitue à ses yeux une violation de la loi divine.

Dans un cas, comme dans l'autre, rien ne devait condamner, a priori ou a posteriori, l'attitude ou les décisions du président Rutherford.

Revenons sur le sort réservé à Olin Moyle et à Walter Salter.

Le premier fut immédiatement démis de ses fonctions, alors même que la lettre de démission indiquait une prise d'effet au 1er septembre prochain.

Il fut accusé publiquement de menteur, de méchant calomniateur et de diffamateur. L'article de réponse, publié dans la Tour de Garde, le compara même à…Judas Iscariote.[144]

Olin Moyle fut excommunié de sa congrégation dans le Wisconsin, laquelle écrivit une lettre de soutien au siège à New-York, indiquant avoir refusé de lire la lettre de Moyle, « *n'écoutant jamais les accusations contre frère Rutherford* » (Sic !).

Cependant, parce qu'il fut publiquement accusé de menteur et de diffamateur, Olin Moyle attaqua la Société Watch Tower pour diffamation et gagna son procès, en première instance comme en appel, obtenant ainsi des dommages-intérêts à hauteur de 30 000 dollars, réduits à 15 000 dollars en appel.

Consécutivement à la saisine du juge par Olin Moyle, Joseph Rutherford répliqua en faisant voter une résolution dans une assemblée en 1941, dans laquelle Olin Moyle fut présenté sous les pires oripeaux possibles.

Quant à Walter Salter, il fut traité avec le plus grand mépris par Joseph Rutherford et ses collaborateurs.

Quelle élégance !

---

[144] Tour de Garde, 15 octobre 1939

Joseph Rutherford régna en maître absolu pendant 24 ans sur la Société Watch Tower.

S'il réussît à mettre au pas toutes les structures du mouvement à travers le monde, en faisant dépendre tout le monde de lui, sa réussite majeure fût surtout d'aliéner les témoins de Jéhovah.

Se considérant comme « *la plus haute autorité* » en matière de compréhension et d'interprétation d'écrits bibliques, Joseph Rutherford plongea ses ouailles dans un tourbillon d'absurdités, laissant ainsi un formidable terreau pour ses successeurs, qui ne se privèrent guère des outils de torture moral et spirituelle légués par le « *père fondateur* » des Témoins de Jéhovah.

Chapitre 3 : Dupond et Dupont

L'histoire officielle souhaite qu'après la mort de Joseph Rutherford, survenu le 8 janvier 1942, Nathan Homer Knorr soit élu président de la Société Watch Tower en janvier 1942.

Si l'élection de ce dernier est un fait incontestable de l'histoire officielle des Témoins de Jéhovah, on passe néanmoins sous silence le rôle d'un homme qui fut prédestiné à diriger le mouvement en lieu et place de Nathan Knorr…

1. L'avènement inespéré de Nathan Knorr

1.1. <u>Hayden C. Covington</u>

La personnalité de Joseph Rutherford, son charisme et ses frasques ne sont plus à présenter.

Il est manifeste qu'il était, à lui tout seul, la figure tutélaire de la Société Watch Tower : il en était le chef, le théologien et l'orateur principal, ainsi que le bénéficiaire des dividendes du mouvement.

Pourtant, à cette époque, il était de notoriété publique, du moins au Béthel, que Joseph Rutherford formait une paire avec une autre personne, et non des moindres : Hayden C. Covington[145].

Ce dernier devint le conseiller juridique en chef de la Société Watch Tower, après la démission d'Olin Moyle. C'était un homme extraverti, de taille imposante, et très éloquente.

---

[145] Il fut connu pour avoir notamment défendu le boxer Mohamed Ali.

Né dans le Texas, il grandît dans une ferme, près de Dallas. Contrairement à son père, qui fut un « *Texas Ranger* », il préféra la voie des études de droit, à San Antonio, et devint avocat en 1933[146].

Il débuta sa carrière d'avocat dans les assurances, s'occupant des problématiques de responsabilité civile.

Il entendît parler des Témoins de Jéhovah via un discours radiophonique de Joseph Rutherford. Il fut baptisé en 1934.

Après avoir eu vent de ses succès judiciaires, Joseph Rutherford lui confia une affaire impliquant la Société Watch Tower devant la Cour suprême des Etats-Unis. Rapidement, en 1939, Joseph Rutherford l'invita à rejoindre le Béthel pour s'occuper, à plein temps, des affaires juridiques du mouvement après le départ d'Olin Moyle[147].

Entre 1939 et 1963, il défendît 44 affaires devant la Cour suprême des Etats-Unis, les Cours suprêmes et les Cours d'appel des Etats fédérés.

Hayden Covington était fasciné par Joseph Rutherford, les deux hommes étant d'ailleurs parfaitement fusionnels.

Hormis l'identité de leur stature (imposante), de leurs origines et leur métier, les deux compars avaient la même approche dans les affaires : ils étaient des guerriers-nés.

---

[146] Ernest Raba, St. Mary's University School of Law: A Personal Reminiscence, 1986
[147] James Penton, Apocalypse Delayed: The Story of Jehovah's Witnesses

Hayden Covington et Joseph Rutherford aimaient et recherchaient la confrontation. Ils ne reculaient devant aucune bataille, aucun défi, aucune difficulté.

Hayden Covington était d'un tempérament sanguin et brut, tant dans ses rapports individuels que lors de ses plaidoiries.

La passion commune des deux comparses pour la castagne était telle qu'ils préméditaient des confrontations physiques avec des tiers, dans l'optique de susciter une querelle judiciaire et pouvoir ainsi se plaindre d'une persécution religieuse.

En témoigne notamment le cas d'une bagarre ayant impliqué des témoins de Jéhovah et des catholiques au Madison Square Garden en 1939.

Joseph Rutherford, à l'époque, prononça un discours public virulent contre les églises chrétiennes, en particulier le clergé catholique. Anticipant une éventuelle réaction physique des catholiques, il s'entoura des jeunes fidèles, armés de cannes hickory.

Et une confrontation physique finit par éclater, sous le ravissement d'Hayden Covington et de Joseph Rutherford…

1.2. Nathan H. Knorr

A côté de ce frère gémellaire de Joseph Rutherford, il y avait Nathan H. Knorr.

D'emblée, on remarque l'antagonisme criant qui séparait les deux hommes.

Nathan Knorr naquit à Bethléem (Pennsylvanie) le 23 avril 1905, dans une famille de 2 enfants. Il grandît dans une famille austère, d'ascendance néerlandaise et calviniste. Il fréquenta l'église reformée néerlandaise, avant de tomber sous le charme des ouvrages de la Société Watch Tower à l'âge de 16 ans.

Après l'obtention de son baccalauréat, il devint colporteur et fut rapidement invité à rejoindre le siège de la Société Watch Tower à Brooklyn.

Il connût une promotion fulgurante, passant d'un simple serviteur au département d'expédition à responsable de l'entier service en septembre 1932. Il n'avait alors que 27 ans ; à 29 ans, il fut promu directeur de la Société Watch Tower, puis vice-président l'année suivante.

Il fut un proche collaborateur de Joseph Rutherford et, à ce titre, lui servît régulièrement de…chauffeur. Drôle de manière de traiter son « *vice-président* »…

S'il fut extrêmement méthodique et sérieux dans son travail, sur le plan de la personnalité il était l'inverse de son mentor : il était assez froid, austère et réservé.

Il semble qu'il ait beaucoup déçu Joseph Rutherford lors de l'incident à Madison Square Garden en 1939, à en croire Hayden Covington.

En effet, ce dernier raconta que pendant la confrontation entre les hommes de Joseph Rutherford et les catholiques au Madison Square Garden, Nathan Knorr se faufila « *comme un lâche* », au lieu de se battre, alors qu'il aurait dû, selon les mots d'Hayden

Covington, « *battre la m___ de ces bâtards* » (faisant référence au groupe d'assaillants catholiques).

C'est à compter de cet épisode qu'Hayden Covington perdît le peu d'estime qu'il avait pour Nathan Knorr, en sus de le considérer comme peu instruit et manquant de culture.

C'est en considération de ces éléments qu'il convient d'appréhender l'intrigue entourant la succession de Joseph Rutherford.

1.3. Le choix des administrateurs…

Deux scenarii s'opposent quant à l'identité du potentiel successeur de Joseph Rutherford.

La première version est celle d'Hayden Covington.

Il prétendit avoir reçu tous les votes des administrateurs de la Société Watch Tower, mais qu'au dernier moment, Nathan Knorr manigança pour le sortir de l'équation. S'il parvint seulement à lui barrer la route pour accéder au perchoir suprême, il fut néanmoins contraint de le nommer « *vice-président* », conformément au souhait de Joseph Rutherford, qui souhaitait qu'il eût un rôle exécutif dans la Société Watch Tower.

A contrario, Nathan Knorr affirma qu'au soir de sa vie, soit quelques semaines avant sa mort, Joseph Rutherford le convoqua, ainsi que Frederick (« *Freddie* ») Franz, dans sa résidence de « *Beth-Sarim* », pour lui demander de lui succéder en tant que président et d'offrir la vice-présidence à Hayden Covington.

Nathan Knorr résista énergiquement mais finit par céder, face à l'intransigeance du président mourant.

Si, dans l'absolu, les deux scénarii peuvent s'entendre, la thèse de Nathan Knorr semble pourtant peu vraisemblable.

D'abord, parce qu'il ne bénéficiait pas d'un immense respect auprès de Joseph Rutherford. Il avait d'ailleurs fait l'objet de plusieurs reproches en public par ce dernier, comme le rappela Olin Moyle dans sa lettre de démission, puis confirmé par l'historien du mouvement, James Patton.

Ensuite, parce que Joseph Rutherford bâtit et organisa la Société Watch Tower en une machine de guerre, prêtre à en découdre. Il épongea sa haine en tout lieu et se constitua d'ennemis conséquents.

Joseph Rutherford savait que, dans ces conditions, Nathan Knorr ne ferait pas le poids face aux contre-attaques de ses ennemis. Il n'ignorait pas que son vice-président n'était pas un guerrier, mais un pacificateur.

Le dernier élément tient à l'attitude même de Nathan Knorr. Ce dernier reconnut que le prétendu souhait de Joseph Rutherford, d'offrir la vice-présidence à Hayden Covington, ne l'enchantait guère.

Or, Nathan Knorr souhaitait diriger la Société Watch Tower aux côtés de Freddie Franz. C'est d'ailleurs ce qui se produisît en 1945. On peut donc s'interroger sur les motivations de Nathan Knorr de faire d'Hayden Covington son vice-président, alors qu'ils se détestaient copieusement…

La seule raison plausible à cet attelage disparate fut que la contrepartie de la nomination de Nathan Knorr, à la présidence de la Société Watch Tower, exigeait de sauver les apparences et de « calmer » la furie du malheureux candidat cocu, Covington, en lui offrant une place qui ne trahissait pas totalement le souhait du président défunt.

Hayden Covington qualifia, plusieurs fois, Nathan Knorr de « *cobra* ». Il indiqua à Jerry Bergman, un ex-témoin de Jéhovah, qu'il interviewa peu de temps après son départ du Béthel : « *Savez-vous ce que fait un cobra ? Ils se glissera derrière vous et il frappera violemment* » !

En tout état de cause, tout concours à croire que Joseph Rutherford souhaitait voir son alter égo lui succéder à la tête de cette organisation, et s'il convoqua Nathan Knorr auprès de lui, ce fut pour s'assurer de sa coopération sur ce dernier vœu.

Comme son prédécesseur, Joseph Rutherford échoua à faire respecter son Testament.

1.4. …facilitée par un argument opportuniste

Si la thèse d'Hayden Covington semble donc la plus plausible, reste à s'intéresser sur la manière dont Nathan Knorr finît par détrôner l'héritier naturel de président défunt.

Sur ce point, il mit simplement en avant l'idée qu'un « *non-oint* » (Hayden Covington) ne pouvait diriger des « *oints* », catégorie dont Nathan Knorr en faisait partie.

En effet, jusqu'en 1935, il était enseigné que les 144 000 oints et la « *grande foule* » **(Rév 7 :9)** iraient au ciel et gouteraient à « *l'espérance céleste* », même si cette dernière constituait une classe secondaire, différente de la première. Il n'y avait alors aucun différence concrète entre les deux classes, la ligne de démarcation portant simplement sur les fonctions qui devaient échoir à chacune, une fois au ciel.

C'est par la faveur d'une assemblée, tenue dans l'Etat de Washington D.C en 1935, que Joseph Rutherford rejeta complètement l'enseignement de Charles Russell selon lequel la « *grande foule* » était une classe secondaire spirituelle appelée à partager l'espérance céleste des 144 000 oints[148].

Selon lui[149], la « *grande foule* », de Révélation 7 :9, correspondait aux « *brebis* » de Matthieu 25 et aux « *Jonadabs* » de 2 Rois 10, appelée à survivre à la bataille d'Armageddon et à recevoir la vie éternelle sur la terre si, avant le commencement de cette bataille, les membres composant cette classe sont ou demeurent témoins de Jéhovah[150].

Sur le champ, très peu de gens mesurèrent l'impact de cette modification doctrinale, sauf le véritable inspirateur de cette pépite, à savoir le troisième homme présent lors de la réunion secrète tenue à *Beth-Sarim* aux côtés d'un Joseph Rutherford mourant… Freddie Franz.

1.5. …et par l'habileté d'un homme clé

Freddie Franz fit remarquer à Nathan Knorr que la « *grande foule* » avait une place subalterne par rapport à la classe des oints.

Il fit observer que les 144 000 oints ont pour vocation d'aller au ciel et de s'assoir **autour** du trône de Jésus, alors que la « *grande*

---

[148] James Penton, Apocalypse Delayed: The Story of Jehovah's Witnesses, p72
[149] Cf. Chapitre 5
[150] Jehovah's Witnesses in the Divine Purpose, p140

foule », elle, reste sur le **parvis** du temple[151], sur la terre ; les « *autres brebis* » (**Jean 10 :16**) n'ont de sens que par rapport au « *petit troupeau* » (**Luc 12 :32**) ; que les « *Jonadabs* » suivent « *Jéhu* », et non l'inverse.

En conséquence, seul un membre appartenant à la classe des oints peut diriger la Société Watch Tower, et non un membre de la « *grande foule* », aussi brillant et éloquent soit-il.

C'est cette « *sauce* » que Freddie Franz et Nathan Knorr se hâtèrent de servir aux administrateurs de la Société Watch Tower (également appelé « *Collège dirigeant*[152] »), dont le reflexe initial tendait à entériner le vœu du président défunt (choisir Hayden Covington).

Cette idée séduisit certains membres du Collège dirigeant, sans doute par calcul, y voyant là une opportunité heureuse d'asseoir leur différence et, donc, leur légitimité.

C'est de cette manière que Nathan Knorr reçut l'aval de ses pairs « oints » pour occuper le fauteuil de son mentor décédé.

1.6. Un duo d'enfer

L'élection de Nathan Knorr à la tête de la Société Watch Tower servait les intérêts de Freddie Franz.

Avant d'exposer ce point, arrêtons-nous brièvement sur ce curieux personnage.

Il existe très peu d'informations sur Frederick Franz.

---

[151] Cf. Chapitre 5
[152] Governing Body en anglais. Cf. Chapitre 4

On sait qu'il naquit le 12 septembre 1893, à Covington, dans le Kentucky. Sa famille déménagea quasi immédiatement à Cincinnati, dans l'Ohio, et éleva le petit *Freddie* dans la foi luthérienne[153].

Lui-même enseigna un temps à l'école du dimanche de son église presbytérienne et formula le souhait de devenir pasteur associé de son église d'alors[154]. Son baccalauréat en poche, le voilà rejoignant l'Université de Cincinnati en 1911 pour apprendre notamment le grec ancien (koïnè) et le latin.

Pendant ses études, son frère lui adressa un ouvrage de Charles Russell, connaissant l'intérêt de Freddie Franz pour les questions religieuses. Impressionné et conquît, il abandonna aussitôt ses études en 1914, sans obtenir de diplôme, et devint colporteur du message de Charles Russell en cette même année.

Baptisé le 5 avril 1914[155], il devint membre du Béthel de New-York en 1920. Il servît momentanément de ténor sur les ondes de la station radio dans le cadre du programme radiophonique de Joseph Rutherford, puis il devint l'un des orateurs itinérants du Siège pour présenter le discours « *Millions Now Living Will Never Die* » dans différentes assemblées [156].

En 1926, il rejoignît le Comité d'édition de la Tour de Garde, en tant que chercheur et rédacteur des ouvrages de Joseph Rutherford[157]. Es qualités, il servît, tantôt de nègre, tantôt de collaborateur de Joseph Rutherford sur des projets d'ouvrage ou

---

[153] Hans Hillerbrand, Encyclopedia of Protestantism, 2004, p895.
[154] La Tour de Garde, 1ᵉʳ mai 1987, p22-30
[155] Ibid, p 25
[156] http://users.adam.com.au/bstett/JEHOVAHSWITNESSES.htm
[157] James Penton, Apocalypse Delayed: The Story of Jehovah's Witnesses

d'articles doctrinaux. Il fut ainsi, pendant une quinzaine d'année, l'homme de l'ombre de Joseph Rutherford en matière de doctrine...

Pendant toute la présidence de Joseph Rutherford, il fut à la manœuvre sur des modifications doctrinales, soit en tant qu'inspirateur, soit en tant que « *maître d'œuvre* » des intuitions du président[158].

Sur le plan de la personnalité, il fut acquis de l'homme était réservé, peu flamboyant, préférant la fréquentation intensive des bibliothèques ou de son bureau, au tohu-bohu du Béthel. Il se plaisait bien dans le monde des idées, en lieu et place des joutes verbales ou des saillis en public, chères aux gouailleurs qu'étaient Hayden Covington et Joseph Rutherford.

Dans sa relation avec Nathan Knorr, il mesura parfaitement l'ascendant intellectuel qu'il avait sur le jeune Knorr, dont il fut, au passage, l'orateur du discours de son baptême…
En fin renard qu'il était, il sut qu'il jouerait un grand rôle en ayant comme « partenaire de jeu » Nathan Knorr, plutôt qu'Hayden Covington, qui lui rappelait par beaucoup la figure imposante et écrasante de Joseph Rutherford.

C'est d'ailleurs ce qui advint, car dès la nomination de Nathan Knorr en qualité de président, Freddie Franz devint le responsable du comité d'édition.

C'est donc fort de ces éléments que Dupond et Dupont mirent à exécution leur plan savamment préparé.

---

[158] Alan Rogerson, Millions Now Living Will Never Die, p66

1.7. La disgrâce d'Hayden Covington

Le coup fut habile, Hayden Covington ayant été pris au dépourvu.

Le ressentiment qu'il garda contre Nathan Knorr permet de donner toute l'ampleur de l'état de sidération dans lequel il fût longtemps plongé. Le nom d'oiseau qu'il accola au 4ième président de la Société (« *le cobra* ») en dit long sur le jeu extrêmement subtil que joua Nathan Knorr dans sa chute.

Hayden Covington fut battu sur le seul terrain qu'il ne maitrisa jamais : la ruse !

Pour abattre cet olivier, ses ennemis internes, Nathan Knorr et Freddie Franz, utilisèrent habilement son point faible, la subtilité et la discrétion, lui qui fût volontiers confiant et transparent tel un miroir.

Nathan Knorr désormais président, ce n'était qu'une affaire de temps avant qu'Hayden Covington, vice-président, finisse par jeter l'éponge.
Ainsi, à l'aube de sa présidence, Nathan Knorr réduisît la virulence des attaques contre les ennemies de la veille, « *la chrétienté* ». Il chercha à redorer le blason de la Société Watch Tower, fortement entachée par l'extrême âpreté de son prédécesseur.

L'heure fut désormais à l'accroissement. Plus prosaïquement, au business !

Or, le business exige notamment l'apaisement.

Les attaques intempestives baissant, ainsi allèrent-elles également des occasions directes de confrontations avec les tiers, ce qui réduisît fatalement le volume de l'activité contentieuse de la Société Watch Tower.

Dans l'intervalle, Nathan Knorr usa derechef de l'argument de la non-appartenance d'Hayden Covington à la classe des oints pour le contraindre à démissionner de ses fonctions de vice-président[159][160]. Il le remplaça, séance tenante, par Freddie Franz, en 1945[161].

Rapidement, Hayden Covington commençait à sentir poindre l'ennui. En effet, s'il fleurissait en présence du tumulte et s'épanouissait dans le conflit, il fanait en temps de paix.

Las de cette situation, Hayden Covington sombra progressivement dans l'alcoolisme. Le fruit fut alors mur pour son expulsion de l'arbre : au début des années soixante, Nathan Knorr contraignît Hayden Covington, devenu l'ombre de lui-même, de quitter le Béthel avec sa femme[162].

2. Un braquage des esprits en bande organisé

Le tandem Nathan Knorr et Freddie Franz obéissait à un principe simple : le management général de la Société Watch Tower revenait à Nathan Knorr, tandis que Freddie Franz nourrissait spirituellement la masse.

Au premier le business, au second la théologie.

Le cocktail produit fut explosif.

---

[159] La Tour de Garde, 15 janvier 2001, p28
[160] Les Témoins de Jéhovah, Proclamateurs du royaume de Dieu, 91
[161] La Tour de Garde, 1er novembre 1955, p650
[162] James Penton, Apocalypse Delayed: The Story of Jehovah's Witnesses, p107

2.1. La professionnalisation des colporteurs

A son actif, reconnaissons que l'un des héritages de Nathan Knorr fut la mise en place d'instruments permettant aux témoins de Jéhovah de devenir des colporteurs efficaces.

Deux « *écoles* » virent le jour : l'Ecole des missionnaires, appelé « *Giléad* », en 1943, et l'Ecole des pionniers en 1977[163].

Ces Ecoles offraient aux « *élèves* » sélectionnés une formation pour évangéliser efficacement dans un pays étranger (Giléad) ou dans son propre pays (l'école des pionniers).

Des nouveaux manuels permirent à tous les colporteurs d'améliorer leurs techniques d'évangélisation, en particulier le livre « *Equipé pour toutes œuvres bonnes* », en 1946.

Ce livre, à usage interne uniquement, présentait un schéma doctrinal simple et structuré des doctrines actualisées de la Société Watch Tower.

Nathan Knorr permît aux femmes[164], à la fin des années 50, de participer à « *l'Ecole du Ministère Théocratique* », un programme d'une heure par semaine, dispensé dans les congrégations des témoins de Jéhovah, permettant à tous les colporteurs de s'entrainer à la prise de parole en public.

---

[163] Les Témoins de Jéhovah, Proclamateurs du royaume de Dieu, 1993
[164] Pourtant fortement malmenées pendant la présidence de Joseph Rutherford.

Nathan Knorr eut ainsi l'idée de mettre à portée de main de ses fidèles des outils pratiques aux fins de les aider à devenir des « *commerciaux* » ou « *propagandistes* » efficaces.

L'opération connût un succès relatif[165].

2.2. Une « *purification* » erratique des témoins de Jéhovah

Sous la présidence de Nathan Knorr, les témoins de Jéhovah vécurent l'irruption soudaine d'une « *chasteté* » erratique et à marche forcée.

A ce stade, un rappel contextuel s'impose[166].

Sous la présidence de Joseph Rutherford, les sujets de moralité furent inexistants. Lui-même n'eut que mépris pour ces types de sujet, y voyant une technique de dévirilisation des hommes.

Son attitude entraina des abus, notamment en matière d'alcoolisme.

La modification doctrinale portant sur les « *autorités supérieures* » (**Romains 13**) eut notamment pour effet de permettre à plusieurs jeunes témoins de Jéhovah de justifier toute sorte de légèreté blâmable.

---

[165] Entre 1945 et 1977, le nombre des membres actifs affiliés à la société Watch Tower passa de 142 000 à 2 224 000 personnes, et l'assistance au mémorial des Témoins de Jéhovah (célébration spéciale de la mort de Jésus) progressa de 186 000 à 5 108 000 âmes.
[166] https://beroeans.net/fr/2020/03/13/james-penton-discusses-the-presidencies-of-nathan-knorr-and-fred-franz/

A titre d'exemple, plusieurs jeunes pionniers[167] eurent un comportement très relâché vis-à-vis des drogues, comme le révèle James Patton.

Sur le plan de la sexualité, le découragement du mariage, par Joseph Rutherford, conduisit des jeunes béthélites dans les bras de la masturbation ou, parfois, de l'homosexualité[168].

S'agissant des personnes mariées, certaines pratiques (polygamie, concubinage) existèrent dans certains pays jusque dans les années cinquante, sans pour autant que la Société Watch Tower n'en dise mot, tel que le confirme encore l'historien James Patton[169].

C'est dans ce contexte de relâchement moral que survint, en 1954, un incident qui sonna le clap de fin de cette période de tolérance.

Barbara Anderson, ex béthélite et ex principal secrétaire du Comité de rédaction au Siège à Brooklyn, raconta qu'il existait une congrégation des témoins de Jéhovah[170], composée de plusieurs béthélites.

Ces derniers se fiancèrent et, en partenariat avec d'autres couples non béthélites, se livrèrent à de l'échangisme.

Lorsque ce scandale éclata, Nathan Knorr décida de réagir « *énergiquement* », en esquissant une doctrine extrêmement sévère.

---

[167] Cf. Glossaire
[168] Deux membres du Collège dirigeant, ayant connu l'époque de Joseph Rutherford, furent renvoyés du Béthel notamment pour cas d'homosexualité notoire : Ewart Chitty (1974-1979) et de Leo K. Greenlees (1971-1984).
[169] https://beroeans.net/fr/2020/03/13/james-penton-discusses-the-presidencies-of-nathan-knorr-and-fred-franz/
[170] Brooklyn Heights Congregation, se réunissant à la 107 Columbia Heights.

Il introduisit, pour la première fois, l'excommunication comme nouveau mode de fonctionnement[171] régulier de la Société Watch Tower.

Pour mémoire, cette pratique eut mauvaise presse sous la présidence de Charles Russell.

Ce dernier le critiqua sévèrement :

> « *Plutôt, comme l'église de Rome, leur ["chefs religieux d'aujourd'hui"] influence est exercée pour restreindre l'investigation dans les limites sectaires. Avec la menace implicite d'exclusion, ils exhortent leurs ministres et étudiants à ne pas chercher continuellement la vérité, mais à accepter la voix de leur secte comme infaillible.[172]* »

Sous la présidence de Joseph Rutherford, cette pratique n'existait pratiquement pas. Joseph Rutherford recourût à des mots acerbes pour la condamner, la présentant comme le vil apanage de la « *chrétienté* » :

> « *Le grand adversaire est rusé et toujours prompt à faire appel à la passion. Il persuade certains qu'ils doivent prendre une position radicale contre un travail ou une activité profane, et procéder immédiatement à l'exclusion de ceux qui ne peuvent consciencieusement prendre cette même position. D'une manière ou d'une autre, ils semblent penser que leur position radicale leur donne droit, dans un sens très spécial, à la faveur et à la bénédiction divines. Son attitude les amène à violer les principes de diverses manières : (1) en jugeant et en condamnant les autres qui ne voient pas comme eux*

---

[171] Cf. Chapitre 7
[172] La Tour de Garde, avril 1887, p 923

> *; (2) En refusant de fréquenter ceux qui croient encore à la rançon, à la restitution, à la haute vocation.*[173] »

> « *À Goa, les journaux ont publié des avis indiquant que toute personne possédant divers livres du juge Rutherford serait excommuniée. Quelle bande de « collabo »*[174] *méchants et peu virils ! Rappelez-vous l'aveugle qui a été guéri à la piscine de Siloé, que lorsque l'homme a dit aux religieux où descendre, ils l'ont excommunié (Jean 9 :34, marge), et ses parents auparavant avaient craint d'être chassés de la synagogue par les "Juifs". N'est-ce pas la même lâcheté du clergé de nos jours envers ceux qui désirent avoir les yeux ouverts et « voir » ? « Nous vous excommunierons !* [175]»

Précisons toutefois que sous la présidence du même Joseph Rutherford, l'excommunication fut utilisée, chirurgicalement, contre ceux qui s'opposaient frontalement à son autorité ou à sa personne[176].

Idem sous Nathan Knorr, à l'aurore de sa présidence, cette pratique fut vilipendée[177].

Elle ne fût toutefois introduite qu'en 1954, d'abord pour interdire toute pratique sexuelle jugée impure. Ces pratiques incluaient notamment la masturbation masculine ou féminine, ainsi que le défaut d'un mariage civil dument constaté par l'Officier d'état civil du for.

---

[173] La Tour de Garde, 1ᵉʳ février 1919
[174] Le terme anglais utilisé par J. F Rutherford est « *scallywags* ». Cette expression insultante et méprisante symbolisait le sudiste blanc collaborant avec un républicain nordiste (réputé proche d'Abraham Lincoln) postérieurement à la guerre civile. A l'époque, cette collaboration fut perçue comme une parfaite trahison de l'identité sudiste….
[175] Consolation, 17 novembre 1937, p 5
[176] C'est fut le cas d'Olin Moyle.
[177] L'Age d'or, 8 janvier 1947, p 27

Nathan Knorr fit de la sexualité une obsession, le thème de la masturbation devenant un sujet fréquent dans la littérature de l'époque ou pendant ses interventions, privées[178] ou publiques.

S'agissant des interventions publiques embarrassantes, James Patton relata le cas d'une femme qui tomba en pamoison, à l'écoute des menus détails de cette pratique dont Nathan Knorr en connaissait manifestement les contours…

L'hypotypose de ses propos finît par laisser planer l'idée d'une probable homosexualité refoulée ou, du moins, une autoflagellation due à des habitudes masturbatoires.

Désormais, non seulement l'on pouvait être excommunié pour cas de sexualité déviante (ou « impureté »), mais l'on pouvait également faire l'objet de cette mesure si l'on fréquentait un excommunié :

> « *Si un proclamateur refuse de le faire et ignore l'interdiction de s'associer à l'excommunié, ce proclamateur se rebelle contre la congrégation de Jéhovah, et <u>la rébellion est comme le péché de la sorcellerie</u>, et l'entêtement est comme l'idolâtrie et les téraphim. Si, après un avertissement suffisant, le commettant persiste à s'associer à la personne exclue au lieu de s'aligner sur l'organisation de Jéhovah, il doit également être exclu.[179]* »

La délation fut d'ailleurs encouragée :

> « *Ce commandement, provenant de la plus haute autorité dans l'univers, imposait à chaque Israélite la responsabilité de signaler aux*

---

[178] Barbara Anderson et James Patton confirment le fait que Nathan Knorr recourût, pendant un temps, aux « *conversations des mecs* » (« New boys talks »), conversations pendant lesquelles il pouvait se montrer extrêmement explicite…
[179] La Tour de Garde, 1ᵉʳ octobre 1955, p 607

juges tout acte répréhensible grave qu'il observait afin que l'affaire puisse être traitée. <u>Bien que les chrétiens ne soient pas strictement soumis à la loi mosaïque, ces principes s'appliquent toujours dans la congrégation chrétienne.</u> Par conséquent, il peut y avoir des moments où un chrétien est obligé de porter une question à l'attention des anciens. <u>Certes, il est illégal dans de nombreux pays de divulguer à des personnes non autorisées ce qui se trouve dans des dossiers privés. Mais</u> si un chrétien sent, après mûre réflexion dans la prière, qu'il est confronté à une situation où la loi de Dieu l'oblige à rapporter ce qu'il savait malgré les exigences d'autorités inférieures, alors c'est une responsabilité qu'il accepte devant Jéhovah. Il y a des moments où un chrétien doit obéir à Dieu en tant que dirigeant plutôt qu'aux hommes. Actes 5:29[180] »

Relevons simplement le caractère erratique de la sanction liée « *l'impureté sexuelle* » : ainsi, une fellation, même entre couple marié, pouvait entrainer l'excommunication entre 1954 et janvier 1978[181] ; du 15 février 1978 au 14 mars 1983, cette pratique sexuelle méritait un simple conseil d'anciens[182], avant de redevenir un « *péché grave* » à compter du 15 mars 1983 [183]…[184]

---

[180] La Tour de Garde, 1ᵉʳ septembre 1987, p 13. Ce point est notamment utilisé, <u>jusqu'à présent</u>, pour inciter toute personne, jusques et y compris le personnel médical témoin de Jéhovah, de dénoncer le coreligionnaire qui consent à une transfusion sanguine, en violation du secret médical…
[181] La Tour de Garde, 15 novembre 1974, p 704
[182] La Tour de Garde, 15 février 1978, p 30-32
[183] La Tour de Garde, 15 mars 1983, p 31
[184] Cf. Chapitre 7

2.3. L'introduction d'une nouvelle « *Traduction du Monde Nouveau* »

L'un des temps forts du tandem Dupond et Dupont fut la parution d'une édition de la Bible, *Les Saintes Ecritures - Traduction du Monde Nouveau*.

D'abord éditée en 1950 (elle ne portait que sur le Nouveau Testament), sous le nom *Traduction Du Monde Nouveau Des Écritures Grecques Chrétiennes*, la version complète des deux Testaments fut rendue publique en 1961.

Aujourd'hui, d'aucuns ne contestent le fait que Freddie Franz réalisa quasi solitairement cette traduction.

Freddie Franz joua ce rôle clé en dépit de l'état particulièrement lacunaire de ses connaissances en langues anciennes, tel qu'il en ressort de l'affaire Douglas Walsh, survenue en Ecosse dans les années cinquante.

Revenons brièvement sur le contexte de ce procès.

Au début des années cinquante, l'Ecosse souhaitait expérimenter la conscription. Un certain nombre des jeunes y furent sélectionné. Parmi ces jeunes figurait Douglas Walsh, alors membre des Témoins de Jéhovah.

Ce dernier vivait sous la doctrine rutherfordienne selon laquelle un témoin de Jéhovah ne pouvait servir sous le drapeau, peu important les circonstances.

L'expérimentation Ecossaise prévoyait un certain nombre d'exemptions à la conscription, le statut de ministre religieux ordonné en faisant partie.

Etant pionnier témoin de Jéhovah, Douglas Walsh tenta de se prévaloir de ce cas d'exemption.

Qu'il eut été intéressant de rappeler à ce jeune témoin de Jéhovah que les membres de son mouvement ne manifestèrent pas toujours une neutralité à toute épreuve lors des conflits armés.

Sous la présidence de Charles Russell, il fut rapporté, dans la Tour de Garde, la présence des témoins de Jéhovah d'alors (les étudiants de la Bible) dans l'armée, soit dans le cadre de leur service militaire ordinaire, soit au front pendant la première guerre mondiale[185].

Charles Russell approuva d'ailleurs l'accomplissement du service militaire[186].

S'agissant de la seconde guerre mondiale, une déclaration publique fut lue et applaudie lors d'une assemblée des Témoins de Jéhovah à Berne (Suisse) le 15 septembre 1943, soit postérieurement à la nouvelle doctrine rutherfordienne en 1935.

En voici la teneur :

> « *Chaque guerre frappe l'humanité de maux sans nom et provoque de graves scrupules de conscience chez des milliers voire des millions d'hommes. C'est ce que l'on peut dire tout particulièrement de la guerre actuelle qui n'épargne aucun continent et se fait dans l'air, sur mer et*

---

[185] La Tour de Garde, 1915, p 110-111
[186] La Tour de Garde, 19 novembre 1903, p 3110

sur terre. Il est inévitable que dans des temps pareils, on méconnaisse involontairement ou soupçonne volontairement à tort non seulement des personnes individuelles mais encore des communautés de tout genre.

Nous, témoins de Jéhovah, n'avons pas non plus échappé à ce sort. <u>On nous représente comme une association "qui vise ou dont l'activité consiste à ruiner la discipline militaire, notamment à provoquer ou inciter des personnes astreintes au service personnel à la Désobéissance à des ordres militaires, à la violation des devoirs du service, au refus de servir ou à la désertion.</u>

<u>On ne peut avoir pareille conception que lorsqu'on méconnait complétement l'esprit et l'activité de notre communauté ou qu'on dénature d'une façon malveillante bien que sachant le contraire. Nous constatons expressément que notre Association n'ordonne, ne recommande ni ne suggère d'une manière quelconque, d'agir contre les prescriptions militaires.</u> Ces questions ne sont traitées ni dans nos réunions ni dans les écrits publiés par notre Association. <u>Nous ne nous occupons pas du tout de telles questions.</u> Notre tâche consiste à rendre témoignage de Jéhovah Dieu et à annoncer à tous les hommes la vérité biblique Des centaines de nos membres et amis ont rempli leurs devoirs militaires et continuent à le faire.

<u>Nous n'avons jamais eu et nous n'aurons jamais la prétention de déclarer que l'accomplissement des devoirs militaires est en contradiction avec les principes et les buts de l'Association des témoins de Jéhovah tels qu'ils sont fixés dans ses statuts.</u> Nous prions tous nos membres et amis de s'en tenir strictement, à l'avenir comme par le passé, lorsqu'ils proclament le message du Royaume de Dieu (Matthieu 24:14), à la vulgarisation des vérités bibliques et d'éviter tout ce qui pourrait donner lieu à la désobéissance envers des prescriptions militaires.

Association des Témoins de Jéhovah en Suisse
Le président : Ad. Gammenthaler
Le secrétaire : Wiedenmann, Berne, le 15 septembre 1943[187] »

La présence des témoins de Jéhovah, sur des théâtres d'opération militaires de la première mondiale, fut d'ailleurs reconnue par la Société Watch Tower[188].

Les témoins de Jéhovah furent donc pleinement partie prenante des deux guerres mondiales, contrairement au récit mythologique de la neutralité absolue dont la Société Watch Tower se targue[189].

Il en résulte qu'au regard de l'historique de la position théologique de la Société Watch Tower sur le service militaire, Douglas Walsh pouvait être renvoyée sur le mur de ses propres contradictions.

Ayant essuyé un refus du ministère de la Défense Ecossaise, Douglas Walsh saisît la juridiction compétente de son pays.

Cette procédure judiciaire, assez longue, comporta plusieurs interrogatoires et auditions des personnalités diverses, dont des officiels haut gradés de la Société Watch Tower.

Au terme des débats, le Tribunal considéra que si les Témoins de Jéhovah étaient bien une dénomination officielle, pouvant prétendre au statut d'entité cultuelle, la qualification de « *ministre ordonné* », dans le cas de Douglas Walsh, ne pouvait lui être applicable.

---

[187] Joseph Rutherford, Consolation, 1er octobre 1943, p 505
[188] Les Témoins de Jéhovah, Prédicateur du royaume de Dieu, p 191-192.
[189] Les Témoins de Jéhovah dans les dessins divins, p 55

La Société Watch Tower évoqua furtivement cette affaire[190][191] pour insister sur une prétendue persécution religieuse.

Toutefois, une des auditions de ce procès est particulièrement captivante pour quiconque souhaiterait avoir un aperçu du sérieux que l'on peut réserver à la traduction biblique de la Société Watch Tower.

Ce procès mît en exergue le fait que la *Traduction Du Monde Nouveau* fut traduite par un homme ou un groupe d'hommes ayant une connaissance extrêmement lacunaire des langues anciennes.

Voici reproduit ci-après un extrait du compte-rendu des auditions de Freddie Franz, alors vice-président de la Société Watch Tower et théologien en chef du mouvement :

> « ***Q*** : *Je pense que vous avez étudié le latin et le grec lorsque vous étiez à l'université ?*
> ***R*** : *Oui.*
>
> ***Q*** : *Vous êtes-vous également familiarisé avec l'hébreu ?*
> ***R*** : *Oui.*
>
> ***Q*** : *Connaissez-vous et parlez-vous également l'espagnol, le portugais et le français ?*
> ***R*** : *Espagnol, portugais et allemand, mais j'ai une connaissance de lecture du français.*
> *[...]*
>
> ***Q*** : *Je pense que vous êtes capable de lire et de suivre la Bible en hébreu, grec, latin, espagnol, portugais, allemand et français ?*

---

[190] Tour de Garde, 1 juin 1955, p 329-332
[191] Annuaire des Témoins de Jéhovah 1973

R *: Oui.*

Q *: Il est vrai, n'est-ce pas, qu'en 1950 a été préparée et publiée ce qu'on appelle la Traduction du Monde Nouveau des Écritures Grecques Chrétiennes ?*

R *: Oui. (Une copie de cet ouvrage a été tendue à Freddie Franz, après quoi il a répondu) Je reconnais cela comme une copie authentique de la Traduction du Monde Nouveau des Écritures Grecques Chrétiennes publiée à l'été 1950.*

Q *: Cela s'avère être la Traduction du Monde Nouveau des Écritures Grecques Chrétiennes rendue à partir de la langue originale par le comité de traduction biblique du monde nouveau C.E. 1950 ?*

R *: Oui.*

Q *: C'est sur la page de garde ?*

R *: Oui.*

Q *: Et je vois qu'il est protégé par le droit d'auteur de la Watchtower, Bible and Tract Society et publié par la Watchtower, Bible, and Tract Society Incorporated et fabriqué aux États-Unis ?*

R *: Oui.*

Q *: Et je pense que vous avez un avant-propos. Êtes-vous responsable, vous-même, de l'avant-propos ?*

R *: C'est préparé par le Comité de traduction comme le montrera la signature.*

Q *: Et y est-il fait référence aux Écritures grecques chrétiennes, ce que l'on appelle habituellement le Nouveau Testament ?*

R *: C'est vrai.*

Q : Je pense qu'il était de votre devoir, n'est-ce pas, avant la publication de cette Traduction du Monde Nouveau par votre Société, de vérifier l'exactitude de cette traduction ?
R : C'est vrai.
[...]

Q : Et l'avez-vous fait ?
R : Je l'ai fait.
[...]

Q : Et la Société la considère-t-elle comme une traduction faisant autorité des Écritures du Nouveau Testament ?
R : Oui.

Q : Et en tant que fondement de l'étude biblique dans les pays anglophones parmi les membres de la Société en ce qui concerne le Nouveau Testament ?
R : Oui.

Q : En 1952, il y avait une traduction similaire des Écritures hébraïques publiée par et au nom de la Société ?
R : En 1953.

Q : Pourriez-vous regarder le numéro 42 du processus. Est-ce un premier volume de la Traduction du monde nouveau des Écritures hébraïques ?
R : Oui.
Q : Et c'est une traduction des livres de l'Ancien Testament jusqu'au Livre de Ruth inclus ?
R : Oui, connu sous le nom d'octateuque.

Q : Et il était de votre devoir, au nom de la Société, de vérifier la traduction en anglais de l'hébreu original de ce premier volume des Écritures de l'Ancien Testament ?

R *: Oui.*

Q *: Je pense que la page de garde montre que la première édition d'un demi-million d'exemplaires a été imprimée et publiée ?*
R *: Oui.*
[...]

Q *: Avez-vous effectivement reçu des commentaires favorables sur ces deux tomes ?*
R *: Oui.*

Q *: D'érudits et de théologiens qui n'ont aucun lien avec la Société ?*
R *: C'est vrai.*
« ***Q*** *: Ce comité remplit-il des fonctions de traduction ainsi que des interprétations en anglais des Écritures ?*
R *: Non, il ne s'occupe pas de traduction. Nous avons là-bas des traducteurs qui traduisent le matériel qui a déjà été publié en anglais.*

Q *: <u>Vu que la traduction de la Bible a été entreprise, en êtes-vous responsable ?</u>*
R *: <u>J'ai été autorisé à examiner une traduction, à déterminer son exactitude et à recommander son acceptation sous la forme dans laquelle elle est soumise.</u>*

Q *: <u>Les traducteurs sont-ils membres du comité de rédaction ?</u>*
R *: <u>C'est une question que, en tant que membre du Conseil d'administration, je ne suis pas autorisé à divulguer,</u> car lorsque la traduction a été donnée à la Société lors d'une réunion du Conseil d'administration là-bas, le Comité de traduction a fait savoir qu'ils ne souhaitaient pas que leurs noms soient divulgués, et le Conseil d'administration, agissant pour la Société, a accepté la traduction sur sous cette réserve, que les noms ne seraient pas révélés maintenant ou après leur mort.*

Q : Les traducteurs sont-ils tous membres des Témoins de Jéhovah ?
R : Encore une fois, cela fait partie intégrante de l'accord selon lequel leurs noms ne seront pas révélés. Ce sont des hommes consacrés comme le dit l'avant-propos de la traduction.

Q : Il est terriblement important, n'est-ce pas, de se méfier des faux prophètes ?
R : C'est vrai.

Q : Votre organisation théocratique est-elle d'avis que les qualifications des traducteurs et des interprètes des Écritures doivent être tenues secrètes ?
R : C'est l'affaire du Comité de traduction. Ils peuvent faire un don selon leurs propres conditions et nous pouvons l'accepter. La Société peut l'accepter à ses conditions.
Q : Parlez-vous maintenant de dons ?
R : Oui. La traduction a été donnée à la Société sous réserve qu'elle soit publiée.

« *Q : Vous êtes vous-même polyglotte ?*
R : Oui.

Q : À quel âge êtes-vous allé à l'université de Cincinnati ?
R : Je suis entré à l'université en 1913 après avoir été diplômé de la Woodward High School et j'y ai continué jusqu'en avril 1914.

Q : Quand êtes-vous allé à l'université ?
R : En 1911, et j'y suis resté jusqu'en avril 1914.

Q : Avez-vous obtenu votre diplôme ?
R : Non, je ne l'ai pas fait. J'ai quitté l'Université en 1914 parce que j'ai réalisé, selon les Écritures, que c'était l'année cruciale qui devait être marquée par le déclenchement d'un grand trouble, et j'ai

réalisé que le travail ministériel était la chose la plus importante au monde à faire et je voulais entrer dans le travail ministériel avant que les grands troubles n'éclatent, et donc je voulais entrer plus tôt mais mon père a refusé de me voir de quitter l'Université parce que j'avais encore moins de 21 ans. En avril 1914, il a accédé à mes souhaits et m'a permis de quitter l'Université et je suis immédiatement entré au service ministériel à plein temps en tant que pionnier.

Q : *Quelles matières étudiez-vous à l'université de Cincinnati ?*
R : *J'étudiais au Collège des arts libéraux et j'étudiais entre autres la chimie, l'anglais, le latin, le grec et l'allemand.*

Q : *Avez-vous fait de l'hébreu dans le cadre de vos études universitaires ?*
R : *Non, je n'en avais pas, mais dans le cadre de mon travail éditorial, mon travail de recherche spécial pour le président de la Société. J'ai trouvé qu'il était très nécessaire d'avoir une connaissance de l'hébreu et j'ai donc entrepris une étude personnelle de cela.*

[...]
Q : *Avez-vous fait du grec hellénique ?*
R : *Oui, ainsi que le grec Koïné, le grec du Nouveau Testament.*

Q : *Étiez-vous vous-même responsable de la traduction de l'Ancien Testament ?*
R : *Encore une fois, je ne peux pas répondre à cette question en harmonie avec le gentlemen's agreement conclu par le Conseil d'administration et le Comité de traduction.*

Q : *Pourquoi le secret ?*
R : *Parce que le Comité de traduction voulait qu'il reste anonyme et ne cherche aucune gloire ou honneur à faire une traduction et à avoir des noms attachés à celle-ci.*

Q : Les auteurs de livres et les traducteurs ne reçoivent pas toujours gloire et honneur pour leurs efforts, n'est-ce pas ?
R : Mais je crois que les traducteurs sont généralement acclamés et entrent dans l'histoire en tant que traducteurs. De plus, un jeune homme Elihu a dit dans le 32e chapitre de Job "Dieu m'interdit d'accepter la personne d'un homme ni de donner des titres flatteurs à un homme. »

Q : Pourriez-vous regarder le numéro 42 du processus. C'est la Traduction du Monde Nouveau des Écritures hébraïques, n'est-ce pas ?
R : C'est vrai.
Q : Je vois qu'il est rendu à partir des langues originales par le Comité de traduction de la Bible du Monde Nouveau.
R : Oui

Q : Est-ce le Comité dont vous êtes membre ?
R : Encore une fois, je dois dire que je ne peux pas répondre à cette question. Je suis lié par un accord préalable.

Q : Peut-être pourriez-vous me dire ceci. Le comité de traduction de la Bible du Monde Nouveau fait-il partie de l'incorporation de New York ou de la Pennsylvanie ?
R : Je ne peux pas répondre à cette question.
[...]

« *Q : Mais vous dites que vous êtes « O.k ». Traduction ?*
R : J'ai « O.K ». Voilà.

Q : Si vous êtes d'accord avec eux, ils vont automatiquement au président, n'est-ce pas ?
R : Ils vont voir le président, et il réfléchit davantage à la question »
[...]

Q : Pourriez-vous, s'il vous plaît, regarder le numéro 42 du processus, qui est la Traduction du Monde Nouveau des Écritures hébraïques. Je pense que nous arrivons au nom de Jéhovah dans le quatrième verset, n'est-ce pas, du deuxième chapitre de la Genèse, page 34 ?
R : Oui.

Q : Vous-même, lisez et parlez l'hébreu, n'est-ce pas ?
R : Je ne parle pas hébreu.

Q : Vous ne parlez pas ?
R : Non.

Q : Pouvez-vous vous-même traduire cela en hébreu ?
R : Lequel ?

Q : Ce quatrième verset du deuxième chapitre de la Genèse ?
R : Tu veux dire ici ?

Q : Oui.
R : Non. Je n'essaierai pas de le faire.

Q : Et la note de bas de page montre, et je comprends bien, que le nom Jéhovah dans l'hébreu original consistait simplement en consonnes ?
R : C'est vrai.
Q : Il s'appelait le Tétragramme ?
R : Oui

Q : Souscrivez-vous à l'idée qu'en hébreu ancien, c'était le nom ineffable qui ne devait pas être prononcé ?
R : Selon la tradition juive qui s'est développée plus tard après la clôture du canon qui ne devait pas être prononcé.

Q : Mais vous suivez les manuscrits ultérieurs, n'est-ce pas, en insérant des voyelles pour en faire un mot qui peut être prononcé ?
R : Oui. Le texte massorétique contient les voyelles. C'est le texte traditionnel.

Q : Parlez-vous vous-même l'araméen ?
R : Non.

Q : Le livre de Daniel est en partie en hébreu et en partie en araméen dans l'original, n'est-ce pas ?
R : C'est exact.

Q : Je pense que nous obtenons la même chose, n'est-ce pas, dans les prophètes comme Esdras et Néhémie ?
R : Dans Ezra oui, et il y a des mots araméens éparpillés dans divers Livres de la Bible.

Q : Avez-vous ok, comme vous l'avez dit hier, les textes des traductions des Livres d'Esdras et de Daniel dans le Numéro 42 du procès ?
R : Non.

[...]
« *Q : Vous avez été référé par mon confrère au numéro 16 du processus : "Ceci signifie la vie éternelle" p.137 quant à la qualification pour le ministère. Je ne pense pas qu'il ait lu tout le paragraphe. Vous souvenez-vous qu'on vous a lu :* « Les vrais prédicateurs chrétiens qui suivent et imitent leur Maître Jésus n'ont besoin d'aucune formation universitaire, collégiale ou de séminaire, et aucun grade, titre, diplôme ou ordination cérémonielle par les opérateurs du clergé d'un séminaire théologique requis par eux. Les membres du clergé religieux ont toutes ces choses impressionnantes, mais aucun n'a rempli les exigences de Dieu pour devenir l'un de ses prédicateurs ordonnés et oints. » *Je pense que mon ami s'est arrêté là,*

mais vous voyez, cela continue "Comparé au clergé religieux de son époque, Jésus était ce qu'ils appellent un « prédicateur laïc ». Mais il était vraiment le prédicateur ordonné de Dieu et eux ne l'étaient pas." Souligniez-vous la différence entre les qualifications du séminaire et les vraies qualifications ?
R : *Oui.*

Q : *Je ne pense pas que saint Paul possédait un diplôme universitaire, n'est-ce pas, à notre connaissance ?*
R : *Non, il s'assit aux pieds de Gamaliel dit-il, dans la ville de Jérusalem, mais Gamaliel n'était pas un prédicateur chrétien.*

Q: *Dans votre traduction du Monde Nouveau des Écritures hébraïques numéro 42 du processus, on vous a posé un certain nombre de questions sur vos propres qualifications scolaires pour vérifier cela. Puis-je considérer que vous vous êtes familiarisé avec les différentes sources à partir desquelles cette traduction a été faite ?*
R : *Les sources sont données dans l'avant-propos.*

Q : *Ils le sont ?*
R : *Oui.*
[...]

Q : *Et connaissez-vous ces sources ?*
R : *Oui, à l'Université de Cincinnati, nous avons étudié la célèbre édition Westcote du texte grec.*

Q : *Je pense que vous avez vous-même quitté l'Université de Cincinnati sans avoir obtenu de diplôme, comme M. Leslie l'a évoqué,*
[...] »

Freddie Franz reconnût ainsi avoir une connaissance insuffisante des langues anciennes, alors même qu'il disposait de l'autorité suffisante pour valider les projets de la traduction faite par un Comité de rédaction composé par des traducteurs travaillant « *sous X* ».

Cherchant à minimiser sa responsabilité, il indiqua que son accord ne faisait pas obstacle à ce que le président réfléchisse davantage sur « *la question* ». Or, il est de notoriété publique que le diplôme le plus élevé de Nathan Knorr fut le baccalauréat, et qu'hormis l'anglais, il ne parlait aucune autre langue…

Stupéfiant !

Intéressons-nous, par ailleurs, sur quelques éléments touchant au fond de cette traduction.

Plusieurs biblistes et commentateurs se prononcèrent déjà sur la piètre qualité de la traduction biblique de la Société Watch Tower. Ils évoquèrent, dans plusieurs endroits, des ajouts arbitraires des mots Grecs, pourtant inexistants dans les textes originaires. Plusieurs mots furent insérés d'autorité dans certains versets, tordant ainsi le sens originel du passage.

Il en va ainsi, à titre d'exemple, des textes suivants :

> « *Demeurez <u>en union avec</u> moi, et moi <u>en union avec</u> vous. Comme le sarment ne peut pas de lui-même porter du fruit, à moins qu'il ne demeure sur la vigne, ainsi vous non plus, à moins que vous demeuriez <u>en union avec</u> moi. Je suis la vigne, vous êtes les sarments. Celui qui demeure <u>en union avec</u> lui, celui-là porte beaucoup de fruit ; parce que hors de moi vous ne pouvez rien faire du tout.* » (**Jean 15 :4,5, édition 1963[192]**)

---

[192] Dans l'édition française 1995, « *Celui qui* » devint « *Qui* ».

« *Et je leur ai fait connaitre ton nom et je le ferai connaître, afin que l'amour dont tu m'as aimé soit en eux et moi en union avec eux.* » (**Jean 17 :26, éditions 1963 et 1995**)

« *Mais si Christ est en union avec vous, le corps est bien mort à cause du péché, mais l'esprit est vie à cause de la justice.* » (**Rom 8 :10, éditions 1963 et 1995**)

« *Mettez-vous sans cesse à l'épreuve pour voir si vous êtes dans la foi, éprouvez-vous sans cesse ce que vous êtes vous-même. Ou bien ne reconnaissez-vous pas que Jésus Christ est en union avec vous ? A moins que vous ne soyez désapprouvés.* » (**2 Cor 13 :5, éditions 1963 et 1995**) ;

« *Mais quand Dieu, qui m'a séparé du sein de ma mère, et m'a appelé sa bonté imméritée, jugea bon de révéler son Fils relativement à moi, afin que je déclare aux nations la bonne nouvelle sur lui, je ne tins pas aussi conférence avec la chair et le sang.* » (**Gal 1 :15, 16, édition 1963[193]**) ;

« *A qui il a plu à Dieu de faire connaître ce que sont les glorieuses richesses et ce saint secret parmi les nations. C'est Christ en union avec vous, l'espoir de sa gloire.* » (**Col 1 :27, édition 1963[194]**) ;

Pourtant, nulle part dans les textes originaux figure l'expression « *en union avec vous* ». Toutes les traductions sérieuses traduisent le terme Grec par « *en vous* ».

---

[193] Dans l'édition française 1995, le terme « bonté imméritée » devint « faveur imméritée », « révéler son Fils relativement à moi » devint « révéler son Fils à mon sujet », « ne tins pas aussitôt conférence » devint « je n'ai pas aussitôt consulté » ;
[194] Dans l'édition française 1995, « A qui il a plu à Dieu de faire connaître » devint « à qui Dieu a voulu faire connaître »

Les Témoins de Jéhovah soutiendront que l'idée est la même, ce qui est manifestement faux.

La Société Watch Tower défendit la supériorité de sa traduction sur les autres, au motif notamment que la *Traduction du Monde Nouveau* restaura le Nom originel divin, « *Jéhovah* ».

La brochure « *Le Nom Divin Qui Demeure à Jamais* » fut publiée dans l'unique objectif de justifier l'omniprésence du Nom « *Jéhovah* » dans cette traduction, Ancien et Nouveau Testaments confondus.

L'idée force de cette brochure fut de démontrer que le Nom de Dieu fut sciemment retiré de la Bible au fur et à mesure que les églises chrétiennes s'enfonçaient dans l'apostasie.

Pour tenter de justifier l'usage du Nom « *Jéhovah* » dans le texte Grec (Nouveau Testament), la brochure s'appuya notamment sur un article de George Howard, professeur à l'Université de l'Etat de Géorgie.

Le raisonnement utilisé mérite d'être citée dans son intégralité :

> « *Nous pouvons être certains que l'apôtre Matthieu a mentionné le nom de Dieu dans son Evangile. Pourquoi ? <u>Parce qu'il a d'abord composé ce dernier en hébreu</u>. Au IV siècle, Jérôme, l'auteur de la version latine des Ecritures appelée Vulgate, expliquait : "Matthieu ou Lévi fut publicain avant de devenir apôtre. En faveur des circoncis qui croyaient à l'Evangile, le premier, il écrivit son évangile dans le texte hébreu.* [...].
>
> <u>*Puisque Matthieu a rédigé son livre en hébreu, il serait inconcevable qu'il n'ait pas employé le nom divin, surtout quand il a cité des*</u>

passages de l'"Ancien Testament" qui le renfermaient. <u>En revanche, les autres rédacteurs de la seconde partie de la Bible se sont adressés à des gens de tous pays, si bien qu'ils ont utilisé la langue internationale de l'époque, le grec.</u> De ce fait, ils n'ont pas cité le texte hébreu des Ecritures, mais la version grecque des Septante. Du reste, l'Evangile selon Matthieu a lui-même fini par être traduit en grec.

Mais le nom de Dieu figurait-il dans ces écrits hellénistiques ?

Fait intéressant, de très vieux fragments de la Septante qui existaient déjà du temps de Jésus ont survécu jusqu'à notre époque, <u>et il est à noter que le nom personnel de Dieu y apparaît</u>. The New International Dictionary of New Testament Theology, tome II, page 512, déclare à ce propos : "Des documents récemment découverts infirment l'idée selon laquelle les traducteurs de la LXX [la Septante] auraient rendu le tétragramme YHWH par kurios. <u>Les plus vieux MSS [manuscrits] de la LXX que nous possédions (à l'état de fragments) portent le tétragramme en caractères héb[reux] dans le texte grec.</u> Cet usage a été perpétué par les traducteurs juifs de l'A[ncien] T[estament] au cours des premiers siècles ap. J.C." <u>Ainsi donc, qu'ils aient lu la Bible en hébreu ou en grec, Jésus et ses disciples ne pouvaient manquer d'y rencontrer le nom divin.</u>

C'est ce qui a amené George Howard, professeur à l'université de Géorgie, aux Etats-Unis, à tenir le raisonnement suivant : "Comme la Septante utilisée et citée par l'Eglise du Nouveau Testament contenait le nom divin sous sa forme hébraïque, les rédacteurs du Nouveau Testament ont sans doute conservé le Tétragramme dans leurs citations." (Biblical Archaeology Review, [Revue d'archéologie biblique], mars 1978, page 14). D'ailleurs, de quel droit auraient-ils fait le contraire ?

[...]¹⁹⁵.

Le premier et le deuxième paragraphe sont censés apporter la preuve de l'usage du Tétragramme dans le Nouveau Testament.

Selon la brochure, cette preuve devrait être déduite du simple fait que Matthieu, rédacteur de l'évangile portant son nom, rédigea son texte en hébreux, à l'attention des chrétiens d'origine juive, de sorte qu'il ne pouvait éluder le Nom sacré.

Une déduction n'étant jamais la preuve d'un fait, le raisonnement de la Société Watch Tower n'est pas une, en l'espèce.

Faut-il croire qu'un lion soit un humain au seul motif qu'il disposerait, comme tous les humains, des deux yeux et deux oreilles ? Conviendrait-il de douter de la nationalité française d'un écrivain, au seul motif de l'absence, dans tous ses écrits, de l'expression franco-française « *il pleut des cordes* » pour décrire un temps épouvantable d'automne ?

C'est pourtant avec ce raisonnement simpliste que la Société Watch Tower crût pouvoir apporter la preuve de sa prétention.

Les paragraphes suivants de la brochure auraient vocation à démontrer que le Nom originel de Dieu fut employé dans les autres textes du Nouveau Testament (« *En revanche, les autres rédacteurs de la seconde partie de la Bible se sont adressés à des gens de tous pays, si bien qu'ils ont utilisé la langue internationale de l'époque, le grec.* [...] *Mais le nom de Dieu figurait-il dans ces écrits hellénistiques ?* »).

Là encore, l'argumentaire laisse pantois.

---

¹⁹⁵ *Le Nom de Dieu Qui Demeure à Jamais*, 1984, p 24-25

La Société Watch Tower prétend que dans la mesure où l'on aurait découvert « *le Tétragramme en caractères héb[reux] dans le texte grec* » dans « *les plus vieux MSS [manuscrits] de la LXX* », il faudrait donc en déduire que « *les autres rédacteurs de la seconde partie de la Bible* » (Marc, Luc, Jean, Paul etc.) avaient nécessairement dû citer le Nom de Dieu.

Le rédacteur de la brochure devrait réapprendre d'urgence la définition d'une preuve !

Au surplus, la Septante (LXX) n'est que la traduction en langue grecque *Koïné* des textes de l'Ancien Testament. Quel rapport existerait-t-il entre la présence d'un Nom (le Tétragramme) dans une traduction des textes de l'Ancien Testament (en Hébreux et en Araméen) et la présence des expressions équivalentes (Seigneur/Dieu) dans des textes originaux du Nouveau Testament (en Grec Koïné) ?

Rien n'indique que les rédacteurs du Nouveau Testament, en langue grecque, ont utilisé le Nom de Dieu, au seul motif que ce Nom aurait été utilisé par ailleurs dans des vieux manuscrits des textes de l'Ancien Testament en langue hébraïque ou araméenne…

La logique de la Société Watch Tower est absolument déroutante.

Pressentant la faiblesse de son argumentaire, le rédacteur de la brochure recourut à un argument d'autorité, en citant les propos d'un professeur d'université, George Howard.

L'étude, sur laquelle la brochure prît appui, est un article publié dans le « *Journal of Biblical Littérature* », vol. 96, mars 1977, pages 63 à 83, sous le titre « *Le Tétragramme et le Nouveau Testament* ».

L'étude de George Howard examine uniquement l'emploi du Nom de Dieu dans les manuscrits des Ecritures hébraïques. Ces manuscrits hébraïques proviennent essentiellement de la Septante [LXX], c'est-à-dire de la première traduction connue des Ecritures hébraïques et araméennes en Grec[196].

L'étude de George Howard ne traite pas des 237 références du Nom « *Jéhovah* », présentes dans la *Traduction du Monde Nouveau* des Témoins de Jéhovah, mais uniquement des 112 citations directes et indirectes de l'emploi du Tétragramme dans les Ecritures hébraïques (Ancien Testament) et leur utilisation <u>hypothétique</u> dans les textes grecs du Nouveau Testament :

> « <u>*Des découvertes récentes en Égypte et dans le désert de Juda*[197]</u> *nous permettent de voir de première main l'emploi du nom de Dieu au temps préchrétien. Ces découvertes sont importantes pour les études du NT en ce qu'elles établissent une analogie littéraire avec les documents chrétiens les plus anciens et <u>peuvent peut-être expliquer comment les auteurs du NT utilisaient le nom divin. Dans les pages qui suivent,</u>*

---

[196] Cette traduction en grec fut réalisée entre la première moitié du IIIe siècle avant Jésus-Christ et le début du IIe siècle de notre ère, une période de presque 400 ans. Pour les premiers chrétiens, la Septante fut capitale, car les évangiles furent écrits quasi intégralement en grec et comportèrent de nombreuses allusions à l'Ancien Testament, pour lesquelles la traduction grecque fut utilisée. C'est la raison pour laquelle la Septante est présentée comme la première bible des chrétiens. C'est aussi probablement pour cette raison que certains juifs se sont opposés à la Septante, bien qu'elle fût, à l'origine, une entreprise juive. En réaction, des révisions furent apportées aux Ier et IIe siècles à la traduction grecque par des savants juifs, dont notamment la version révisée d'Aquila.

[197] Les « *manuscrits du désert de Juda* » sont les documents des grottes palestiniennes découverts en 1947, souvent dénommés « *Les rouleaux de la mer Morte* ». Qumram, lieu où fut découvert les rouleaux, était une communauté israélite, comprenant la signification du Tétragramme. Certains manuscrits de la Septante de la Palestine et des établissements juifs en Égypte employaient le Tétragramme plutôt que le mot grec « *Kurios* » (« Seigneur »), tandis que pour les lecteurs Gentils (Non juifs), le Tétragramme apparaissait sous son vocable grec, « *Kurios* ».

nous avancerons la théorie que le nom divin, HWHY *(et possiblement des abréviations du nom), se trouvait écrit à l'origine dans les citations du NT tirées de l'AT et dans les allusions qu'on y faisait et qu'avec le temps le nom a été remplacé par le substitut [...][Seigneur].[4] Cette suppression du Tétragramme, de notre point de vue, a créé une confusion dans les esprits des premiers chrétiens Gentils au sujet de la relation entre «Seigneur Dieu» et «Seigneur Christ,» laquelle se reflète dans la tradition des MS du NT eux-mêmes. Dans le but de soutenir cette théorie, nous décrirons les évidences significatives préchrétiennes et post néo-testamentaires pour l'emploi du nom divin dans les documents écrits et nous explorerons ses implications pour le NT.* [198] »

L'étude de George Howard est divisée en trois sections.

Les deux premières sections de l'étude se concentrent uniquement sur les occurrences du Nom divin dans les textes hébraïques.

La première section évalue l'emploi du Tétragramme dans des nombreuses Écritures hébraïques et sources extrabibliques. La deuxième section analyse l'usage du Nom divin dans la traduction de la Septante et ses éventuelles modalités d'utilisation dans les églises chrétiennes du Ier et IIe siècles.

La dernière section de l'étude comporte une analyse hypothétique sur les conditions dans lesquelles une éventuelle utilisation du Nom divin pouvait intervenir dans les textes originaux grecs du Nouveau Testament.

Cette partie, nécessairement hypothétique, est saturée des prépositions en ce sens : « *il y a de bonnes raisons de croire* », « *nous*

---

[198] https://www.tetragrammaton.org/tetradfrench.html

pouvons imaginer que », « *jusqu'à quel point, nous ne le saurons jamais* », « *si nous permettons à notre imagination de comparer* » ou « *nous pouvons imaginer que* » ...

Dans la dernière section, George Howard ne tire aucune conclusion finale sur l'existence du Tétragramme dans les écrits grecs chrétiens du Nouveau Testament. A supposer d'ailleurs qu'il se soit hasardé à cette conclusion, elle ne pourrait jamais, à elle seule, constituer la preuve de ce qui demeure, jusqu'à présent, qu'une simple hypothèse.

Seules des éléments tangibles, provenant de manuscrits grecs anciens, parvenus jusqu'à nous, devraient satisfaire cette condition préalable. A défaut, on resterait sur des simples spéculations.

Le fait est clair : aucun des manuscrits grecs les plus anciens du Nouveau Testament (ex. le Papyrus Bodmer II) ne recèlent aucune trace du Tétragramme, ni de sa francisation ou de son anglicisation « *Jéhovah* ».

La manière dont la brochure « *Le Nom Divin Qui Demeure à Jamais* » présenta l'étude de George Howard est donc malhonnête. Cette brochure a failli dans la manifestation de la preuve dont, pourtant, elle se targua de réaliser.

Enfin, pour justifier la traduction inédite de certains textes clés des Ecritures, la Société Watch Tower s'appuyèrent sur des sources manifestement et irrémédiablement compromises.

C'est notamment le cas de la traduction de Matthieu 27 : 52, 53 et Jean 1 :1:

> « *Et les tombes commémoratives s'ouvrirent et beaucoup de <u>corps des saints</u> qui étaient endormis furent ressuscités (et <u>des personnes</u>, sortant d'entre les tombes commémoratives après <u>qu'il</u> eut été ressuscité, entrèrent dans la ville sainte,) et <u>ils</u> furent vus par beaucoup de gens.* » (**Mat 27 : 52, 53, édition 1963**[199])

> « *Au commencement la Parole était, et la Parole était avec Dieu, et la Parole était <u>dieu</u>.* » (**Jean 1 :1, édition 1963**[200]).

Voici maintenant la manière dont ces textes sont rendus dans d'autres traductions, dont notamment la version Louis Second :

> « *Les tombeaux s'ouvrirent et les corps de <u>plusieurs saints</u>[f] qui étaient morts ressuscitèrent. Etant sortis des tombes, <u>ils</u> entrèrent dans la ville sainte après la résurrection de Jésus et apparurent à un grand nombre de personnes* » (**Mat 27 : 52, 53, Louis Second**) ;

> « *Au commencement était la Parole, et la Parole était avec Dieu, et la Parole était <u>Dieu</u>.* » (**Jean 1 :1, Louis Second**).

Selon les écrits officiels de la Société Watch Tower, leur traduction se base sur les travaux de Johannes Greber[201].

Or, une simple et rapide recherche suffisait à informer tout quidam de l'identité de ce personnage, à savoir un ex-prêtre catholique allemand, ayant réalisé une traduction du Nouveau Testament sous l'influence avouée « *des esprits* », selon ses propres dires.

---

[199] L'édition révisée de 1995 modifia « *les tombes commémoratives* » par « *les tombes de souvenir* », et « *ils furent vus* » par « *ils devinrent visibles pour* ».
[200] L'Edition révisée de 1995 remplace « *la Parole était dieu* » par « *la Parole était <u>un</u> dieu* »
[201] Johannes Greber, The New Testament: A New Translation Based on the Oldest Manuscripts (Traduit de l'allemand).

Johannes Greber se présentait comme un observateur curieux et méthodique des phénomènes spirites.

Dans son premier ouvrage[202], il relatait ses expériences, les lois régissant la communication des esprits avec le monde matériel, le spiritisme dans la Bible et les messages « *des esprits* » concernant des doctrines bibliques.

Sa pensée est d'une extrême limpidité :

> « *Un seul chemin peut nous mener à la connaissance de l'après-vie. S'il existe un au-delà, un monde des esprits, <u>la preuve ne peut nous être fournie que par les esprits</u> venus jusqu'à nous pour nous instruire. Ils représentent les seuls témoins capables de nous parler de la vie éternelle. <u>Tant que nous n'établissons pas une communication avec les esprits, nous ne pouvons pas nous libérer du doute</u>* [203] ».

Comment la Société Watch Tower a donc pu se référer à la traduction d'un individu reconnaissant pratiquer le spiritisme ?

Embarrassée, elle élabora cette réponse à la hâte en 1983 :

> « *Pourquoi, ces dernières années, La Tour de Garde n'a-t-elle pas utilisé la traduction de l'ancien prêtre catholique, Johannes Greber ?*
>
> *Cette traduction a été utilisée occasionnellement à l'appui des interprétations de Matthieu 27:52, 53 et Jean 1:1, telles qu'elles sont données dans la Traduction du monde nouveau <u>et d'autres versions bibliques faisant autorité</u>. Mais comme indiqué <u>dans un avant-propos</u>*

---

[202] Johannes Greber, Communication with the spirit World (Livre réédité en 2005, en français : Johannes Greber, *Le Livre Mystérieux de l'Au-Delà : La communication avec le monde spirituel, ses lois et ses buts, expériences personnelles d'un prêtre catholique*).
[203] Johannes Greber, Le Livre Mystérieux de l'Au-Delà, p 2

> *de l'édition de 1980 du Nouveau Testament de Johannes Greber, ce traducteur s'est appuyé sur le "monde spirituel de Dieu" pour lui expliquer comment il devait traduire les passages difficiles. Il est dit : « Sa femme, médium du monde spirituel de Dieu, a souvent contribué à transmettre les bonnes réponses des messagers de Dieu au pasteur Greber. » La Watchtower a jugé inapproprié d'utiliser une traduction qui a un rapport aussi étroit avec le spiritisme. (Deutéronome 18:10-12) L'érudition qui forme la base pour le rendu des textes cités ci-dessus dans la Traduction du monde nouveau est solide et pour cette raison ne dépend pas du tout de la traduction de Greber pour l'autorité. Rien n'est donc perdu en cessant d'utiliser son Nouveau Testament.* [204] »

Dans sa réponse, la Société Watch Tower fit uniquement référence à l'édition de Johannes Greber de 1980.

Une lecture rapide de cette mise au point donnerait à penser que la Société Watch Tower aurait uniquement fait référence à l'édition révisée de 1980 pour l'aider dans sa propre traduction, avant de se raviser, par suite de la découverte de l'identité réelle du personnage.

En d'autres termes, la Société Watch Tower aurait découvert l'identité de Johannes Greber seulement dans les années quatre-vingt.

Cette présentation est pourtant fausse.

La Société Watch Tower connaissait ce détail fondamental de la vie de Johannes Greber depuis les années cinquante :

---

[204] La Tour de Garde, 4 janvier 1983, p 31

> « *Il n'est pas surprenant qu'un certain Johannes Greber, un ancien membre du clergé catholique, soit devenu un spirite et ait publié le livre intitulé "Communication avec le monde des esprits, ses lois et son but". (1932, Macoy Publishing Company, New York)[205]* »

> « *Johannes Greber déclare dans l'introduction de sa traduction du Nouveau Testament, protégée par le droit d'auteur en 1937 : « J'étais moi-même un prêtre catholique et, jusqu'à l'âge de quarante-huit ans, je n'avais jamais autant cru à la possibilité de communiquer avec le monde des esprits de Dieu. Le jour est venu, cependant, où j'ai involontairement fait le premier pas vers une telle communication, et j'ai vécu des choses qui m'ont secoué jusqu'au plus profond de mon âme…Mes expériences sont relatées dans un livre qui est paru en allemand et en anglais et porte le titre, Communication with the Spirit World: Its Laws and Its Purpose. »(Page 15). Conformément à son origine catholique romaine, la traduction de Greber est reliée par une croix à la feuille d'or sur sa couverture rigide. Dans l'avant-propos de son livre précité, l'ex-prêtre Greber dit : "Le livre spiritualiste le plus important est la Bible". Sous cette impression, Greber s'efforce de rendre sa traduction du Nouveau Testament très spiritualiste.* [206] »

Pourtant, forte de cette connaissance, elle n'eut aucun mal à se référer aux travaux de Johannes Greber pour traduire Matthieu 27 : 52,53 :

> « *La Traduction du monde nouveau n'est pas la seule à rendre ces versets ainsi. <u>Une traduction allemande moderne se lit de manière assez similaire</u> :* « [...] ». "*Mat. 27:52, 53.* [207] »

---

[205] La Tour de Garde, 1 octobre 1955, p 603
[206] La Tour de Garde, 15 février 1956, p 110-111
[207] La Tour de Garde, 1 janvier 1961, p 30

« *La lecture d'un ancien prêtre catholique romain est similaire* : « *Au commencement était la Parole, et la Parole était avec Dieu, et la Parole était un dieu. C'était avec Dieu au commencement. Tout est venu à l'existence par la Parole, et sans elle rien de créé n'a vu le jour. (Jean 1:1-3)* [208]»

La note en bas de page de cette dernière citation mentionnait :

« *The New Testament—A New Translation and Explanation Based on the Oldest Manuscripts, par Johannes Greber (une traduction de l'allemand vers l'anglais), édition de 1937, la couverture de cette traduction reliée étant estampillée d'une croix dorée.*[209] »

La Société Watch Tower récidiva à quatre reprises :

- ✓ Dans l'ouvrage *Make Sure of All Things, Hold Fast to What is Fine* (1965), dans lequel la traduction de Jean 1:1 fut citée en référence à l'édition de Johannes Greber.

- ✓ Dans l'encyclopédie de la Société Watch Tower, *Aide A La Compréhension de La Bible*[210], les traductions de Matthieu 27:52, 53 et de Jean 1:1 étant liées à la version de Johannes Greber :

    « *La traduction par Johannes Greber (1937) de ces versets se lit comme suit* : [...][211] »

---

[208] La Tour de Garde, 15 septembre 1962, p 554
[209] La Tour de Garde, 15 septembre 1962, bas de page
[210] Préparé et rédigé par Raymond Franz, neveu de Freddie Franz et membre du Collège dirigeant de 1971 à 1980, avant de démissionner de ses fonctions, après la découverte de la fausseté de ses croyances initiales. Il retraça son parcours dans son livre *Crise de conscience, Commentary Press, 2003.*
[211] Aid to Bible Understanding, 1971, p 1134

« Une traduction, par un ancien prêtre catholique romain, Johannes Greber (éd. 1937), rend la deuxième apparition du mot « dieu » dans la phrase par « un dieu^{212} ».

✓ Dans la Tour de Garde du 15 octobre 1975 :

« Sans déformer la grammaire grecque, un traducteur peut rendre Matthieu 27:52, 53 d'une manière qui suggère qu'une exposition similaire de cadavres a résulté du tremblement de terre survenu à la mort de Jésus. Ainsi la traduction de Johannes Greber (1937) rend ces versets [...]."—Comparez la Traduction du Monde Nouveau.^{213}" »

✓ Dans les colonnes de la Tour de Garde :

« Le récent tremblement de terre au Guatemala a touché même certains de ceux qui sont déjà morts. [...].

Quelque chose de similaire s'est produit lors d'un tremblement de terre dans la région de Jérusalem à la mort de Jésus. À cette époque, les cadavres étaient habituellement placés dans des voûtes ou des chambres taillées dans la roche calcaire tendre de Palestine, souvent à flanc de colline.

Une anecdote de la Bible, <u>telle que traduite par Johannes Greber</u>, dit que lorsque Jésus mourut, « la terre trembla et les rochers se brisèrent. Des tombes ont été ouvertes et de nombreux corps de ceux qui y étaient enterrés ont été jetés debout. Dans cette posture, ils sortaient des tombes et étaient vus par beaucoup de ceux qui passaient par là sur le chemin du retour vers la ville.

---

[212] Aid to Bible Understanding, 1971, p 1669
[213] La Tour de Garde, 15 octobre 1975, p 640

> *Par conséquent, plutôt qu'une résurrection, comme l'impliquent certaines traductions de la Bible, il semble y avoir eu simplement une exposition des morts aux observateurs, comme au Guatemala.*[214] »

La Société Watch Tower ne pouvait ainsi hypocritement tomber de sa chaise en feignant de découvrir l'identité de Johannes Greber dans les années 80.

Pourtant, les Témoins de Jéhovah basèrent (jusqu'à présent) toutes leurs doctrines sur une version des Ecritures dont (i) le chef de projet, Freddie Franz, avait une connaissance lacunaire des langues anciennes, (ii) l'identité et *le curriculum vitae* des membres du Comité de la *Traduction du Monde Nouveau* furent gardés secret, (iii) aucun argument sérieux et crédible ne fut avancé pour justifier le remplacement systématique de « *Seigneur* » ou « *Dieu* » dans le Nouveau Testament, (iv) certains passages majeurs furent directement inspirés des travaux d'un homme reconnaissant être en relation avec « *des esprits* » satanique…

2.4. Un marathon d'absurdité

Le tandem Nathan Knorr – Freddie Franz fut également marqué par une profusion de modification doctrinale, propre à donner le tournis.

<u>D'une part</u>, c'est sous la présidence de Nathan Knorr que la transfusion sanguine fut bannie de chez les Témoins de Jéhovah[215].

Dans les colonnes de la Tour de Garde du 1er juillet 1945, la Société Watch Tower interdirent l'usage du sang chez les Témoins de

---

[214] La Tour de Garde, 15 avril 1976, p 231
[215] Cf. Chapitre 6

Jéhovah, en rappelant avant tout que bien que la transfusion sanguine remonte aux anciens Égyptiens, le premier cas signalé fut une vaine tentative de sauver la vie du pape Innocent VIII en 1492, ainsi qu'une opération qui coûta la vie à trois jeunes.

Cet article de La Tour de Garde prétendît que « *la loi de Dieu sur le sang* », telle que donnée à Noé, continuait de lier toute l'humanité et que les chrétiens devaient continuer de « *s'abstenir du sang* » (**Actes 15:28, 29**).

L'article concluait, tel un arrêt d'une juridiction :

> « *Voyant donc que le Dieu Très-Haut et Saint a donné des instructions claires quant à la disposition du sang, en harmonie avec son alliance éternelle conclue avec Noé et tous ses descendants ; et voyant que le seul usage du sang qu'il autorisait pour fournir la vie à l'humanité était l'usage de celui-ci comme propitiation ou expiation pour le péché; et voyant que cela devait être fait sur son saint autel ou à son propitiatoire, et non en prélevant ce sang directement dans le corps humain ; il incombe donc à tous les adorateurs de Jéhovah qui recherchent la vie éternelle dans son nouveau monde de justice de respecter le caractère sacré du sang et de se conformer aux justes décisions de Dieu concernant cette question vitale.* [216] »

Très rapidement, la Société Watch Tower mît en circulation une brochure spéciale de 64 pages sur la question, « *Le Sang, La Médecine et La loi de Dieu* », publié en 1961.

A ce stade, rappelons que Joseph Rutherford scandait les merveilles de la transfusion sanguine dans une brochure bi mensuelle qui portait bien son nom « *Consolation* » :

---

[216] La Tour de Garde du 1er juillet 1945 et L'Annuaire de 1975, p 223

> « *À New York, une femme au foyer en déplaçant les affaires d'un pensionnaire, s'est accidentellement tiré une balle dans le cœur avec son revolver. Elle a été transportée d'urgence à l'hôpital, son sein gauche a été coupé, quatre côtes ont été coupées, le cœur a été soulevé, trois points de suture ont été pris, l'un des médecins traitants de la grande urgence a donné un litre de son sang pour transfusion, et aujourd'hui, la femme vit et sourit gaiement de ce qui lui est arrivé au cours des 23 minutes les plus chargées de sa vie.* [217] »

A compter de la modification doctrinale sur le sang, la vie des témoins de Jéhovah basculèrent à jamais dans un enfer heureux.

D'autre part, en marge de l'instauration d'une politique extrême en matière d'excommunication, la liberté de pensé était célébrée :

> « *De plus, les gens développent aujourd'hui une aversion pour la pensée. Ils craignent d'être seuls avec leurs propres pensées. Si d'autres personnes ne sont pas là, elles remplissent le vide avec la télévision, des films, des lectures légères, ou si elles vont à la plage ou se garent, la radio portable s'en va aussi afin qu'elles n'aient pas à être avec leurs propres pensées. <u>Leur pensée doit être canalisée pour eux, toute faite par des propagandistes.</u>*
>
> *Cela convient au dessein de Satan. Il inonde l'esprit de masse avec tout et n'importe quoi sauf la vérité de Dieu. Pour empêcher les esprits de penser à Dieu, Satan les occupe avec des pensées qui sont soit insignifiantes, soit impies. <u>C'est une pensée sur mesure, et le tailleur de celle-ci est le Diable.</u> Les esprits fonctionnent, mais de la manière dont un cheval est conduit. <u>La pensée indépendante est difficile, impopulaire et même suspecte.</u> La conformité de pensée est à l'ordre*

---

[217] J.F. Rutherford, Consolation, 1940, p 19

du jour. Chercher la solitude pour la méditation est mal vue comme antisocial et névrosé.-Rev. 16:13²¹⁸ »

En 1958, la Société Watch Tower ironisait d'ailleurs sur le sort des Irlandais :

« *La peur a une grande emprise sur les gens. Les gens ont peur de ce que leurs voisins, leurs amis, leurs proches et le clergé pourraient penser s'ils lisaient la Bible par eux-mêmes. Pendant des siècles, le clergé a dominé leur vie, leur a dit ce qu'ils pouvaient lire, ce qu'ils devaient croire et faire. Poser une bonne question religieuse est une démonstration de manque de foi en Dieu et en l'église, selon le clergé. <u>En conséquence, les Irlandais ont très peu de réflexion indépendante.</u> Ils sont victimes du clergé et de la peur ; mais la liberté est en vue.* ²¹⁹»

Ce n'est qu'à partir de 1960 que la Société Watch Tower, s'étant rendue compte de sa dissonance cognitive, prît un virage à 180 degrés :

« <u>*Aujourd'hui, la tendance de ce monde est de rechercher la pensée indépendante comme objectif idéal,*</u> *mais même si la pensée irréaliste d'un scientifique qui essaie d'ignorer la loi de la gravité est vouée à l'échec, la pensée irréaliste de ceux qui essaient d'ignorer le fait que l'homme dépend de Dieu. « Il n'appartient pas à l'homme qui marche même de diriger ses pas. » (Jr 10:23 ; Prov. 16:1-3.) Lorsque les hommes essaient de penser indépendamment de Dieu, ils mettent de côté le standard parfait de la bonté, de la justice, de la vertu et de la fidélité et deviennent les victimes de leurs propres inclinations égoïstes et pécheresses et dégradent leur propre capacité de réflexion. Rom. 1:21-32 ; Éph. 4:17-19.²²⁰* »

---

[218] La Tour de Garde, 1ᵉʳ août 1957, p 469
[219] La Tour de Garde, 1ᵉʳ août 1958, p 460
[220] La Tour de Garde, 15 février 1960, p 106-107

« *Il semble que certains, en association avec la première congrégation corinthienne, ne tenaient pas compte de l'autorité de Paul, le regardaient selon ce qu'il semblait être dans la chair, et négligeaient de prendre en compte sa commission spéciale de Christ. <u>Aujourd'hui aussi, il y a ceux qui, par leur pensée indépendante, remettent en question la capacité du Christ d'avoir et d'utiliser sur la terre un corps dirigeant spécialement désigné d'humains imparfaits, à qui il a confié tous les intérêts ou "biens" du Royaume sur la terre.</u> (Mat. 24:45-47) Lorsque de tels penseurs indépendants reçoivent des conseils et des directives basés sur la Bible, ils inclinent à penser : 'Ceci vient seulement d'hommes charnels, donc c'est à moi de décider de l'accepter ou non* [221] »

« *<u>Comment se manifeste une telle pensée indépendante ? Une manière courante consiste à remettre en question les conseils fournis par l'organisation visible de Dieu.</u>* [...] [222] »

« *En étudiant la Bible, nous apprenons que Jéhovah a toujours guidé ses serviteurs <u>de manière organisée</u>. Et tout comme au premier siècle il n'y avait qu'une seule véritable organisation chrétienne, <u>de même aujourd'hui Jéhovah n'utilise qu'une seule organisation</u>. (Éphésiens 4:4, 5 ; Matthieu 24:45-47.)*

Pourtant, certains font remarquer que l'organisation a dû procéder à des ajustements auparavant, et c'est pourquoi ils affirment : " Cela montre que nous devons nous faire notre propre opinion sur quoi croire. » C'est la <u>pensée indépendante. Pourquoi est-ce si dangereux ? Une telle pensée est une preuve d'orgueil.</u> Et la Bible dit : " L'orgueil est avant la chute, et l'orgueil avant la chute. (Proverbes 16:18.) <u>Si nous en venons à penser que nous savons mieux que l'organisation,</u>

---

[221] La Tour de Garde, 1ᵉʳ juin 1966, p 324
[222] La Tour de Garde, 15 janvier 1983, p 22

nous devrions nous demander : " Où avons-nous appris la vérité biblique en premier lieu ?

Connaîtrions-nous le chemin de la vérité s'il n'y avait pas eu les conseils de l'organisation ? Vraiment, pouvons-nous nous passer de la direction de l'organisation de Dieu ? Non, nous ne pouvons pas! [223] »

« *Dans le monde, il y a une tendance à rejeter le leadership. Comme l'a dit un conférencier*[224] *: "Le niveau d'éducation croissant a amélioré le vivier de talents de sorte que les disciples sont devenus si critiques qu'ils sont presque impossibles à diriger." Mais un esprit de pensée indépendante ne prévaut pas dans l'organisation de Dieu, et nous avons de bonnes raisons de faire confiance aux hommes qui nous dirigent. Par exemple, seuls ceux qui satisfont aux exigences bibliques sont nommés anciens. (1 Timothée 3:1-7.) Ils sont formés pour être bons, aimants et serviables, mais fermes dans le respect des normes justes de Jéhovah. Les anciens adhèrent à la vérité scripturaire, ' se tenant fermement à la parole fidèle, afin qu'ils puissent exhorter par un enseignement sain. ' (Tite 1: 5-9) Bien sûr, nous ne devrions pas magnifier leurs imperfections humaines, pour nous tous sont imparfaits. (1 Rois 8:46 ; Romains 5:12.) Au lieu de nous sentir frustrés par leurs limites et de traiter leurs conseils à la légère, apprécions et acceptons la direction biblique des anciens comme venant de Dieu.* [225] »

Merveilleux !

---

[223] La Tour de Garde, 15 janvier 1983, p27
[224] L'identité de ce conférencier n'est pas renseignée dans l'article de la Tour de Garde.
[225] La Tour de Garde, 15 septembre 1989, p 23

On ne peut conclure cette partie sans rappeler que Nathan Knorr et Freddie Franz goûtèrent, eux-aussi, au caviar de tous les leaders sectaires...

Ils prédirent, eux aussi, le second retour du Christ en 1975.

En effet, en 1966, la Société Watch Tower publia un livre, *Life Everlasting in Freedom of the Sons of God*, dans lequel était présenté une fresque chronologique, établissant un parallélisme entre la durée de l'œuvre créatrice de Dieu (6 jours), ponctuée d'un repos (le 7ième jour), et les 6 000 ans d'existence de l'humanité (depuis Adam et Eve), laquelle devait prétendument arriver à échéance en 1975.

Les fidèles comprirent qu'Armageddon interviendrait dans quelques années, suivi du règne millénaire de Christ.
En effet, tout y concourrait.

Freddie Franz se lança dans la conjecturait suivante :

> *« En ce vingtième siècle, une étude indépendante a été menée qui ne suit pas aveuglément certains calculs chronologiques traditionnels de la chrétienté, et le calendrier publié résultant de cette étude indépendante donne la date de la création de l'homme à 4026 avant notre ère. Ainsi, six mille ans d'existence de l'homme sur terre seront bientôt écoulés, oui, au sein de cette génération...*
>
> *Selon cette chronologie biblique fiable, six mille ans depuis la création de l'homme se termineront en 1975, et la septième période de mille ans d'histoire humaine commencera à l'automne 1975 de notre ère.*
>
> *Ainsi, du point de vue de Jéhovah Dieu, ces six mille ans d'existence de l'homme ne sont que six jours sur vingt-quatre heures,... Ainsi, en peu d'années au sein de notre propre génération, nous atteignons ce*

que Jéhovah Dieu pourrait considérer comme le septième jour de l'existence de l'homme.

Comme il serait approprié pour Jéhovah Dieu de faire de cette septième période de mille ans à venir une période de sabbat de repos et de libération, un grand sabbat de Jubilé pour proclamer la liberté sur toute la terre à tous ses habitants ! Ce serait la période la plus opportune pour l'humanité.

Ce serait également très approprié de la part de Dieu, car, rappelez-vous, l'humanité a encore devant elle ce que le dernier livre de la Sainte Bible parle du règne de Jésus-Christ sur la terre pendant mille ans, le règne millénaire de Christ. Prophétiquement, Jésus-Christ, lorsqu'il était sur terre il y a dix-neuf siècles, a dit à son sujet : « Car le Seigneur du sabbat est ce qu'est le Fils de l'homme » (**Matthieu 12 : 8**).

Ce ne serait pas par hasard ou par accident, mais serait conforme au dessein d'amour de Jéhovah Dieu pour que le règne de Jésus Christ, le 'Seigneur du sabbat', soit parallèle au septième millénaire de l'existence de l'homme [226] *»*

Les projecteurs sur l'année 1975 furent présents dans bien d'autres articles.

Le Ministère du Royaume de 1968 rappelait aux colporteurs l'importance de l'année 1975 et l'esprit de sacrifice attendue d'eux :

« Puisque nous nous sommes consacrés à Jéhovah, nous voulons faire sa volonté dans toute la mesure du possible. Fournir des efforts particuliers pour faire plus que d'habitude nous aide à être à la

---

[226] Life Everlasting in Freedom of the Sons of God, 1966, p 26-30

hauteur de notre dévouement. Compte tenu du peu de temps qui nous reste, nous voulons le faire aussi souvent que les circonstances le permettent. <u>Pensez-y, frères, il ne reste qu'environ quatre-vingt-dix mois avant la fin des 6 000 ans d'existence de l'homme sur terre. Vous souvenez-vous de ce que nous avons appris aux assemblées de l'été dernier ? La majorité des personnes vivant aujourd'hui seront probablement en vie quand Armageddon éclatera, et il n'y a aucun espoir de résurrection pour ceux qui seront alors détruits. Alors, maintenant plus que jamais, il est vital de ne pas ignorer cet esprit de vouloir en faire plus.</u>

Ceux qui prennent des vacances pionnières savent que des ajustements doivent être faits pour s'occuper de toutes leurs obligations. <u>Vos mères devront organiser vos affaires afin qu'avec la coopération de votre famille, vous puissiez vous occuper de vos tâches ménagères en tant que pionnier pendant un certain temps.</u> Une sœur a modifié son emploi du temps pour la lessive et le repassage. [227] »

En 1969, un nouvel appel de pied fut lancé aux témoins de Jéhovah :

« *Si vous êtes un jeune, vous devez également faire face au fait que vous ne vieillirez jamais dans le présent système de choses. Pourquoi pas? <u>Parce que toutes les preuves de l'accomplissement de la prophétie biblique indiquent que ce système corrompu doit prendre fin dans quelques années.</u>*

De la génération qui a observé le début des 'derniers jours' en 1914, Jésus a prédit : 'Cette génération ne passera en aucun cas jusqu'à ce que toutes ces choses arrivent.' <u>Si vous êtes au lycée et envisagez des</u>

---

[227] Le Ministère du Royaume, Mars 1968, p4

études universitaires, cela signifie au moins quatre, voire six ou huit ans de plus pour obtenir un diplôme dans une carrière spécialisée.

Mais où sera ce système de choses à ce moment-là ? Il sera en bonne voie d'arriver à son terme, s'il n'est pas parti ! <u>C'est pourquoi les parents qui basent leur vie sur la Parole prophétique de Dieu trouvent beaucoup plus pratique d'orienter leurs jeunes vers des métiers qui ne nécessitent pas d'aussi longues périodes de scolarité supplémentaire</u>...

Certes, ceux qui ne comprennent pas où nous en sommes dans le cours du temps, du point de vue de Dieu, considèrera cela irréalisable. Mais qu'est-ce qui est vraiment pratique : se préparer à une position dans ce monde qui va bientôt disparaître ? Ou travailler pour survivre à la fin de ce système et jouir de la vie éternelle dans le nouvel ordre juste de Dieu ?[228] »

En 1970, le discours public, tenu lors d'une assemblée de district (actuellement « *assemblée régionale* »), était intitulé « *Who will conquer the world in the 1970's ?* ».

En 1974, la Société Watch Tower enfonça le clou, encourageant des personnes à vendre leurs biens et à outrepasser leurs limites physiques :

« Oui, la fin de ce système est si proche ! N'est-ce pas une raison pour augmenter notre activité ? [...]

En examinant attentivement et dans la prière notre propre situation, <u>nous pouvons également découvrir que nous pouvons consacrer plus de temps et d'énergie à la prédication au cours de cette dernière période</u>

---

[228] L'Age d'Or, 22 mai 1969, p 15

avant la fin du système actuel. Beaucoup de nos frères et sœurs font exactement cela. <u>Cela ressort du nombre croissant de pionniers.</u>

<u>Oui, depuis l'été 1973, il y a eu chaque mois de nouveaux pics de pionniers.</u> Il y a maintenant 20 394 pionniers réguliers et spéciaux aux États-Unis, un record absolu. C'est 5 190 de plus qu'il n'y en avait en février 1973 ! Une augmentation de 34 % ! Cela ne nous réchauffe-t-il pas le cœur ? <u>Des rapports font état de frères vendant leurs maisons et leurs biens et envisageant de finir le reste de leurs jours dans cet ancien système du service des pionniers. C'est assurément une belle façon de passer le peu de temps qui reste avant la fin du monde méchant.</u> — 1 Jean 2:17.

Des circonstances telles qu'une mauvaise santé ou des responsabilités liées à votre famille peuvent limiter ce que vous pouvez faire dans le ministère de terrain. <u>Et pourtant, les rangs des pionniers comprennent de nombreuses personnes ayant des limitations de santé, ainsi que certaines personnes avec des familles.</u> Mais ces frères et sœurs sont capables de régler leur vie afin qu'ils puissent s'acquitter de leurs responsabilités et qu'ils consacrent encore les 1 200 heures par an, soit une moyenne de 100 heures par mois, au ministère sur le terrain, requises des pionniers.

<u>Par conséquent, n'écartez pas trop vite la possibilité que vous aussi puissiez devenir pionnier. Accordez-lui une attention particulière et dans la prière. Peut-être qu'une analyse révélera que votre vie est encombrée de poids inutiles qui peuvent être remis à plus tard pour que vous puissiez devenir pionnier. Cela peut être particulièrement le cas si vous êtes célibataire ou si vous êtes marié mais n'avez pas d'enfants.</u> — Héb. 12:1.

[...]

> *Ne tardez donc pas à réfléchir sérieusement à la façon dont vous utilisez votre vie. Voyez si vous pouvez arranger vos affaires pour devenir pionnier. Pourquoi ne pas en discuter avec des personnes déjà pionnières ou avec des anciens de votre congrégation ?* [229] »

Pour les plus curieux, il est désormais possible de réécouter le sermon prononcé par Freddie Franz sur la signification de l'année 1975.

Naturellement, la bulle « *1975* » se fracassa sur le mur de la réalité, provoquant des lendemains qui déchantaient.

Face à cet énième échec, Freddie Franz s'expliqua dans une interview donnée au Time Magazine :

> « *En 1968, le magazine de la secte, Réveillez-vous ! proclame une nouvelle date pour Armageddon : « Aujourd'hui, nous avons les preuves requises, toutes. Et c'est écrasant ! Toutes les nombreuses parties du grand signe des 'derniers jours' sont ici, ainsi que la vérification de la chronologie biblique. Cette chronologie complexe se présentait comme suit : Adam a été créé à l'automne 4026 avant J. comme Dieu s'est reposé après six jours de création et a établi le sabbat.*
>
> <u>*Interrogé sur 1975, Franz dit maintenant que la chronologie de 6 000 ans est correcte, mais que le septième jour de la Création n'a pas commencé avant la création d'Eve. Ainsi, la date de la Fin doit être prolongée du temps écoulé entre l'avènement d'Adam et d'Eve - un intervalle qui n'a pas encore été révélé (les publications précédentes des*</u>

---

[229] Le Ministère du Royaume, Mai 1974, p 3-4

Témoins avaient déclaré qu'Adam et Eve avaient été créés la même année). [230]»

La bonne vieille méthode : une simple erreur de calcul…

Si plusieurs membres déçus quittèrent le navire en cette période-là, beaucoup restèrent fidèles à ceux-là mêmes qui les prenaient littéralement pour des idiots.

En 1971, Dupond et Dupont perdirent le monopole du pouvoir qu'ils détenaient sur les quelques 2 millions des témoins de Jéhovah dans le monde, au profit d'une gouvernance collégiale, appelée « *Collège dirigeant* »[231].

Désormais, toutes les décisions d'ordre doctrinal, organisationnel ou commercial, deviendraient collectives, selon un mode de fonctionnement majoritaire, décrit par Raymond Franz, ex-membre du Collège dirigeant, dans son livre « *Crise de Conscience* ».

---

[230] Time Magazine, 11 juillet 1977
[231] En anglais, le terme « *Govering Body* » fait référence à une entité dirigeante, déterminant la politique et la direction des affaires d'un organe ou d'une institution donnée. La traduction adéquate en France serait donc, soit un Conseil d'administration (traduction classique mais peu « parlante »), soit un Conseil ou Collège dirigeant (il s'agit d'un néologisme conscient, servant à faire ressortir en français la force de l'expression anglaise).

En pratique, il fallut attendre la mort de Milton Henschel en 2003, membre du Collège dirigeant et successeur de Freddie Franz à la tête de la Société Watch Tower, pour observer les membres du « *Collège conservateur*[232] » goûter à l'ivresse de la lumière.

---

[232] « *Conservative Body* » en anglais : il s'agit d'une expression méprisante et ironique utilisée par Nathan Knorr pour désigner le groupe des « *oints* » (les administrateurs de la Société Watch Tower auprès desquels il chercha appui pour être désigné président, face à Hayden Covington) qui bataillèrent ferme pour exercer, collégialement, un pouvoir initialement dévolu au président.

PARTIE II

Isoler certaines doctrines fondamentales, ainsi que certains principes de fonctionnement de la Société Watch Tower, constitue un moyen objectif d'apprécier le sérieux du mouvement.

Le caractère restrictif des points abordés dans la présente partie fournit un fidèle aperçu de l'identité profonde de l'Eglise des Témoins de Jéhovah.

Les trois premiers chapitres de cette partie traitent des aspects doctrinaux de la Société Watch Tower (**Chapitre 4 à 6**) et les deux derniers chapitres mettent en exergue son fonctionnement (**Chapitres 7 et 8**).

Chapitre 4 : L'introuvable Collège dirigeant

La Société Watch Tower enseigne que Jésus fit savoir qu'après son départ de la terre, ses disciples continueraient d'être nourri spirituellement, via un « *serviteur* » ou un « *esclave* » « *fidèle et avisé* » (**Mat 24 :45-47 ; Luc 12 :42**).

Pour qu'une telle conception soit admise, encore faut-il voir dans les paroles de Jésus consignées dans les textes précités une prophétie, et non une simple parabole.

Une fois cette lecture admise, restera alors l'identification de ce « *serviteur fidèle et avisé* ».

Selon la Société Watch Tower, il s'agirait du Collège dirigeant, « *l'autorité religieuse la plus élevée dans l'église des Témoins de Jéhovah* » et « *exerç[ant] une surveillance spirituelle sur tous les témoins de Jéhovah dans le monde*[233] ».

Cet enseignement constitue un point doctrinal de foi, préalable à l'appartenance et au maintien d'un individu au sein des Témoins de Jéhovah[234].

C'est d'ailleurs ce qui justifie que ce point soit l'une des premières questions posées, par des anciens de congrégation, à tout fidèle qui ferait publiquement état de ses doutes sur l'une des doctrines de la Société Watch Tower.

---

[233] Déclaration de Gerrit Losch du 4 février 2014, membre du Collège dirigeant des Témoins de Jéhovah.
[234] Organisé Pour Faire La Volonté de Jéhovah, p 209-210

En fonction de la réponse de l'individu, son maintien dans la congrégation deviendrait plus ou moins scellé.

Pourtant, il convient de remarquer que cet enseignement est relativement nouveau dans l'histoire des Témoins de Jéhovah, ce point ayant connu plusieurs évolutions notables.

1. Cap sur la construction mythologique d'une doctrine

Comme il a été rappelé dans les pages précédentes, Charles Russell n'a jamais cru en l'existence d'un Collège dirigeant.

On ne trouve nulle trace de cette curieuse notion ou d'un concept approchant dans l'un quelconque de ses écrits.

Quant au « *serviteur fidèle et avisé* », son avis varia dans le temps. Il crût momentanément qu'il s'agissait de l'Eglise, en tant qu'entité collective, avant de se laisser séduire par la conception individualiste et personnalisée que sa femme esquissa.

Rappelons les propos de Charles Russell quant à la direction de la Société :

> « *Au 1er décembre 1893, avec nos trois mille sept cent cinq actions (3705) sur un total de six mille trois cent quatre-vingt-trois actions (6383), Soeur Russell et moi-même, bien évidemment, nommons les membres du bureau , et disposons donc du contrôle de la Société; les directeurs dès le début l'ont parfaitement compris. Il était bien entendu qu'ils ne seraient opérationnels qu'après notre mort.* [235] »

---

[235] La Tour de Garde, 25 avril 1894, p 59

Difficile d'y voir la trace d'une conception collective du « *serviteur* », tels que l'entendent les Témoins de Jéhovah...

Quant à Joseph Rutherford, la situation eut au moins le mérite de la clarté : il ne mentionna jamais cette expression, ni ne crut en l'existence, fut-ce même embryonnaire, d'un Collège dirigeant.

Au contraire, il crût fermement être la seule et unique autorité en matière de compréhension et d'interprétation des Ecritures...sur toute la terre[236], au point de supprimer le Comité de rédaction de la Tour de Garde en 1931[237], entité collective d'enseignement par excellence, et d'indiquer qu'une telle décision était la preuve que « *le Seigneur lui-même dirige la Société* [238]».

En cela, il imita, en la perfection, l'attitude autocratique et dictatoriale de son prédécesseur, lorsque ce dernier reconnaissait, en réponse à une question posée par l'un de ses lecteurs, le point suivant :

> « *Non, les vérités que je présente, en porte-parole de Dieu, n'ont pas été révélées en visions ni en rêves, ni par la voix audible de Dieu, ni tout d'un coup, mais peu à peu, spécialement depuis 1870, et en particulier depuis 1880. Cette claire exposition de la vérité n'est pas non plus due à l'ingéniosité ou à la finesse de la perception d'un humain, mais au simple fait que le moment prévu par Dieu était arrivé; si je ne parlais pas, et si on ne trouvait aucun autre instrument, les pierres même crieraient.* [239]»

---

[236] Joseph Rutherford, Richesses, 1936, p 350
[237] Tony Wills, A People For His Name, p 121
[238] Annuaire des Témoins de Jéhovah, 1933, p 11
[239] La Tour de Garde, 15 juillet 1906, p 229

Joseph Rutherford s'exprima crûment sur la personnalité et la croyance de son prédécesseur :

> « *On lui demandait souvent—Qui est l'esclave fidèle et prudent? Frère Russell avait pour habitude de répondre : "Certains disent que c'est moi; mais d'autres disent que c'est la Société".*
> <u>*Les deux affirmations étaient vraies ; car Frère Russell était en réalité la Société au sens le plus absolu du mot, puisqu'il décidait de la politique et du devenir de la Société sans tenir compte de qui que ce soit sur terre*</u>*. Il lui arrivait de demander l'avis d'autres personnes associées à la Société, il écoutait leurs suggestions,* <u>*puis il faisait ce qu'il avait décidé, persuadé que c'était ce que le Seigneur aurait voulu qu'il fasse*</u>*.* [240] »

Il adopta la même attitude, dirigeant la Société Watch Tower d'une main de fer. Un des administrateurs de la Société Watch Tower sous l'ère Rutherford, Alexander McMillan[241], déclara :

> « *Russell laissait les individus décider comment ils devaient assumer leurs responsabilités* [...] *Rutherford voulait unifier l'œuvre de prédication et, plutôt que de laisser chacun exprimer sa propre opinion, dire ce qu'il pensait être juste et agir en conséquence, progressivement, Rutherford devint le principal porte-parole de l'organisation. Il pensait qu'ainsi le message pourrait être donné au mieux et sans contradiction* [242] ».

Quant à Nathan Knorr et à Freddie Franz, les deux ne crurent réellement jamais en l'existence d'un Collège dirigeant au sens où l'entendent les Témoins de Jéhovah actuellement.

---

[240] La Tour de Garde, 1er mars 1923, p 68
[241] Membre du Collège dirigeant selon les critères rétroactifs des Témoins de Jéhovah
[242] Alexander Mc Millan, Faith in the March, p 152

Ils privilégièrent une approche individualiste de la direction de la Société Watch Tower[243] et, par voie de conséquence, la direction des fidèles.

En 1952, ils publièrent même un ouvrage où ils placèrent Charles Russell et Joseph Rutherford au même pied d'égalité que « *Jésus-Christ, Paul, Pierre, Jean-Baptiste, Moïse, Abraham, Noé, Abel…* [244] ».

Au demeurant, lorsque la crise de la gouvernance éclata au sein de ce qui constituait le Collège dirigeant d'avant 1971[245], Nathan Knorr et Freddie Franz furent de ceux qui s'opposèrent très farouchement à la définition actuelle du « *Collège dirigeant* »[246].

En 1971, le Collège dirigeant arracha le pouvoir exécutif des mains du président[247].

C'est à partir de 1972 que le Collège dirigeant modifia unilatéralement l'historique retracé ci-avant, transformant ainsi la légende en fait historique :

> « *Comment le collège central vint à l'existence ?*
>
> *Comment ce collège central est-il apparu à notre époque moderne ? Apparemment ce fut sous la direction de Jéhovah Dieu et de son Fils Jésus-Christ. Les faits connus indiquent que <u>le collège central a été lié</u>*

---

[243] Raymond Franz, Crise de Conscience
[244] Que Dieu Soit Reconnu Pour Vrai, 1952, p 240
[245] Avant 1971, ce groupe d'hommes, ayant une présidence tournante, ne servait qu'à entériner les décisions prises par le président et n'avait donc, en tant que tel, aucune existence pratique (Cf. Raymond Franz, Crise De Conscience, p 50-52).
[246] Raymond Franz, Crise De Conscience, chapitre 4
[247] Ibid.

> *à la Watch Tower Bible and Tract Society of Pennsylvania*[248]. *C.T. Russell faisait manifestement parti de ce collège central dès le dernier quart du 19ième siècle.*[249] »

Cette réécriture de l'histoire atteignit son paroxysme lorsque la Société Watch Tower publia son ouvrage autobiographique[250] en 1993.

Après avoir affirmé, en 1972, que Charles Russell était un membre du Collège dirigeant de l'époque, la Société Watch Tower révéla l'identité des collègues de Charles Russell en…1999, soit 27 ans plus tard :

> « *Pour se doter d'une existence légale, en 1884 les Étudiants de la Bible se constituent aux États-Unis en une société dont le siège sera à Pittsburgh (Pennsylvanie) : la Zion's Watch Tower Tract Society. Ses directeurs forment un Collège central chargé de superviser la prédication mondiale du Royaume de Dieu.*[251] »

En d'autres termes, tous les administrateurs de la forme sociétaire de la Société Watch Tower[252] formaient le Collège dirigeant jusqu'à la date de rédaction de l'article de la Tour de Garde précité.

Au passage, l'article révélait, tacitement, l'exclusion de William Conley des membres du Collège dirigeant, n'ayant été que président de la forme associative de la Société Watch Tower…[253]

---

[248] Ce point révèle la fausseté des déclarations faites par Gerrit Losch le 4 février 2014 à l'attention de la Cour supérieure de San Diego.
[249] La Tour de Garde, 15 mars 1972, p 184
[250] Les Témoins de Jéhovah, Prédicateurs du Royaume de Dieu, 1993
[251] La Tour de Garde, 1er février 1999, page 17
[252] Cf. Chapitre 1, point 2.1
[253] Ibid

Nous y reviendrons.

Jusqu'en 2012, la Société Watch Tower considérait le Collège dirigeant comme un simple représentant[254] ou « *porte-parole* » de la « *classe de l'esclave fidèle et avisé* » de Dieu, laquelle forme, collectivement, le « *prophète de Dieu* »[255] sur la terre et, donc, le « *seul canal de la lumière spirituelle*[256] ».

En s'auto-proclamant « *représentant* » ou « *porte-parole* » des oints sur la terre, le Collège dirigeant donna l'impression d'être subordonné aux restes oints composant les 144 000 encore présents sur la terre.

Pourtant, plusieurs oints reconnurent n'avoir jamais fait l'objet d'une consultation préalable par leur « *porte-parole* » auto-proclamé…

Le Collège dirigeant fut contraint de reconnaitre n'avoir jamais consulté son prétendu mandant, avant de s'empresser de préciser que la dispensation des « *nouvelles lumières* [257]» était strictement le fait d'un « *petit nombre des oints* » de la classe de l'esclave[258].

S'il était donc vrai que ce « *porte-parole* » ne consultait jamais son mandant, ce dernier avait néanmoins interdiction de faire usage d'une liberté de parole quelconque.

Gare à l'esprit d'indépendance !

---

[254] La Tour de Garde, 15 avril 2008, p 11 ; 15 mai 2008, p 29
[255] La Tour de Garde, 1er avril 1972, p 200
[256] La Tour de Garde, 15 mai 1986, p 13
[257] Dénomination sophistiquée donnée à une modification doctrinale.
[258] La Tour de Garde, 15 juin 2009, p 24

Cherchant à éviter toute méprise, en 2010, la Société Watch Tower précisa que des "*vérités profondes*[259]" étaient discernées uniquement par des "*représentants responsables*" de la "*classe de l'esclave fidèle et avisé*", situés au siège de la Société, puis examinées par l'ensemble du Collège dirigeant avant de prendre des décisions doctrinales[260] :

> « *Aujourd'hui, quand arrive le moment de faire la lumière sur une question biblique, l'esprit saint aide les représentants de " l'esclave fidèle et avisé " demeurant au siège mondial à discerner des vérités profondes qui n'ont pas encore été comprises (***Mat. 24:45 ; 1 Cor. 2:13***). Les membres du Collège central déterminent alors ensemble si certaines explications méritent d'être réexaminées (***Actes 15:6***). Ils arrêtent une décision et, au besoin, publient pour le plus grand bien de tous l'explication revue et corrigée (***Mat. 10:27***). Si, avec le temps, des éclaircissements supplémentaires s'avèrent nécessaires, ils sont exposés en toute franchise.* »

En 2011, le Collège dirigeant confessa ne pas connaître le nombre exact de ceux-là même dont il était censé être « *le représentant* » ou « *le porte-parole* », et n'entendait d'ailleurs pas procéder à cette recherche qu'elle estimait inutile :

> « *Nous ne pouvons donc pas savoir exactement combien de chrétiens oints demeurent sur la terre. Nous n'avons d'ailleurs pas besoin de le*

---

[259] Est « *vérité profonde* » ce que le Collège dirigeant présente comme telle. Par exemple, pendant longtemps, la notion de « *type* » - « *anti-type* », chère à Freddie Franz, fut considérée comme des « *vérités profondes* ». La Tour de Garde du 15 septembre 1950 indiqua qu'un « type » est une personne, un évènement ou un objet qui représente quelqu'un ou quelque chose de plus important dans l'avenir. Un antitype est la personne, l'évènement ou l'objet que le type représente. Un type était aussi appelé une ombre, et un antitype était appelé une réalité. Ce type de construction florissait de manière exponentielle dans divers articles de la Tour de Garde, qu'il devint difficile de s'y retrouver. Tirant leçon de cette extrême casuistique, la Tour de Garde du 15 mars 2015, p 15-16, sonna le glas de ce jeu de geek.
[260] La Tour de Garde, 15 juillet 2010, p 23

savoir. Le Collège central ne dresse pas de liste des participants, pas plus qu'il n'entretient un réseau planétaire de chrétiens oints [261]»

En 2012, ayant décidé de se départir du sobriquet ridicule de « *porte-parole* » qu'il s'était donné depuis 1972, le Collège dirigeant s'auto-proclama « *esclave fidèle et avisé* »[262].

Le mandataire assumait, à compter de cette date, le rôle du mandant.

2. Les difficultés insurmontables du concept de Collège dirigeant

La thèse des Témoins de Jéhovah relative à l'existence d'un Collège dirigeant ne peut raisonnablement convaincre pour au moins cinq raisons.

Précisons que, même s'il existe quantité de textes bibliques suffisants à battre en brèche la croyance en l'existence d'un Collège dirigeant, au sens où l'entendent les Témoins de Jéhovah, les arguments égrenés ci-après ne servent qu'à démontrer l'inanité intrinsèque de cette doctrine.

La première raison relève de l'évidence : cette doctrine est une légende. Le récit mirifique qu'en fait la Société Watch Tower est aux antipodes de la réalité historique, tel que rappelé précédemment.

Deuxièmement, les membres les plus importants de l'histoire de la Société Watch Tower n'ont jamais cru en l'existence d'un Collège

---

[261] La Tour de Garde, 15 août 2011, p 22
[262] https://www.jw.org/en/jehovahs-witnesses/activities/events/annual-meeting-report-2012/

dirigeant et n'ont jamais enseigné ce point (Charles Russell, Joseph Rutherford et Nathan Knorr).

Pour quelle raison un membre lambda devrait-il se sentir forcé de croire en l'existence d'une notion inconnue et, dans certains cas, raillée des quatre premiers présidents ayant dirigé la Société Watch Tower?

<u>Troisièmement</u>, la croyance en l'existence de la notion entrainerait, *ipso facto*, une contradiction flagrante avec un autre enseignement actuel des Témoins de Jéhovah, portant sur le rôle des femmes dans l'église et résumé ci-après.

Selon la Société Watch Tower, « *l'esclave fidèle et avisé* » de Dieu eut une existence continue à compter de la pentecôte de l'an 33 après J.C[263].

Au fur et à mesure des nouveaux baptêmes, le nombre des «*domestiques*», dont le « *serviteur fidèle et avisé* » devait s'en occuper, croissait.

Les apôtres et les anciens de Jérusalem (Actes 15) faisaient partie intégrante de « *la classe de l'esclave* »[264].

La Société Watch Tower prétendit également que les membres de la « *classe de l'esclave* » formaient un corps soudé, et qu'une génération de « *la classe de l'esclave* » nourrissait la génération suivante, maintenant ainsi une lignée ininterrompue pendant plus de 1 900 ans[265].

---

[263] La Tour de Garde, 15 septembre 1983, p 19
[264] La Tour de Garde, 15 janvier 1975, « *Comment les chrétiens sont-ils nourris spirituellement ?* »
[265] La Tour de Garde, 15 septembre 1983, p 19

La Société Watch Tower reconnût sa difficulté à identifier les groupes remplissant le rôle de « *la classe de l'esclave* » entre la fin de l'ère apostolique et le début du 20e siècle[266][267].

L'avènement de Charles Russell facilita la suite, car ce dernier restaura le vrai culte qui plait à « Jéhovah »[268].

On se souvient qu'en 1999, la Tour de Garde indiquait que les administrateurs ayant dirigé la Société Watch Tower aux côtés de Charles Russell formait le Collège dirigeant de l'époque[269] ou « *l'esclave fidèle et avisé* » de Matthieu 24 :45-47.

Reste alors à déterminer l'identité des membres formant le Conseil d'administration sous Charles Russell.

La Zion's Watch Tower Tract Society se dota d'une Charte (l'équivalents des Statuts) le 13 décembre 1884. Cette Charte fut enregistrée le 15 décembre 1884 dans Comté d'Allegheny, en Pennsylvanie.

Dans l'édition de la Tour de Garde du 25 avril 1894, Charles Russell présenta une copie de cette Charte, contenant les noms de sept administrateurs que voici :

---

[266] Ibid
[267] Les Témoins de Jéhovah ont toutefois laissé entendre que « *la classe de l'esclave* » auraient pu inclure le Lollards et les Vaudois, dans la mesure où ces derniers, en « *témoins fidèles de Jéhovah* [...] *ont cherché à faire revivre le vrai culte du christianisme* ». (Theocratic Aid to Kingdom Publishers, 1945, p 307).
[268] Cf. Chapitre 1
[269] La Tour de Garde, 1er février 1999, page 17

Membre	Fonction
Charles T. Russell	President
Henry Weber	Vice-Pres
Maria F. Russell	Sec'y Treas
W. C. McMillan	
J. B. Adamson	
Simon O. Blunden	
Rose J. Ball	

Curieusement, la Tour de Garde de janvier 1885 ne rapporta que six membres du Conseil d'administration de la Charte du 13 décembre 1884 :

Membre	Fonction
Charles T. Russell	President
W. I. Mann	Vice-Pres
Maria F. Russell	Sec'y Treas
W. C. McMillan	
J. B. Adamson	
J. F. Smith	

Une copie dûment vérifiée de la Charte, telle qu'enregistrée le 15 décembre 1884 auprès de l'autorité compétente, égrappait les noms suivants :

Membre	Fonction
Charles T. Russell	President
W. I. Mann	Vice-Pres
Maria F. Russell	Sec'y Treas
W. C. McMillan	
Simon O. Blunden	
J. B. Adamson	
J. F. Smith	

L'invraisemblance de la liste des membres du Conseil d'administration de la Watch Tower est patente. En effet, tant le nombre d'administrateurs (7 en 1884 / 6 en 1985) que l'identité même de ces membres (Simon O. Blunden ? / Rose J. Ball ? / Joseph F. Smith ?) sont sujets à caution.

En tout état de cause, deux enseignements peuvent ainsi être tirés :

- Le Collège dirigeant de l'époque comportait au moins **sept femmes** en son sein[270] ;
- Charles Russell n'hésitait pas à modifier unilatéralement la liste des administrateurs, à sa guise.

Au demeurant, l'un des membres de ce Conseil d'administration ou Collège dirigeant, Alexander McMillan[271], affirma que Charles Russell était, à lui tout seul, « *la Société* » Watch Tower.

---

[270] Rose Ball ; Maria Russell et 5 autres administratrices ayant droit de vote : Sœurs E. Louisa Hamilton, Almeta M. Nation Robison J.G. Herr, C. Tomlins, Alice C. James (Cf. Testament de Charles Russell).
[271] A.H. McMillan, Faith on the March, p 61

Enfin, ne perdons pas à l'esprit le fait que la doctrine de « *l'esclave fidèle et avisé* » provint d'une femme, Maria Russell.

Or, tant l'Ancien que le Nouveau Testament fait clairement ressortir l'idée que l'Enseignement, dans l'Eglise, est réservé aux hommes.

Ce point n'est d'ailleurs pas contesté par les Témoins de Jéhovah.

Pourtant, il est patent de constater que la composition du Collège dirigeant, sous la direction de Charles Russell, n'était pas en accord avec les Ecritures, ce point étant d'ailleurs reconnu par les Témoins de Jéhovah.

Ils peuvent toujours prétexter qu'à l'époque, la « *lumière spirituelle* »[272] sur les qualifications d'anciens n'étaient pas encore au beau-fixe.

Une telle réponse ne saurait convaincre, car l'exclusion des femmes de la direction de l'Eglise ne souffre d'aucune difficulté sérieuse dans les Ecritures.

Il est d'ailleurs intéressant de noter que les seules dénominations chrétiennes, du temps de Charles Russell, accordant aux femmes une place active dans la direction de l'Eglise furent notamment les adventistes et les millénaristes.

Pourquoi Dieu désignerait-Il Charles Russell et son Conseil d'administration « *serviteur fidèle et avisé* », ès qualités, si ces derniers

---

[272] Cette expression, dérivée du livre des Proverbes 4 : 18, est systématiquement utilisée comme prétexte par les Témoins de Jéhovah pour, d'une part, expliquer la cause d'un précédent errement doctrinal et, d'autre part, pour justifier la pertinence d'une nouvelle explication, et cela jusqu'à l'annonce d'une nouvelle « *lumière spirituelle* ».

peinaient à discerner un enseignement aussi simple que celui portant sur les modalités de la direction de l'Eglise ?

Mystère…

Quatrièmement, reconnaitre l'existence d'un Collège dirigeant reviendrait à ôter toute clarté aux propos de Jésus lui-même.

Rappelons que la croyance en l'existence d'un « *esclave fidèle et avisé* » supposerait de retenir l'hypothèse selon laquelle Matthieu 24 :45-47 constitue une prophétie, et non une simple parabole.

Selon la Société Watch Tower, l'existence de la « *classe de l'esclave* » constitue un des signes des derniers temps, car Jésus l'intégra parmi une série d'évènements devant se produire avant sa parousie (**Mat 24 :29-35**).

Or, Jésus précisa, au verset 34, que la génération qui sera le témoin oculaire de ces évènements « *ne passera point* » avant que la fin n'intervienne :

« *En vérité, cette génération ne passera point, que tout cela n'arrive.* »

On visualise le problème : si l'existence d'un « *esclave fidèle et avisé* » participe des signes des derniers jours devant précéder la parousie, et si cet « *esclave fidèle et avisé* », au sens où l'entendent les Témoins de Jéhovah, est une entité collective de chrétiens vivant à l'époque de la fin, alors les membres ou « *la génération* » composant cet « *esclave* » doivent assister ou être les témoins oculaires de tous les signes annonciateurs de la parousie.

Si « *la génération* » composant « *l'esclave fidèle et avisé* » « passe » sans « *que toutes ces choses n'arrivent*», alors soit les temps de la fin n'ont toujours pas commencé, soit « *l'esclave fidèle et avisé* » n'est pas une prophétie, cette dernière hypothèse emportant nécessairement l'idée que le Collège dirigeant, tel qu'identifié par les Témoins de Jéhovah, n'a jamais été « *l'esclave fidèle et avisé* » (**Mat 24 :48-51**) de Dieu.

La Société Watch Tower noircît quantités des pages pour démontrer que les membres composant *son* Collège dirigeant, depuis Charles Russell, était « *la génération* » référencée en Matthieu 24 : 34.

Avant d'essayer de saisir la pertinence (ou non) de ce raisonnement, il convient de (i) déterminer la durée d'une génération et (ii) le point de départ du calcul de cette durée.

En règle générale, en Généalogie, on considère que la durée moyenne d'une génération est de 25 ans[273]. Pourtant, pour une raison inexpliquée, la Société retint, dans un premier temps, une durée de 40 ans[274].

Admettons.

S'agissant du point de départ du calcul, la dernière modification en date du second retour « *invisible* » de Jésus, marquant le début du temps de la fin, fut 1914[275]. Cette date fut donc retenue pour apprécier l'identité de la génération censée observer tous les signes du temps, en ce compris la parousie, tel qu'il en ressort de Matthieu 24 :34[276].

---

[273] https://www.ancestry.fr/learn/learningcenters/default.aspx?section=lib_generation#:~:text=Notre%20connaissance%20de%20la%20moyenne,ann%C3%A9es%20varie%20selon%20le%20cas.
[274] La Tour de Garde, 1er juillet 1905, p 404
[275] La Tour de Garde, 1er avril 1951, p 214
[276] La Tour de Garde, 15 février 1951, p 179

Suivant cette donnée, en 1951, il ne restait que 3 ans avant que la génération, telle que calculée par la Société Watch Tower, n'arrive à échéance.

Pressentant son échec, en 1952, la Société Watch Tower modifia la durée moyenne d'une génération pour s'extirper de sa propre difficulté :

> « *Le dictionnaire intégral de Webster donne, en partie, cette définition de la génération : "La durée de vie moyenne d'un homme, ou la période ordinaire au cours de laquelle un rang succède à un autre, ou au père succède un enfant ; un âge." Une génération est généralement considérée comme étant environ 33 ans." <u>Mais la Bible n'est pas si spécifique. Il ne donne aucun nombre d'années pour une génération</u>. Et dans Matthieu 24:34, Marc 13:30 et Luc 21:32, les textes mentionnant la génération à laquelle la question se réfère, nous ne devons pas considérer la génération comme signifiant le temps moyen pour qu'une génération soit succédée par la suivante, comme le fait Webster avec ses 33 ans approximatifs ; mais un peu plus comme la première définition citée par Webster, "la durée de vie moyenne de l'homme". <u>Trois ou même quatre générations peuvent vivre en même temps, leurs vies se chevauchant</u>. (Ps. 78:4 ; 145:4.)*
>
> *Avant le déluge noachien, la durée de vie était de plusieurs centaines d'années. Au cours des siècles qui ont suivi, il a varié et, même aujourd'hui, il est différent selon les pays. <u>La Bible parle des jours d'un homme comme étant de soixante et dix ou quatre-vingts ans</u> ; mais il n'attribue aucun nombre spécifique d'années à une génération. - Ps. 90:10.*[277] » ;

---

[277] La Tour de Garde, 1ᵉʳ septembre 1951, P 542-543

> « *Essayer de dire combien d'années avant sa fin serait spéculatif. Les textes fixent simplement une limite suffisamment précise pour toutes les fins pratiques actuelles. Certaines personnes vivant en 1914 après J.-C., lorsque la série d'événements prédits a commencé, vivront également lorsque la série se terminera avec Armageddon. <u>Tous les événements se produiront en l'espace d'une génération. Il y a des centaines de millions de personnes vivant maintenant qui vivaient en 1914, et plusieurs millions de ces personnes pourraient encore vivre une vingtaine d'années ou plus.</u> Nous ne pouvons pas dire exactement quand la vie de la majorité d'entre eux sera écourtée par Armageddon.*[278] »

> « [...] *la promesse du Créateur d'un nouvel ordre de paix durable et de véritable sécurité <u>au sein de notre génération</u>.* [279] »

En d'autres termes, la Société Watch Tower refixa arbitrairement la durée moyenne de « *la génération* » dont parle Matthieu 24 :34 à **70-80 ans.**

Soit.

Malgré l'échec de sa prédiction de 1975, la Société Watch Tower se montra confiant quant à la durée restante de la « *génération* » de son Collège dirigeant :

> « <u>*D'un point de vue purement humain, il pourrait sembler que ces développements pourraient difficilement avoir lieu avant que la génération de 1914 ne disparaisse de la scène.*</u> *Mais l'accomplissement de tous les événements prédits affectant la génération de 1914 ne dépend pas d'une action humaine relativement lente. La parole*

---

[278] Ibid
[279] Reveillez-vous, 8 janvier 1975

> *prophétique de Jéhovah par l'intermédiaire de Jésus-Christ est la suivante : " Cette génération [de 1914] ne passera nullement que toutes choses n'arrivent. " (Luc 21:32.) Et Jéhovah, qui est la source d'une prophétie inspirée et infaillible, réalisera l'accomplissement des paroles de son Fils dans un temps relativement court.[280] »*

> *« Dans son Étude des mots du Nouveau Testament (angl.), J. Bengel déclare: "<u>Les Hébreux (...) comptaient 75 ans pour une génération</u>. En fait, l'expression ne passera pas laisse entendre que la plupart des membres de cette génération [aux jours de Jésus], <u>mais pas tous</u>, devaient disparaître avant que tout ne soit accompli." Effectivement, cette génération n'avait pas totalement disparu en l'an 70 lors de la destruction de Jérusalem.*

> *De même aujourd'hui, la plupart des membres de la génération de 1914 sont décédés. <u>Toutefois, il reste encore dans le monde des millions de personnes qui sont nées cette année-là. Et même si leur nombre diminue, les paroles de Jésus se réaliseront: "cette génération ne passera pas que tout cela n'arrive."</u>.[281] »*

Pourtant, dès 1991, on sentait à nouveau poindre une modification doctrinale à l'horizon ou une « *nouvelle lumière* » selon l'expression consacrée chez les Témoins de Jéhovah :

> *« Comment les quelques membres oints encore sur la terre conçoivent-ils l'espérance du Royaume? Leurs impressions peuvent être résumées par ces paroles de Frederick Franz[282], président de la Société Watch Tower, baptisé en 1913: "Notre espérance est sûre; elle se réalisera intégralement, et au-delà de ce que nous pouvons imaginer, sur chacun des 144 000 membres du petit troupeau. <u>Ceux d'entre nous qui*

---

[280] La Tour de Garde, 15 mai 1984, p 6
[281] Réveillez-vous, 8 avril 1988, p 14
[282] Il fut le dernier membre du Collège dirigeant ayant connu de la génération 1914…

> *étaient là en 1914, alors que nous pensions tous aller au ciel, n'ont pas perdu de vue la valeur de cette espérance. Au contraire, nous la chérissons autant qu'auparavant et, plus il nous faudra l'attendre, plus elle aura de prix à nos yeux. C'est une chose qui vaut la peine que l'on patiente, même si cela demandait un million d'années.*
>
> *Je considère cette espérance comme plus élevée que jamais, et je ne veux sous aucun prétexte perdre mon attachement pour elle. L'espérance du petit troupeau donne également l'assurance que celle de la grande foule appartenant aux autres brebis se réalisera immanquablement au-delà de ce que nous pouvons imaginer. C'est pourquoi nous sommes demeurés fermes jusqu'à aujourd'hui, et nous demeurerons fermes jusqu'à ce que Dieu prouve qu'il tient ses 'précieuses et très grandes promesses.*[283] *»*

1994 marquait la limite des 80 ans, sans que la fin n'intervienne.

C'est finalement en 1995 que la Société Watch Tower fut contrainte de modifier sa position doctrinale.

En guise d'explication, elle rejeta le fardeau de son échec sur la masse des croyants : ils y ont trop cru, voilà le problème !

On peut y lire les déclarations suivantes :

> « *Impatients de voir la fin du système inique, les serviteurs de Jéhovah se sont parfois perdus en conjectures sur le moment où surviendrait la "grande tribulation"*, ce qui les a amenés à chercher à calculer la durée de vie d'une génération existant depuis 1914. Toutefois, ce n'est pas en nous livrant à des conjectures sur le nombre d'années ou de jours que compte une génération que nous 'introduirons un cœur de sagesse',

---

[283] La Tour de Garde, 15 décembre 1991, p 11

> *mais plutôt en réfléchissant à la façon de "compter nos jours" en louant joyeusement Jéhovah (Psaume 90:12). Le mot "génération" tel que Jésus l'a utilisé ne fournit pas un étalon servant à mesurer le temps, mais désigne avant tout les gens vivant à une certaine époque historique et les traits qui les caractérisent.[284] »*

> *« Par conséquent, aujourd'hui, <u>dans l'accomplissement final de la prophétie de Jésus, apparemment "cette génération" désigne les peuples de la terre qui voient le signe de la présence du Christ mais ne redressent pas leurs voies</u>. Par contre, nous qui sommes disciples de Jésus, nous refusons de nous laisser façonner par le style de vie de "cette génération".[285] »*

> *« Cette explication plus précise de l'expression "cette génération" signifie-t-elle qu'Armageddon est plus éloigné que nous ne le pensions? Absolument pas! Si nous n'avons jamais connu 'ce jour-là et cette heure-là', Jéhovah Dieu, lui, les connaît depuis toujours, et il ne change pas (Malachie 3:6).[286] »*

Au passage, l'identité de la « *génération* » fut modifiée, correspondant ainsi à la masse des incroyants ou, simplement, à tous ceux qui n'étaient pas affiliés à la Société Watch Tower.

Cependant, en 2008, la Société Watch Tower revint sur sa position de 1995 et, <u>d'une part</u>, fit démarrer, sans grande explication, le comptage de la génération à partir de l'année…2008 :

> *« 10 <u>Par le passé, il a été expliqué dans cette revue que</u>, au Ier siècle, " cette génération " dont il est question en Matthieu 24:34 désignait " la génération contemporaine des Juifs non croyants "*. Cette*

---

[284] La Tour de Garde, 1 novembre 1995, p 18
[285] Ibid, p 19
[286] Ibid, p 20

*explication semblait plausible : chaque fois que Jésus avait fait usage du terme "génération", il lui avait attribué une connotation négative ; et, dans la plupart des cas, Jésus employait un adjectif négatif tel que " méchante " pour qualifier la génération (**Mat. 12:39 ; 17:17 ; Marc 8:38**). Aussi estimait-on que, pour ce qui est de l'accomplissement moderne, Jésus avait à l'esprit la " génération " méchante de non-croyants qui verrait non seulement les signes caractérisant " l'achèvement du système de choses " (suntéléïa), mais aussi la fin du système (télos).*

*11 Il est vrai que, lorsque Jésus employait le mot " génération " dans un sens négatif, il s'adressait directement aux gens méchants de son époque ou bien il parlait d'eux. Mais était-ce forcément le cas en Matthieu 24:34 ? Souvenons-nous que quatre des disciples de Jésus s'étaient avancés vers lui " en particulier ". (**Mat. 24:3**.) <u>Puisque Jésus n'a pas employé de qualificatifs négatifs quand il leur a parlé de " cette génération ", les apôtres ont vraisemblablement compris que c'étaient eux et leurs codisciples qui allaient</u> faire partie de la " génération " qui ne passerait pas avant " que toutes ces choses n'arrivent ".*
[...]

*15 Ceux à qui manque la compréhension spirituelle estiment que rien n'atteste " ostensiblement " la présence de Jésus aujourd'hui. Pour eux, tout demeure comme par le passé (**2 Pierre 3:4**). <u>De leur côté, les fidèles frères oints du Christ</u>, la classe moderne de Jean[287], ont reconnu le signe aussi nettement que s'il brillait comme l'éclair, et ils en comprennent le sens véritable. <u>En tant que classe, ces oints constituent la " génération " moderne de contemporains qui ne passera pas avant " que ces choses n'arrivent "*. Cela laisse entendre que certains des frères oints du Christ seront encore sur la terre lorsque la grande tribulation annoncée commencera.</u>* [288]»

---

[287] Il s'agit là d'une illustration directe de l'usage du « *type* »-« *anti-type* », manifestement absurde dans le cas présent.
[288] La Tour de Garde, 15 février 2008, p 23-24

D'autre part, la « *génération* » de Matthieu 24 : 34 ne portait plus sur la masse des incroyants, mais plutôt sur l'identité des frères « *oints* » vivant à un moment donné et représentés par le Collège dirigeant du moment.

Retour partiel à la case départ !

Si cette explication avait l'avantage d'offrir au Collège dirigeant une certaine respiration, l'inconvénient fut qu'elle renvoyait, d'un trait de plume, Armageddon à la saint glin-glin... Le sentiment d'urgence, sans cesse rappelé par la Société Watch Tower, s'étiolait...

Relevons que la définition de la « *génération* » provoqua des sérieux maux de tête auprès des membres du Collège dirigeant.

Raymond Franz, membre de ce Collège, fit état de deux camps s'opposant sur cette question :

> « *Pendant un demi-siècle, l'organisation avait promulgué le concept d'une "génération de 1914", et durant toute cette période, on était conscient que la longueur de "cette génération" était comme un lit trop court pour être confortable, et les raisonnements dont on se servait pour couvrir ce "lit doctrinal ressemblaient à un drap tissé trop étroit et incapable de chasser les froides vérités de la réalité.*
>
> *Les dirigeants avaient fait de nombreux ajustements, et maintenant il ne leur restait que peu d'options. La date de 1957 marquant le début de "cette génération", proposée par Schroeder, Klein et Suiter, semblait être un choix improbable. <u>Il y avait l'idée d'Albert Schroeder d'appliquer cette expression à la classe des "oints" (idée qui courait dans l'organisation depuis longtemps), et qui offrait certains</u>*

> *avantages—il y a toujours de nouvelles personnes (parfois assez jeunes) qui chaque année décident pour la première fois d'appartenir à la classe des "oints". Cela offrirait donc une extension de temps pratiquement illimitée pour l'enseignement de "cette génération".*
>
> *Il y avait une autre option. Ils pourraient reconnaître l'évidence historique plaçant la destruction de Jérusalem vingt ans plus tard que la date de la Société en 607 avant notre ère. Ainsi le Temps des Gentils se terminerait vers 1934 (si on se sert de leur interprétation des 2520 ans). Mais on avait accordé une telle importance à 1914, et comme je l'ai indiqué, une si grande partie de la superstructure doctrinale y était attachée, que cela semblait être une mesure peu probable.* [289]»

Il semble donc que la Tour de Garde de 2008 ait finalement entériné la position défendue par Albert Schroeder, membre du Collège dirigeant de 1974 à 2006.

On perçoit néanmoins la fragilité de la position d'Albert Schroeder, telle que formulée en 2008 : elle exigeait de préciser, régulièrement, ce qu'on entendait par Collège dirigeant « *vivant à un moment donné* ».

A titre d'exemple, supposons qu'en 2008, le nombre des membres du Collège dirigeant s'élevait à 8. En l'espace de 4 ans (2012), 3 anciens membres ont été remplacés, pour une raison quelconque, puis, 1 an plus tard (2013), 2 autres membres ont été cooptés au sein du Collège dirigeant. Au total, sur 5 ans, un renouvèlement de plus de la moitié du Collège est intervenu.

Pouvait-on affirmer que le Collège dirigeant de 2013 constituait la même « *génération* » que celle de 2008, au sens où l'entend Matthieu

---

[289] Raymond Franz, Crise De Conscience, p 313

24 : 34 ? En d'autres termes, la modification substantielle du Collège dirigeant en 2013 entrainerait-elle automatiquement un recomptage de la « *génération* » à partir de cette date ?

Devançant les difficultés de sa propre doctrine, la Société Watch Tower adopta, en 2010, une nouvelle et audacieuse position sur la question : elle considéra que la « *génération* » de Matthieu 24 :34 pouvait consister en deux « *générations* » qui se chevauchent, formant ainsi deux vies en une ou deux témoins en un… :

> « *13 [...]* <u>*Prenons le cas de notre compréhension de l'expression de Jésus : " cette génération "*</u>. *(Lire Matthieu 24:32-34.) À quelle génération Jésus faisait-il allusion ? L'article " La présence de Christ : que signifie-t-elle pour vous* ? " a expliqué que Jésus ne parlait pas des méchants, mais de ses disciples, qui allaient sous peut-être oints d'esprit saint. Ce seraient les disciples oints de Jésus, que ce soit au Ier siècle ou à notre époque, qui verraient le signe et en discerneraient la signification, à savoir que Jésus est " proche, aux portes ".*
>
> *14 Qu'implique pour nous cette explication ? Même s'il n'est pas possible de déterminer la durée exacte de " cette génération ", quelques indices méritent notre attention.* <u>*Le mot " génération " peut désigner des personnes d'âges différents qui sont contemporaines les unes des autres pendant un certain temps ; la période que cela sous-entend n'est pas extrêmement longue*</u> *; elle aura bel et bien une fin (Ex. 1:6). Par conséquent, comment faut-il comprendre la remarque que Jésus a faite à propos de " cette génération " ? Manifestement, Jésus voulait dire que les disciples oints qui étaient présents quand le signe a commencé à devenir visible en 1914 seraient pendant un temps contemporains d'autres disciples oints qui, eux, verraient le début de la grande tribulation. Cette génération a eu un commencement et elle prendra forcément fin un jour. L'accomplissement des différents éléments du signe indique clairement que la tribulation doit être proche. En restant*

conscients que le temps presse et en veillant, nous montrons que nous prenons bonne note des éclaircissements spirituels et que nous suivons la direction de l'esprit saint. — Marc 13:37.[290] »

L'arnaque[291] de 2010 devint encore plus claire en 2014 :

« *Dans sa prophétie détaillée sur l'achèvement de ce système de choses, Jésus a dit : « Cette génération ne passera pas que toutes ces choses n'arrivent » (lire Matthieu 24:33-35).* <u>*Nous comprenons que « cette génération » se compose de deux groupes de chrétiens oints. Le premier a connu 1914 et a facilement discerné le signe de la présence du Christ cette année-là.*</u> *Ceux qui constituaient ce groupe n'étaient pas seulement vivants en 1914, ils avaient été oints de l'esprit en tant que fils de Dieu cette année-là ou avant (Rom. 8:14-17).*

16 <u>*Le second groupe est formé des chrétiens oints qui ont été contemporains de ceux du premier groupe.*</u> *Ils ont non seulement vécu en même temps que des membres du premier groupe, mais ils ont aussi été oints d'esprit saint quand les premiers étaient encore sur la terre.* <u>*Donc, « cette génération » dont a parlé Jésus ne comprend pas tous les oints actuellement sur la terre.*</u> *Aujourd'hui, ceux qui composent le second groupe prennent de l'âge.* <u>*Les paroles de Jésus rapportées en Matthieu 24:34 nous donnent néanmoins l'assurance qu'au moins quelques membres de « cette génération ne passer[ont] pas » avant d'avoir vu le début de la grande tribulation.*</u> *Cela devrait renforcer notre conviction qu'il reste peu de temps avant que le Roi du Royaume de Dieu élimine les méchants et instaure un monde nouveau juste (2 Pierre 3:13).* [292]»

---

[290] La Tour de Garde, 15 avril 2010, p 10-11
[291] La « *génération* » (au singulier) de Matthieu 24 :34 devint « *génération[s]* »…
[292] La Tour de Garde, 15 janvier 2014, p 31

Il est manifeste que la Société Watch Tower n'a toujours pas su expliquer **simplement, clairement et définitivement** ce qu'est la « *génération* » de Matthieu 24 : 34, outre le fait de s'être gravement fourvoyée dans ses prédictions irresponsables.

A ce stade, rappelons nos deux hypothèses originelles : Si « *la génération* » composant « *l'esclave fidèle et avisé* » « *passe* » sans « *que toutes ces choses n'arrivent*», alors soit les temps de la fin n'ont toujours pas commencé, soit « *l'esclave fidèle et avisé* » n'est pas une prophétie, cette dernière hypothèse emportant nécessairement l'idée que le Collège dirigeant, tel qu'identifié par les Témoins de Jéhovah, n'a jamais été « *l'esclave fidèle et avisé* » (**Mat 24 :48-51**) de Dieu.

Les errements risibles de la Société Watch Tower permettent de rassurer le lecteur sur la véracité de la seconde hypothèse, du moins.

<u>Cinquièmement</u>, le Collège dirigeant des Témoins de Jéhovah reconnut, lui-même, qu'il n'était ni « inspiré » ni infaillible :

> « *<u>Le Collège central n'est ni inspiré ni infaillible</u>. Il peut donc se tromper sur des questions doctrinales ou d'organisation. D'ailleurs, l'Index des publications des Témoins de Jéhovah contient l'entrée « Compréhensions affinées », qui liste les modifications apportées à notre compréhension biblique depuis 1870.* [293] »

S'il est constant que la perfection n'est pas de ce monde, on sait toutefois qu'un homme ou une entité qui se trompe *tout le temps* est indigne de confiance.

---

[293] La Tour de Garde, Février 2017, p 26

Or, le Collège dirigeant des Témoins de Jéhovah s'est trompé sur tout, et tout le temps.

La liste de ses errements serait longue à énumérer : l'identité de Christ ; la place du chant dans le culte divin ; la divinité de Jésus ; la parousie ; Armageddon ; la pyramidologie ; la double espérance ; la « *Cour des Gentils* »[294] ; les « *types* » - « *antitypes* » ; la place des femmes dans le fonctionnement de l'église ; une *Traduction du Monde Nouveau* manifestement et irrémédiablement corrompue ; l'existence d'un prétendu « *serviteur fidèle et avisé* » ; l'existence d'un Collège dirigeant ; la « génération » de Matthieu 23 : 34 ; etc.

Compte tenu du bilan calamiteux de la Société Watch Tower, sur quel fondement continue-t-elle d'exiger une obéissance aveugle à ses directives ?

> « *Il est donc capital de cultiver dès maintenant l'habitude d'obéir spontanément à toute instruction émanant de Jéhovah par l'intermédiaire de sa Parole ou de son organisation.* [295]»

> « *Aujourd'hui encore, <u>un Collège central</u>, constitué de chrétiens oints de l'esprit,* [...] *Il édite des publications stimulantes en de nombreuses langues. <u>La nourriture spirituelle qu'elles contiennent est fondée sur la Parole de Dieu. Ce qui est enseigné vient donc de Jéhovah, et non des hommes.</u>*[296] »

> « *À ce moment-là, les directives vitales que vous recevrez de l'organisation de Jéhovah ne vous paraîtront peut-être pas judicieuses du point de vue humain. <u>Mais nous devrons tous être disposés à obéir</u>*

---

[294] Cf. Chapitre 5
[295] Adorez le seul vrai Dieu, édition de 2002, page 59
[296] La Tour de Garde, 15 septembre 2010, p 13

<u>à toute instruction que nous recevrons, qu'elle semble ou non rationnelle du point de vue stratégique ou humain.</u> [297] »

« *Si nous voulons être <u>personnellement approuvés et bénis par Jéhovah</u>, nous devons soutenir son organisation <u>et accepter les nouvelles compréhensions des Écritures</u>* [298] ».

« *[...] Considères-tu que ces instructions viennent de Dieu ?* [299] » ;

« <u>Le Collège central est aidé par l'esprit saint</u>. *L'esprit saint l'aide à comprendre des vérités bibliques qui n'étaient pas comprises avant. Par exemple, regarde la liste des « Compréhensions affinées ». <u>Aucun humain n'aurait pu comprendre et expliquer ces « choses profondes de Dieu » tout seul !</u>* [300] »

En résumé, la raison pour laquelle on ne peut raisonnablement croire en l'existence d'un Collège dirigeant, tel que l'entend la Société Watch Tower, réside dans l'argumentaire même fourni par les Témoins de Jéhovah sur cette doctrine insaisissable !

---

[297] La Tour de Garde, 15 novembre 2013, p 20
[298] La Tour de Garde, 15 mai 2014, p 29
[299] La Tour de Garde, mars 2016, p 21
[300] La Tour de Garde, février 2017, p 24

Chapitre 5 : Un double état de désespérance

La Société Watch Tower est très certainement le seul groupe religieux, dit « *chrétien* », à professer l'existence de deux espérances pour les humains :

- A un petit nombre d'hommes et des femmes, est réservé le privilège d'aller vivre au ciel, au moment de l'expiration du dernier souffle, et d'aller rejoindre leurs trônes célestes. Leur nombre est circonscrit à 144 000 ;
- Le reste des fidèles a vocation à vivre sur la terre, après la bataille d'Armageddon, sur une terre transformée en « *jardin d'Eden* » ou « *paradis* » pendant 1 000 ans.

Au terme des 1 000 ans, Satan, initialement emprisonné pendant le règne millénaire de Jésus, sera momentanément libéré de sa prison pour tenter à nouveau les fidèles témoins de Jéhovah, ayant traversé vivant Armageddon, et le groupe des ressuscités[301].

Au terme de la dernière tentation de Satan[302], plusieurs témoins de Jéhovah[303] qui succomberont à la tentation (« *leur nombre est comme le*

---

[301] Selon les Témoins de Jéhovah, les ressuscités, pendant les 1 000 ans du règne de Jésus, se scindent en deux classes : ceux qui sont morts fidèles à « *l'enseignement de Jéhovah* » et ceux qui n'ont jamais entendu parler de Jéhovah par un témoin de Jéhovah, du fait de sa localisation géographique (Un pygmée en forêt équatorial par exemple) ou de sa situation personnelle (Un malade par exemple, sortant peu, voir jamais ; un mort-né ; etc.). La première classe constitue « les justes » et la seconde catégorie « les injustes », en référence au livre d' Actes 24 :15.
[302] Les Témoins de Jéhovah l'appellent « *l'épreuve finale* ».
[303] Précisons qu'à la fin des 1 000 ans, selon l'enseignement officiel des Témoins de Jéhovah, seuls les témoins de Jéhovah baptisés, mais infidèles, mourront. Tous « les

sable de la mer ») seront tués par Jésus, en sa qualité de Michaël l'archange (**Rév 20 :7,8**). Cette situation correspond, selon la Société Watch Tower, à la « *seconde mort* » (**Rév 20 :6 ; Rév 21 :8**).

Cet enseignement a traversé de nombreuses zones de turbulence.

Retraçons brièvement son évolution.

1. L'évolution de la doctrine

Charles Russell et les Etudiants de la Bible croyaient en l'espérance céleste.

Ils considéraient que tous les chrétiens sincères iraient vivre au ciel. Il y aurait toutefois une distinction entre les 144 000 oints et la « grande foule ». Aux premiers, seraient réservés le privilège de régner avec Jésus en qualité de rois ; les seconds adoreraient Dieu, autour du trône[304], au ciel.

Joseph Rutherford maintint cet enseignement jusqu'en 1935.

Les années trente placèrent toutefois Joseph Rutherford au pied du mur.

D'une part, il devait expliquer la raison pour laquelle le nombre des oints ne cessaient d'augmenter, par l'effet du colportage, depuis Charles Russell jusqu'à son époque, alors même que ce nombre était circonscrit à 144 000 membres, selon le livre de la Révélation.

---

injustes » (deuxième classe des ressuscités) refusant de devenir « Témoin de Jéhovah » seront rapidement tués si leur entêtement à l'évangélisation perdure.
[304] L'Aurore du Millénium, 1890, volume 3, pp. 305-8

Les hypothèses qui se présentèrent à lui peuvent se résumer de la sorte :

- ✓ Si les 144 000 oints étaient recrutés en même temps que les membres de la grande foule, à partir de l'ère apostolique, on pouvait imaginer que la classe par défaut de chaque nouveau chrétien soit, dans un premier temps, celle de la grande foule.

   La classe des oints serait donc une classe résiduelle et difficilement accessible.

   Ainsi, seul 10 % ou moins d'une génération des chrétiens, entre l'époque apostolique et Charles Russell, pouvait appartenir à la classe des oints.

- ✓ A l'inverse, partant de l'hypothèse précédente, on pouvait aussi imaginer que la classe par défaut de chaque nouveau chrétien soit celle des oints, compte tenu de sa faiblesse numérique.

   Auquel cas, le recrutement des oints serait prioritaire par rapport au membre de la grande foule.

- ✓ Si les 144 000 oints étaient recrutés en même temps que les membres de la grande foule, à partir du premier fidèle connu (Abel), on pouvait concevoir que le recrutement de la classe des oints soit prioritaire (application de la deuxième hypothèse précitée) ou non prioritaire (application de la première hypothèse).

Il convient de garder à l'esprit que les Témoins de Jéhovah prophétisaient l'imminence de la parousie et qu'ils excluaient du recrutement de la classe des oints les fidèles ayant vécu avant le ministère terrestre de Jésus-Christ.

La troisième hypothèse était donc exclue de l'équation.

La deuxième hypothèse impliquait nécessairement qu'il ne pouvait plus y avoir des oints à l'époque de Charles Russell, compte tenu du nombre des chrétiens ayant vécu entre le Ier et le XIXe siècles.

Or, tant Charles Russell que Joseph Rutherford se considéraient comme faisant partie de la classe des oints…

La deuxième hypothèse ne pouvait donc faire long feu.

Seule la première hypothèse pouvait concorder avec l'approche des Témoins de Jéhovah et justifier, au passage, l'inclusion de ces deux hommes dans ce fameux cénacle d'élus.

Cette hypothèse rendait toutefois inconcevable que le recrutement des oints, aussi minimaliste soit-il, s'étende à l'infini, eu égard au nombre des oints choisis depuis le Ier siècle et l'imminence de la parousie.

C'est dans ce cadre que Joseph Rutherford annonça, de manière alambiquée, la fin du recrutement de la classe des oints :

> « *Les faits en harmonie avec et donc en accomplissement de la parabole prophétique montrent <u>qu'en 1931</u>, ... tous ceux qui avaient l'amour du Christ étaient ravis de savoir que <u>les derniers entrant dans le service</u> devaient partager cet honneur également avec <u>ceux qui avaient été longtemps au service</u>. Les oints qui continuent à maintenir leur*

intégrité envers Dieu partageront cet honneur, et personne d'autre ne pourrait l'avoir [305]»

D'autre part, puisque le livre de la Révélation se conclue sur une image où Jésus est présent sur la terre avec les humains, il convenait donc d'expliquer à la fois la présence des oints sur des trônes célestes et des humains sur la terre…avec Jésus.

Joseph Rutherford procéda par induction, en considérant avant tout, contrairement aux idées reçues de son prédécesseur, que la « *grande foule* » de Révélation 7 :9 n'était pas une « *classe spirituelle secondaire* » composée des millions de chrétiens censés vivre au ciel et adorer Dieu autour de son saint trône.

La grande foule correspondrait plutôt, selon lui, aux « *brebis* » de Matthieu 25 :32-40 ou à la « *classe de Jonadabs*[306] » de 2 Rois 10[307].

Sous Joseph Rutherford, il n'eut aucun autre développement.

Pressentant la gêne de cette explication, il fallait notamment fourmiller d'explication sur la présence de la grande foule autour du trône.

Il est vraisemblable que tant la nouvelle doctrine de 1935 que ses développements postérieurs soient le fait de Freddie Franz.

En effet, sous le tandem Nathan Knorr – Freddie Franz, ce dernier reprît cette idée et insista, à des multiples reprises, sur la prétendue

---

[305] La Tour de Garde, Décembre 1931, p 356-357
[306] Il s'agissait d'une expression en vogue jusque sous la présidence de Milton Henschell. Elle tomba ensuite en désuétude, les Témoins de Jéhovah recourant désormais uniquement à l'expression la « *grande foule* » ou « *les autres brebis* » (**Jean 10 :16**).
[307] Jehovah's Witnesses in the Divine Purpose, 1959, p 40

différence de lieu où la « grande foule » rendrait à Dieu un service sacré.

C'est ainsi qu'il fut même précisé que le lieu où l'apôtre Jean vu la « *grande foule* » se tenir debout, en Révélation 7 :9, correspondait à la « *Cour des Gentils* », construit par le roi Hérode :

> « *L'orateur a ensuite montré que ces fils de Dieu engendrés de l'esprit, en tant qu'"Israélites spirituels ", n'étaient pas les seuls à servir dans le temple de Jéhovah aujourd'hui. Des gens de toutes sortes sont invités à venir servir dans ce temple, comme la Bible l'avait prédit. (Is. 2:2, 3 ; Rév. 7:9, 15.) Ceux qui répondent ont le privilège d'adorer Jéhovah <u>dans la cour non sacerdotale</u>, comparable à la " cour des Gentils " du temple construit par le roi Hérode.[308]* »

> « *Cette belle vision présente la « grande foule » internationale comme servant Jéhovah dans son temple, c'est-à-dire <u>dans les cours terrestres réservées à ceux qui ne sont pas des Israélites spirituels</u>, pour ainsi dire dans la « cour des Gentils »* »[309][310].

> « *Une " grande foule d'autres adorateurs de Jéhovah " rendent un service sacré [à Dieu] " dans ce qui était représenté par la cour des Gentils au temple reconstruit par Hérode.*[311] »

> « *Ceux qui composent cette « grande foule » ne sont pas décrits en des termes qui les identifient comme des sous-prêtres. <u>Il faut donc comprendre qu'ils se tenaient dans ce qui était représenté par la cour</u>*

---

[308] La Tour de Garde, 1ᵉʳ janvier 1972, p 607
[309] La Tour de Garde, 1ᵉʳ décembre 1972, p 722
[310] La Tour de Garde, 15 mai 1979, p 16
[311] La Tour de Garde, 15 janvier 1993, p 25

des Gentils, une caractéristique particulière du temple reconstruit par Hérode. ³¹²»

Puis, en 1996, la Tour de Garde et l'encyclopédie officielle des Témoins de Jéhovah (**Etudes Perspicaces des Ecritures, Vol 1 et 2**), préfèrent une formule hypothétique au caractère affirmatif :

« *Comme prédit, la grande foule « adore [Dieu] jour et nuit dans son temple ». (Révélation 7:15, note de bas de page.) Puisqu'ils ne sont pas des Israélites spirituels et sacerdotaux, Jean les a probablement vus debout dans le temple dans la cour extérieure des Gentils.*³¹³ »

L'année 1998 marqua l'abandon de cette vaine spéculation, pourtant naguère considérée comme une « *vérité profonde* » :

« *La grande foule adore avec des chrétiens oints dans la cour terrestre du grand temple spirituel de Jéhovah.* (**Révélation 7:14, 15 ; 11:2.**) *Il n'y a aucune raison de conclure qu'ils sont dans une « Cour des Gentils » séparée.* ³¹⁴»

En résumé, les 144 000 oints forment la seule et unique classe devant vivre et régner au ciel. La grande foule adorera Dieu autour du trône, l'expression « *autour du trône* » renvoyant, selon les Témoins de Jéhovah, à la partie extérieure de la Cour du Temple spirituel de Dieu, à savoir…la terre.

2. <u>Les difficultés de la « double espérance »</u>

La thèse développée par la Société Watch Tower ne peut convaincre pour au moins trois raisons.

---

[312] Etudes Perspicaces des Ecritures, Vol 2, p 1081
[313] La Tour de Garde, 1ᵉʳ juillet 1996, p 20
[314] La Tour de Garde, 1ᵉʳ février 1998, p 21

Premièrement, cette doctrine ne fut découverte et adoptée…qu'en 1935, pour des raisons circonstancielles, rappelées ci-avant.

L'explication de Joseph Rutherford, puis de Freddie Franz, est absolument inédite dans le paysage chrétien.

Eu égard à la personnalité de Joseph Rutherford, à l'étrangeté de ses positions doctrinales, sans omettre le caractère purement blasphématoire de certaines d'entre elles spécifiquement, on peine à imaginer la raison pour laquelle Dieu lui aurait accordé un tel privilège, si tant est qu'Il ait continué de parler aux humains postérieurement à la complétude de la Bible…

Deuxièmement, aucun texte du Nouveau Testament ne fait clairement apparaitre la distinction entre la classe de ceux qui vivront au ciel concurremment à celle qui vivra sur la terre.

Nulle part l'on voit Jésus, les apôtres (Paul, Pierre et Jean) ou les disciples (Jacques et Jude) ou encore l'évangéliste Luc indiquer que l'accès au ciel n'est réservé qu'à un petit nombre d'individus, le reste des fidèles devant vivre sur la terre.

Troisièmement, cet enseignement se heurterait frontalement (i) au dessein de Dieu, souhaitant réunir toute chose en Jésus, (ii) à l'unité intrinsèque, indissociable et indivisible du troupeau de Dieu, conformément aux textes suivants :

> « *En lui Dieu nous a élus avant la fondation du monde, pour que nous soyons saints et irrépréhensibles devant lui, <u>nous ayant prédestinés dans son amour à être ses enfants d'adoption par Jésus Christ, selon le bon plaisir de sa volonté,</u>* [...] <u>*nous faisant connaître le mystère de sa volonté, selon le bienveillant dessein qu'il avait formé en lui-même,*</u> *pour le mettre à exécution lorsque les temps seraient*

accomplis, de réunir toutes choses en Christ, celles qui sont dans les cieux et celles qui sont sur la terre. En lui nous sommes aussi devenus héritiers, ayant été prédestinés suivant la résolution de celui qui opère toutes choses d'après le conseil de sa volonté, afin que nous servions à la louange de sa gloire, nous qui d'avance avons espéré en Christ.

En lui vous aussi, après avoir entendu la parole de la vérité, l'Évangile de votre salut, en lui vous avez cru et vous avez été scellés du Saint Esprit qui avait été promis, lequel est un gage de notre héritage, pour la rédemption de ceux que Dieu s'est acquis, à la louange de sa gloire. » (**Eph 1 :4, 9-14, LS**) ;

« *Je connais mes brebis, et elles me connaissent, comme le Père me connaît et comme je connais le Père; et je donne ma vie pour mes brebis. J'ai encore d'autres brebis, qui ne sont pas de cette bergerie; celles-là, il faut que je les amène; elles entendront ma voix, et il y aura un seul troupeau, un seul berger.* » (**Jean 10 :14-16, LS**).

« *Tous ceux que le Père me donne viendront à moi, et je ne mettrai pas dehors celui qui vient à moi; car je suis descendu du ciel pour faire, non ma volonté, mais la volonté de celui qui m'a envoyé. Or, la volonté de celui qui m'a envoyé, c'est que je ne perde rien de tout ce qu'il m'a donné, mais que je le ressuscite au dernier jour. La volonté de mon Père, c'est que quiconque voit le Fils et croit en lui ait la vie éternelle; et je le ressusciterai au dernier jour.* » (**Jean 6 : 37-40, LS**)

« *Mais vous, ne vous faites pas appeler Rabbi; car un seul est votre Maître, et vous êtes tous frères.* » (***Mat 23 :8***) ;

« *En vérité, en vérité, je vous le dis, celui qui écoute ma parole, et qui croit à celui qui m'a envoyé, a la vie éternelle et ne vient point en jugement, mais il est passé de la mort à la vie. En vérité, en vérité, je vous le dis, l'heure vient, et elle est déjà venue, où les morts entendront* *la voix du Fils de Dieu; et ceux qui l'auront entendue vivront. Car, comme le Père a la vie en lui-même, ainsi il a donné au Fils d'avoir la vie en lui-même. Et il lui a donné le pouvoir de juger, parce qu'il est Fils de l'homme. Ne vous étonnez pas de cela; <u>car l'heure vient où tous ceux qui sont dans les sépulcres entendront sa voix, et en sortiront. Ceux qui auront fait le bien ressusciteront pour la vie</u>, mais ceux qui auront fait le mal ressusciteront pour le jugement. »* **(Jean 5 : 24-29)**.

« Il y a plusieurs demeures dans la maison de mon Père. Si cela n'était pas, je vous l'aurais dit. <u>Je vais vous préparer une place</u>. Et, lorsque je m'en serai allé, et que je vous aurai préparé une place, je reviendrai, <u>et je vous prendrai avec moi, afin que là où je suis vous y soyez aussi</u>. » **(Jean 14 : 2,3)**

« <u>Nous</u> ne voulons pas, <u>frères</u>, que vous soyez dans l'ignorance <u>au sujet de ceux qui dorment</u>, afin que <u>vous ne vous affligiez pas comme les autres qui n'ont point d'espérance</u>. Car, si nous croyons que Jésus est mort et qu'il est ressuscité, <u>croyons aussi que Dieu ramènera par Jésus et avec lui ceux qui sont morts</u>. Voici, en effet, ce que nous vous déclarons d'après la parole du Seigneur: <u>nous les vivants</u>, restés pour l'avènement du Seigneur, <u>nous ne devancerons pas ceux qui sont morts</u>. Car le Seigneur lui-même, à un signal donné, à la voix d'un archange, et au son de la trompette de Dieu, descendra du ciel, et les morts en Christ ressusciteront premièrement. Ensuite, nous les vivants, qui seront restés, nous serons tous ensemble enlevés avec eux sur des nuées, à la rencontre du Seigneur dans les airs, <u>et ainsi nous serons toujours avec le Seigneur. Consolez-vous donc les uns les autres par ces paroles</u>. » **(1 Thé 4 : 13-18)**.

« <u>C'est dans la foi qu'ils sont tous morts, sans avoir obtenu les choses promises; mais ils les ont vues et saluées de loin, reconnaissant qu'ils étaient étrangers</u> et voyageurs sur la terre. <u>Ceux qui parlent ainsi</u>

montrent qu'ils cherchent une patrie. S'ils avaient eu en vue celle d'où ils étaient sortis, ils auraient eu le temps d'y retourner. *Mais maintenant ils en désirent une meilleure, c'est-à-dire une céleste. C'est pourquoi Dieu n'a pas honte d'être appelé leur Dieu, car il leur a préparé une cité.* C'est par la foi qu'Abraham offrit Isaac, lorsqu'il fut mis à l'épreuve, et qu'il offrit son fils unique, lui qui avait reçu les promesses, et à qui il avait été dit: En Isaac sera nommée pour toi une postérité. Il pensait que Dieu est puissant, même pour ressusciter les morts; aussi le recouvra-t-il par une sorte de résurrection. [...] *tous ceux-là, à la foi desquels il a été rendu témoignage, n'ont pas obtenu ce qui leur était promis, Dieu ayant en vue quelque chose de meilleur pour nous, afin qu'ils ne parvinssent pas sans nous à la perfection.* » (**Heb 11 : 13-19, 38,39**).

« *Mais notre cité à nous est dans les cieux, d'où nous attendons aussi comme Sauveur le Seigneur Jésus Chris* » (**Phil 3 :20**)

« *Et je vis des trônes; et à ceux qui s'y assirent fut donné le pouvoir de juger. Et je vis les âmes de ceux qui avaient été décapités* à cause du témoignage de Jésus et à cause de la parole de Dieu, et de ceux qui n'avaient pas adoré la bête ni son image, et qui n'avaient pas reçu la marque sur leur front et sur leur main. *Ils revinrent à la vie, et ils régnèrent avec Christ pendant mille ans. Les autres morts ne revinrent point à la vie jusqu'à ce que les mille ans fussent accomplis. C'est la première résurrection.* Heureux et saints *ceux qui ont part à la première résurrection!* La seconde mort n'a point de pouvoir sur eux; mais *ils seront sacrificateurs de Dieu et de Christ, et ils régneront avec lui pendant mille ans.* » (**Rév 20 :4-6**)

« Puis je vis *un nouveau ciel* et *une nouvelle terre;* car le premier ciel et la première terre avaient disparu, et la mer n'était plus. *Et je vis descendre du ciel, d'auprès de Dieu, la ville sainte, la nouvelle Jérusalem,* préparée comme une épouse qui s'est parée pour son époux.

Et j'entendis du trône une forte voix qui disait: Voici le tabernacle de Dieu avec les hommes! <u>Il habitera avec eux, et ils seront son peuple, et Dieu lui-même sera avec eux</u>. Il essuiera toute larme de leurs yeux, et la mort ne sera plus, et il n'y aura plus ni deuil, ni cri, ni douleur, car les premières choses ont disparu. Et celui qui était assis sur le trône dit: Voici, je fais toutes choses nouvelles. Et il dit: Écris; car ces paroles sont certaines et véritables. Et il me dit: C'est fait! Je suis l'alpha et l'oméga, le commencement et la fin. A celui qui a soif je donnerai de la source de l'eau de la vie, gratuitement. <u>Celui qui vaincra héritera ces choses; je serai son Dieu, et il sera mon fils</u>. » **(Rév 21 : 1-7)**

« *Il n'y aura plus d'anathème. <u>Le trône de Dieu et de l'agneau sera dans la ville; ses serviteurs le serviront et verront sa face</u>, et son nom sera sur leurs fronts.* » **(Rév 22 : 3,4)**.

Chapitre 6 : Vive le sang, vive la mort !

Les Témoins de Jéhovah sont probablement la seule entité religieuse connue à proscrire toute utilisation sanguine dans les soins médicaux devant être administrés aux fidèles.

Le refus de toute transfusion sanguine est une des doctrines des plus effroyables de la Société Watch Tower.

Revenons, dans un premier temps, sur son évolution.

1. L'évolution de la doctrine

Dans un premier temps, l'usage du sang fut salué positivement par la Société Watch Tower.

Charles Russell, s'exprimant sur le premier concile apostolique, en Actes 15, indiquait que la conclusion des apôtres n'avait pas vocation à replacer les Gentils sous la loi mosaïque, mais avait simplement pour objectif d'éviter que ces derniers ne soient une cause de perplexité pour les juifs chrétiens :

> « *On remarquera que rien n'est dit sur le respect des dix commandements, ni sur aucune partie de la loi juive. Il était évidemment tenu pour acquis qu'ayant reçu l'esprit du Christ, la nouvelle loi d'amour serait pour eux une règle générale. Les choses mentionnées étaient simplement pour éviter de trébucher ou de devenir des pierres d'achoppement pour les autres.*[315] »

---

[315] La Tour de Garde, 15 novembre 1892, « Le Conseil apostolique ».

> « *Une pensée similaire s'attache à l'interdiction de l'usage du sang. Pour le Juif, c'était interdit, et sous son alliance, c'était devenu un symbole de vie - y participer impliquerait la responsabilité de la vie prise. De plus, dans les cérémonies typiques de la Loi, le sang interdit était utilisé comme symbole représentant l'offrande pour le péché ; car par le sang l'expiation des péchés a été effectuée. Pour souligner ces leçons topiques, il avait été interdit au Juif d'utiliser du sang. Et il peut y avoir d'autres raisons, sanitaires, liées à la question, qui ne nous sont pas encore connues.*
>
> <u>*Ces interdictions n'étaient jamais venues aux Gentils*</u>, *parce qu'ils n'avaient jamais été sous l'Alliance de la Loi ;* <u>*mais les idées juives étaient si profondément enracinées à ce sujet qu'il était nécessaire pour la paix de l'Église que les Gentils observent également cette question.*</u> *Les choses étranglées signifiaient des animaux pris dans des pièges, dont le sang n'était pas versé ou drainé par une saignée à mort, comme la loi juive l'exigeait pour toutes les viandes qui devaient être consommées.* <u>*Cette restriction était nécessaire à l'harmonie entre les deux branches de l'Israël spirituel, celle qui venait du judaïsme et celle qui venait du Gentils.*</u>
>
> <u>*S'ils ne voulaient pas être controversés et provoquer des divisions dans l'Église, les frères Gentils seraient sûrement disposés à restreindre ou à sacrifier leur liberté en ce qui concerne ces questions.*</u> [316] »

Joseph Rutherford manifestait son enthousiasme concernant l'usage du sang :

> « *Une difficulté sérieuse qui a été surmontée dans l'utilisation du contreplaqué pour la construction d'avions était la fabrication à partir de sang d'une colle qui résistera à n'importe quelle quantité d'humidité*

---

[316] La Tour de Garde, 15 avril 1909, pp. 116–117

> *sans se laisser aller.... Dans ce contreplaqué, plus solide que l'acier, nous avons une illustration de la façon dont le Seigneur peut prendre des personnages, faibles en eux-mêmes, et les entourer d'une telle influence et les fortifier ainsi par ses promesses pour les rendre « puissants par Dieu pour abattre fortes prises » de l'erreur et du péché.[317] »*

> *« Craignant la mort de l'enfant, la femme s'est délibérément coupée les bras et la poitrine avec le verre du pare-brise pour fournir du sang afin de maintenir l'enfant en vie pendant les nuits froides. L'enfant guérira, mais l'héroïne devrait mourir.[318] »*

Joseph Rutherford félicita publiquement un donneur d'avoir fait 45 fois don de son sang sans contrepartie financière[319].

Dans sa brochure *Consolation*, Joseph Rutherford s'extasia sur les joyaux de la transfusion sanguine pratiquée sur une femme s'étant tirée accidentellement une balle :

> *« L'un des médecins traitants de la grande urgence a donné un litre de son propre sang pour transfusion, et aujourd'hui la femme vit et sourit gaiement de ce qui lui est arrivé au cours des 23 minutes les plus chargées de sa vie.[320] »*

La modification doctrinale intervint toutefois sous Nathan Knorr.

En 1944, il déclara, sans grande explication, que les décrets contenus dans Genèse 9: 4 et Lévitique 17: 10-14, interdisant de manger ou de boire du sang, « *par transfusion ou par voie buccale*»,

---

[317] L'Age d'Or, 15 octobre 1919, « Fabrication et exploitation minière »
[318] L'Age d'Or, 17 novembre 1924, p 163
[319] L'Age d'Or, 25 juillet 1925, p 683
[320] Consolation, 25 décembre 1940, p19

s'appliquait « *d'une manière spirituelle aux personnes consacrées de bonne-volonté aujourd'hui, autrement connu sous le nom de «Jonadabs» des «autres brebis» du Seigneur*[321]».

Dans le même temps, la filiale des Pays-Bas émit le commentaire suivant :

> « *Lorsque nous perdons la vie parce que nous refusons les vaccins, cela ne peut être rattaché à Jéhovah. Dieu n'a jamais émis de règlements interdisant l'utilisation de médicaments, d'inoculations ou de transfusions sanguines. <u>C'est une invention de gens qui, comme les pharisiens, laissent de côté la miséricorde et l'amour de Jéhovah.</u>*[322] »

En 1945[323], la doctrine sur le sang s'appliquait désormais au sang intégral, qu'il soit allogénique[324] ou autologue[325].

En 1956, la doctrine sur le sang impliquait également le refus des fractions du sang[326][327].

En 1961, la doctrine sur le sang était érigée en un motif d'excommunication[328].

Dans une brochure éditée pour la circonstance, la Société Watch Tower joua sur la peur, en indiquant qu'« *accepter une transfusion*

---

[321] La Tour De Garde, 1er décembre 1944, p 362
[322] Vertroosting (Consolation), Septembre 1945 p. 29
[323] La Tour de Garde, 1er juillet 1945, p 198–201
[324] Le patient reçoit du sang issu d'un donneur volontaire
[325] Le donneur et le receveur sont la même personne.
[326] Reveillez-vous, 8 septembre 1956, p 20
[327] La Tour de Garde, 15 septembre 1961, p 558
[328] La Tour de Garde, 15 janvier 1961, p 33

sanguine peut entraîner la prolongation immédiate et très temporaire de la vie, mais au prix de la vie éternelle pour un chrétien dévoué.[329] »

En novembre de la même année, une première atténuation intervint, précisant qu'il était possible, au regard de sa conscience, d'accepter des traitements issus des fractions sanguines, notamment à des fins vaccinales[330].

En 1964, l'interdiction du sang s'étendît aux animaux de compagnie et aux engrais contenant des traces sanguines.
Il fut même encouragé d'obtenir la confirmation, auprès du producteur des croquettes, de l'absence de toute trace de sang…[331]

La même année, il fut indiqué que si les membres du personnel médical témoin de Jéhovah était libre d'administrer du sang aux non-témoins, ils ne pouvaient la pratiquer sur leur coreligionnaire[332].

En 1982, l'usage des sangsues fut banni[333].

En l'an 2000, il fut rappelé qu'un témoin de Jéhovah ne devait ni participer à des dons du sang ni stocker son sang à toutes fins quelconques[334].

En mai 2001, une révision générale sur la doctrine du sang intervint, laquelle s'en est suivie d'une modification des cartes

---

[329] Blood, Medicine, and the Law of God. Watch Tower Society, 1961, p. 54
[330] La Tour de Garde, 1er novembre 1961, p. 669–670
[331] La Tour de Garde, 15 février 1964, p. 127–128
[332] La Tour de Garde, 15 novembre 1964, p. 680–683
[333] La Tour de Garde, 15 juin 1982, p 31
[334] La Tour de Garde, 15 octobre 2000, p 30-31

nominatives « *Pas de Sang* » remises à chaque membre à partir de mai 2001.

Le 20 décembre 2001, les cartes distribuées furent détruites et ramenées aux anciens, en vue de leur remplacement.
Depuis lors, la doctrine sur le sang ne varia relativement pas.

2. <u>L'inanité de la doctrine</u>

La position doctrinale de la Société Watch Tower ne peut prospérer pour au moins cinq raisons.

<u>Premièrement</u>, deux de ses fondateurs soutinrent l'idée inverse.

On ne peut discréditer leur position pour une simple raison temporelle.

<u>Deuxièmement</u>, le caractère extrêmement récent de la doctrine (1944 !), dans le milieu chrétien, depuis la mort du dernier apôtre, ne peut qu'accroitre le doute sur la crédibilité et la robustesse d'une telle doctrine.

Pourquoi Dieu aurait laissé ses fidèles dans une coupable ignorance d'une doctrine aussi fondamentale et sacrée, pendant plusieurs millénaires après la mort de son Fils, pour ne la révéler qu'à Nathan Knorr et à Freddie Franz… ?

<u>Troisièmement</u>, tant le contexte que les propos de Jacques, en Actes 15, montrent clairement l'idée que l'abstention vis-à-vis du sang, faite aux gentils, n'était pas une obligation, mais seulement une recommandation afin de vivre en paix et en bonne intelligence avec les juifs chrétiens, fortement imprégnées des pratiques issues de la loi de Moïse :

«Lorsqu'ils eurent cessé de parler, <u>Jacques prit la parole</u>, et dit: Hommes frères, écoutez-moi! <u>Simon a raconté comment Dieu a d'abord jeté les regards sur les nations pour choisir du milieu d'elles un peuple qui portât son nom</u>. Et avec <u>cela s'accordent les paroles des prophètes</u>, selon qu'il est écrit: <u>Après cela, je reviendrai, et je relèverai de sa chute la tente de David</u>, J'en réparerai les ruines, et <u>je la redresserai</u>, <u>Afin que le reste des hommes cherche le Seigneur</u>, Ainsi que toutes les nations sur lesquelles mon nom est invoqué, Dit le Seigneur, qui fait ces choses, Et à qui elles sont connues de toute éternité.

<u>C'est pourquoi je suis d'avis qu'on ne crée pas des difficultés à ceux des païens qui se convertissent à Dieu</u>, mais qu'on leur écrive de s'abstenir des souillures des idoles, de l'impudicité, des animaux étouffés et du sang. <u>Car, depuis bien des générations, Moïse a dans chaque ville des gens qui le prêchent, puisqu'on le lit tous les jours de sabbat dans les synagogues</u>. Alors il parut bon aux apôtres et aux anciens, et à toute l'Église, de choisir parmi eux et d'envoyer à Antioche, avec Paul et Barsabas, Jude appelé Barnabas et Silas, hommes considérés entre les frères. Ils les chargèrent d'une lettre ainsi conçue: Les apôtres, les anciens, et les frères, aux frères d'entre les païens, qui sont à Antioche, en Syrie, et en Cilicie, salut! <u>Ayant appris que quelques hommes partis de chez nous, et auxquels nous n'avions donné aucun ordre, vous ont troublés par leurs discours</u> et ont ébranlé vos âmes, nous avons jugé à propos, après nous être réunis tous ensemble, de choisir des délégués et de vous les envoyer avec nos bien-aimés Barnabas et Paul, ces hommes qui ont exposé leur vie pour le nom de notre Seigneur Jésus Christ. Nous avons donc envoyé Jude et Silas, qui vous annonceront de leur bouche les mêmes choses. Car il a paru bon au Saint Esprit et à nous <u>de ne vous imposer d'autre charge que ce qui est nécessaire</u>, <u>savoir</u>, de vous abstenir des viandes sacrifiées aux idoles, du sang, des animaux étouffés, et de l'impudicité,

choses contre lesquelles vous vous trouverez bien de vous tenir en garde. Adieu. Eux donc, ayant pris congé de l'Église, allèrent à Antioche, où ils remirent la lettre à la multitude assemblée. Après l'avoir lue, les frères furent réjouis de l'encouragement qu'elle leur apportait. » (**Actes 15 :13-31**)

Dans un premier temps, Jacques constate la fin du monopole des juifs en matière de relation filiale avec Dieu. Cette relation exclusive, sur un fondement précaire (l'Alliance mosaïque), céda la place à une nouvelle relation inclusive, via une meilleure alliance (la Nouvelle alliance).

Toutefois, il constate également que très peu de juifs comprirent la portée de ce passage d'alliance et, manifestant tantôt une résistance, tantôt une simple incompréhension, obligeaient les frères d'origine Gentils de vivre selon les lois de Moïse.

Recherchant une concorde entre les deux camps, il fut donc demandé aux chrétiens d'origine gentils de ne retenir ou de ne considérer que les « *charges* » qui sont « *nécessaire[s]* » (**V28**) pour parvenir à une cohabitation pacifique.

L'expression « *nécessaire* » (**Cf. V21**) n'a strictement rien à voir avec le salut, car celui-ci ne dépend nullement des œuvres. Au demeurant, Jacques ne le prétend pas, d'autant plus qu'il indique qu'il est « *d'avis qu'on ne crée pas des difficultés à ceux des païens qui se convertissent à Dieu* », ce qui sous-entend que ses interlocuteurs étaient déjà membres de la Nouvelle alliance.

C'est d'ailleurs la raison pour laquelle les frères se réjouirent de recevoir « *cet encouragement* », car le concile apostolique ne les obligea pas à vivre sous la loi de Moïse, mais à tenir compte de quatre éléments qui seraient de nature à faciliter tout rapport avec les autres chrétiens d'origine juive.

Notons que les éléments considérés comme « *nécessaire* » par Jacques renvoient à trois types de pureté, soit la pureté spirituelle ou la prohibition de toute idolâtrie (« *s'abstenir des souillures des idoles* »), la pureté morale ou le rejet de toute impudicité (« *s'abstenir [...] de l'impudicité* ») et la pureté physique (« *s'abstenir [...] des animaux étouffés et du sang* »).

S'il est vrai que les deux premiers types de pureté sont « *nécessaires* » à l'établissement et au maintien de toute relation avec Dieu, le dernier type de pureté, eu égard aux éléments cités par Jacques, renvoyait spécifiquement aux lois cérémonielles liant uniquement les Hébreux et Dieu.

Si le gentil ou le juif, membre de la Nouvelle alliance, devait nécessairement ou inconditionnellement respecter les deux premiers types de pureté, le troisième type de pureté, d'ordre contractuel, pouvait intéresser le gentil s'il souhaitait vivre en « *bon intelligence* » avec son frère juif, ne serait-ce que pendant le temps utile à ce que ce dernier s'habitue à la caducité des lois cérémonielles.

On voit d'ailleurs que les éléments propres aux lois cérémonielles ne figurent pas dans la liste d'1 Corinthiens 6 : 9-11 et Ephésiens 5 : 3-6. Il est pourtant constant que la pratique des actes répréhensibles listés dans ces deux textes est incompatible avec une repentance authentique et le partage de la fraternité chrétienne.

Il en résulte qu'au regard des seuls éléments rappelés ci-dessus, aucun chrétien, juif ou gentil, ne peut être condamné pour avoir mangé, en soi, un aliment étouffé ou contenant du sang, car, la nourriture, en tant que tel, n'a aucun rapport avec notre relation avec Dieu (**Cf. Mat 12 :3,4 ; 1 Cor 6 :13 ; 8 : 8**).

Néanmoins, dans la mesure où le chrétien recherche la paix (**Rom 12 :8**), la favorise, ainsi que l'intérêt de son frère (**1 Cor 10 : 23-33**), il jugerait utile d'appliquer les recommandations des apôtres et des anciens de Jérusalem, formulée en la circonstance, peu important que ces recommandations concernent des « *charges* » temporelles (s'abstenir « *des viandes sacrifiées aux idoles, du sang, des animaux étouffés* ») ou des « *charges* » intemporelles (« *l'impudicité* »).

Se méprendre sur la portée et les limites des propos du disciple Jacques en Actes 15 peut conduire à des catastrophes doctrinales, comme celle pratiquées par les Témoins de Jéhovah.

Même si l'explication du texte rappelée ci-dessus n'est pas celle retenue par le lecteur, il n'en demeure pas moins que tous les chrétiens reconnaissent que le sang, dont il est fait référence en Actes 15, doit s'analyser dans son contexte culturel propre.

En effet, il s'agissait uniquement du sang des animaux, dont l'usage devait respecter les prescriptions de la loi mosaïque en matière de la sacralité de la vie. On ne peut étendre cet usage restrictif du sang aux humains, car il n'existe aucun texte, dans les lois de Moïse, faisant interdiction d'user du sang humain à des fins médicales.

On ne peut pas se contenter d'isoler des expressions, comme le font les Témoins de Jéhovah en l'espèce (ex. « *s'abstenir de* »), pour les absolutiser et les appliquer à des situations autres que celles spécifiquement visées par les Ecritures.

Une telle attitude est condamnable, surtout lorsqu'elle implique des tiers, comme l'a d'ailleurs adroitement rappelé la filiale des Pays-Bas en 1945…

La méthode est similaire à ce que Raymond Franz pointa du doigt dans son livre *Crise de Conscience* :

> « *Une dernière raison pour laquelle la Bible ne jouait pas un grand rôle dans de telles discussions, c'est que dans bien des cas, la Bible elle-même était muette sur de tels sujets.*
>
> *Pour citer des exemples précis, la discussion pouvait avoir pour objet de décider si on pouvait considérer qu'une injection de sérum revenait à faire une transfusion de sang, ou si les plaquettes étaient aussi inacceptables que des globules rouges en sachet. Ou bien on discutait de la règle selon laquelle une épouse qui a commis un acte d'infidélité est obligée de le confesser à son mari (bien qu'on sache qu'il soit extrêmement violent de nature), sinon son prétendu repentir ne serait pas considéré comme valable, ce qui la rendait susceptible d'exclusion. Quels passages dans la Bible parlent de telles choses ?*
>
> *Considérez ce cas présenté au Collège Central, pour lequel nous devions rendre une décision. Un Témoin de Jéhovah qui conduisait un camion pour la Compagnie Coca-Cola, avait dans sa tournée une base militaire où de nombreuses livraisons étaient faites. La question : pouvait-il faire ce travail et garder sa position parmi les Témoins de Jéhovah ou était-ce un motif d'exclusion ? (L'élément crucial étant qu'une propriété et du personnel militaires étaient impliqués).*
>
> *Encore une fois, où sont les passages bibliques qui abordent ces sujets d'une façon claire et évidente, de telle sorte que tout raisonnement et interprétations compliqués soient inutiles ? Aucune Ecriture ne fut citée et cependant la majorité du Collège décida que cet emploi n'était*

pas acceptable et que cet homme devrait obtenir une autre tournée s'il voulait continuer à être associé à la congrégation.

Un cas semblable se présenta concernant un Témoin de Jéhovah musicien qui jouait dans un orchestre dans un club pour officiers d'une base militaire. La majorité du Collège décida aussi que cette situation était inacceptable. La Bible étant muette à ce sujet, c'est le raisonnement humain qui a fourni la réponse.

Généralement, dans les discussions de ce genre, si ceux qui étaient pour la condamnation de l'acte ou de la conduite avaient recours aux Saintes Ecritures, ils se servaient de passages très vagues, tels que, "Vous ne faites pas partie du monde", qu'on trouve dans Jean, chapitre 15, verset 19. Si un membre du Collège Central hésitait quant à l'action ou la conduite en question et ne pouvait trouver un autre argument, il utilisait la plupart du temps ce texte, l'étendant et l'appliquant de telle façon qu'il s'adapte à n'importe quelle circonstance. La nécessité de laisser le reste des Ecritures définir ce qu'un passage aussi vague signifie, et comment il s'applique au cas en question, semblait le plus souvent considéré comme inutile ou hors de propos [335] »

Quatrièmement, la doctrine des Témoins de Jéhovah ne peut être prise au sérieuse, dans la mesure où elles contredisent leur propre exégèse, si tant est qu'ils en disposent.

Ils prétendent en effet avoir une approche littérale d'Actes 15 :28, 29.

Selon eux, « *s'abstenir de* » devrait être pris au pied de la lettre.

---

[335] Raymond Franz, Crise de Conscience, p 124-125

Ils ont pourtant introduit des atténuations dans leur doctrine, autorisant par exemple l'usage des fractions sanguines, provenant elle-même d'une fraction du sang.

En d'autres termes, « *S'abstenir* » ne signifierait pas toujours « *s'abstenir* »…

<u>Enfin</u>, la doctrine de la Société Watch Tower est impossible à appliquer.

En effet, si « *s'abstenir du sang* » exige de ne pas manger, ingurgiter ou laisser pénétrer du sang en soi, il conviendrait alors de s'interroger :

- Devrait-on cesser de boire du lait de vache, étant saturé des globules blancs[336] ?
- Pourquoi les globules blancs (1% dans un volume sanguin) et les plaquettes (0,17%) sont prohibés, alors que l'albumine[337] (2,2%) est permise [338]?
- Pourquoi interdire le don et le stockage du sang à des fins de transfusion autologue[339], mais permettre que les composants sanguins puissent faire l'objet d'un don ou d'un stockage à des fins autologues [340]?

---

[336] https://idele.fr/detail-article/origine-des-cellules-du-lait
[337] Une personne, brûlée au troisième degré sur 30 à 50 % de son corps, a besoin d'environ 600 grammes d'albumine, laquelle exige au préalable l'utilisation d'au moins 10 à 15 litres de sang…
[338] Muramoto O , Août 1998, -"Bioethics of the refusal of blood by Jehovah's Witnesses: Part 1. Should bioethical deliberation consider dissidents' views?"
[339] https://www.jw.org/fr/informations-medicales/transfusion-sanguine-bio%C3%A9thique-droit-medical/
[340] Muramoto O (1998). "Bioethics of the refusal of blood by Jehovah's Witnesses: Part 2. A novel approach based on rational non-interventional paternalism"

- Les mères devraient-elles cesser d'aileter leur nourrisson au motif qu'elles transmettraient leurs leucocytes (globules blanc) en quantité à l'enfant pendant cette phase nutritive [341]?

Simplement dit, pourquoi protéger davantage le symbole de la vie (le sang) plutôt que l'objet qu'elle symbolise (la vie), en laissant cette dernière périr à la place du premier ?

Plusieurs personnes sont déjà mortes à cause de cette doctrine.

Les Témoins de Jéhovah l'ont d'ailleurs reconnu en 1994 :

> « *Dans les temps anciens, des milliers de jeunes gens sont morts pour avoir accordé à Dieu la priorité. Aujourd'hui encore, des jeunes montrent la même détermination, à ceci près qu'ils le font dans des hôpitaux et des salles de tribunal, et qu'il est question de transfusions sanguines.* [342] »

Pour ceux qui sont ou ont été témoins de Jéhovah, comment oublier l'odieuse photographie de la couverture du Réveillez-vous du 22 mai 1994… ?

Non seulement plusieurs sont morts en vain (en particulier ceux qui figuraient sur cette couverture), l'hécatombe continue malheureusement.

---

[341] https://www.medela.fr/allaitement-pour-professionnels/conseils/preparation-allaitement/bienfaits-du-lait-maternel
[342] Réveillez-vous, 22 mai 1994, p 2

En effet, si les Comités de Liaison Hospitaliers (CLH) [343] disposent des chiffres de mort assez proches de la réalité, ces données font malheureusement l'objet d'un traitement très confidentiel.

A ce stade, on ne peut qu'esquisser une probabilité réaliste sur le fondement des propos recueillis auprès d'un praticien français :

> « *Selon les chiffres que nous ont communiqués les témoins de Jéhovah lors d'un récent entretien que nous avons eu avec eux, <u>1 sur 300 de leurs adeptes sont susceptibles de bénéficier d'une transfusion sanguine</u> du fait de leur maladie tous les ans et 30 d'entre eux sont transfusés contre leur gré. <u>Dans quinze cas, il n'y avait aucune alternative à la transfusion sanguine</u> : le médecin était donc pris, les Témoins de Jéhovah le reconnaissent, entre l'obligation de soins et le respect de la décision du malade.* [344] »

Si l'on retient le nombre quinze, par application d'une règle de trois, on aboutit à environ 900 décès potentiels pour 7 millions des témoins de Jéhovah dans le monde, soit la disparition de 10 congrégations chaque année.

Selon les données provenant de David Reed et Jerry Bergman (expert auprès des tribunaux américains pour les questions touchant les témoins de Jéhovah), entre 450 et 1 150 membres par an meurent des suites d'un refus de sang[345].

En 2001, le Dr Osamu Muramoto entreprît une étude approfondie pour déterminer le nombre de mort des témoins de Jéhovah des

---

[343] Organe mise en place par les Témoins de Jéhovah, composé d'anciens présélectionnés, compétent pour accueillir et accompagner les fidèles souhaitant garantir le respect de leur refus de sang, en toute circonstance, pendant le temps de leur hospitalisation.
[344] Le Monde, 28 octobre 2001, propos recueillis par Paul Benkimoun
[345] David Reed, Blood Transfusion, Witness Inc. Page 3

conséquences du refus de sang, depuis le début de l'interdiction des transfusions sanguines.

Selon ses estimations les plus basses en 2001, en retenant un taux réduit de mortalité de 1%, le nombre de mort s'élève, chaque année, à environ 594 témoins de Jéhovah, soit plus de 30 000 morts depuis l'instauration de la doctrine.

Si on retient l'échelle d'une congrégation, base 100[346], cela équivaudrait à la suppression de 300 églises…

Concluons ce sinistre constat par un point positif : les juges français ont donné raison à un praticien ayant refusé de suivre les directives anticipées d'un patient témoin de Jéhovah en soins critiques.

Le 19 avril 2022, M. C., âgé de 47 ans, était victime d'un traumatisme grave survenu au cours d'un accident de la voie publique. Malgré le fait qu'il fut porteur, lors de l'accident, d'un document signé indiquant refuser toute transfusion, « *même si le personnel soignant estime qu'une telle transfusion s'impose pour me sauver la vie* », il reçut deux transfusions sanguines le 23 avril et le 2 mai 2022.

Son frère, désigné comme personne de confiance, et trois autres membres de sa famille, saisirent le juge des référés du Tribunal administratif de Toulon, aux fins d'enjoindre à l'hôpital de respecter la volonté de M. C.

Par une ordonnance du 28 avril 2022, le juge rejeta leur demande.

---

[346] Comprenant 100 membres

En appel, le Conseil d'Etat débouta les requérants, au motif suivant :

> « *Le droit pour le patient majeur de donner son consentement à un traitement médical revêt le caractère d'une liberté fondamentale. En ne s'écartant des instructions médicales écrites dont M. C. était porteur lors de son accident <u>que par des actes indispensables à sa survie et proportionnés à son état, alors qu'il était hors d'état d'exprimer sa volonté</u>, les médecins [...] n'ont pas porté atteinte à ce droit d'atteinte manifestement illégale* [347] ».

---

[347] CE, ord. réf., 20 mai 2022, n° 463713, D

Chapitre 7 : Présumé coupable

Les Témoins de Jéhovah constituent l'un des mouvements religieux au monde ayant une approche extrême de la discipline religieuse.

L'exemple topographique de leur approche disciplinaire est l'excommunication. Les règles des Témoins de Jéhovah en la matière sont particulièrement inédites dans le paysage chrétien.

Il serait fastidieux de présenter l'intégralité des détails « *techniques* » pouvant conduire des anciens à prononcer l'excommunication d'un fidèle.

Arrêtons-nous simplement sur la nature, le champ d'application et la portée de cette mesure.

1. Le contour de l'excommunication

L'excommunication ne cible que les membres baptisés (mineur ou majeur).

Cette mesure suppose nécessairement l'existence d'un péché grave, tel que définît par la Société Watch Tower.

En parallèle de l'excommunication, figure « *le retrait volontaire* ». Il s'agit d'une manifestation claire et non équivoque, fut-ce explicite ou implicite, du souhait d'un membre baptisé (mineur ou majeur), de ne plus vouloir s'associer ou appartenir à la Société Watch Tower.

L'excommunication est une sanction. A ce titre, elle intervient au terme d'une procédure mise en place par au moins 3 anciens d'une congrégation[348], au terme d'une audition secrète du « *présumé coupable*[349] ».

A contrario, le retrait volontaire est une situation de fait qui s'impose à la congrégation, dont les anciens ne doivent simplement qu'en prendre acte.

En matière de retrait volontaire, soit le membre baptisé adresse une lettre notifiant à la congrégation l'interruption définitive de son affiliation aux Témoins de Jéhovah et sa suppression des rangs des fidèles, soit il manifeste un des 3 comportements emportant les mêmes effets.

Trois comportements manifestés par le membre sont de nature à obliger les anciens à prendre acte du retrait volontaire d'un membre : l'assistance régulière aux offices religieux tiers, tout engagement de nature politique ou militaire, ainsi que le consentement volontaire à une transfusion sanguine[350].

---

[348] Les Témoins de Jéhovah modifièrent constamment l'appellation de leur rassemblement : initialement, on parlait d'église ; puis assemblée ; puis congrégation ; aujourd'hui, ils sont revenus à l'expression « *assemblée* ».

[349] La « *présomption d'innocence* » n'existe pas chez les Témoins de Jéhovah, dans la mesure où toute constitution d'un comité de discipline religieuse, seule compétente pour entendre un pécheur grave présumé, doit nécessairement et impérativement aboutir à une sanction, la moins grave étant « *une réprimande* » et la plus grave, une excommunication. La décision de traduire un membre baptisé devant un comité d'au moins 3 anciens entrainera, *ipso facto*, une sanction ; seule la teneur de l'audition secrète servira à déterminer la nature de la sanction retenue (réprimande ou excommunication).

[350] Initialement, ces 3 comportements étaient passibles de l'excommunication. Etant un « *acte positif* », certains membres excommuniés contestèrent ces décisions devant des juridictions étatiques, dont certaines se reconnurent compétentes pour juger de la régularité ou du bienfondé de certaines décisions prises par des organes disciplinaires ordinaux ou confessionnaux. C'est ainsi que la Société Watch Tower s'est-elle retrouvée devant des juridictions occidentales à se justifier de ses décisions touchant à une question

L'excommunication est active, dans le sens où elle exige que la congrégation prenne un acte positif (une décision), tandis que le retrait volontaire est passif, les anciens n'ayant aucune décision à prendre.

Dans le premier cas – l'excommunication – comme dans le second – le « *retrait volontaire* » -, la conséquence « *spirituelle* » et « *sociale* » est la même : l'individu est déchu de son statut de « *chrétien* » et, à ce titre, perd tout privilège de fraternité avec les autres membres, y compris sa famille.

En matière d'excommunication ou de retrait volontaire, les membres de la congrégation ne seront pas informés des raisons ayant motivé la décision des anciens ou le départ du membre.

2. L'inconséquence du traitement des péchés graves

S'agissant des péchés graves pouvant conduire à l'excommunication, leur nombre est astronomique.

Il n'existe pas de définition intrinsèque de ce qu'est un péché grave. En d'autres termes, aucun témoin de Jéhovah ne pourra expliquer, simplement et bibliquement, la différence entre un « *péché simple* » et un « *péché grave* ».

Au demeurant, la majorité des témoins de Jéhovah ne connaissent pas la liste précise des péchés dits graves, car cette liste est

---

de Santé publique (transfusion sanguine), ou à une question d'exercice d'une liberté fondamentale et de souveraineté nationale (engagement politique ou militaire, participation du membre à d'autres offices religieuses). En réaction, et uniquement pour minorer son risque juridique, la Société Watch Tower décida de transférer « la décision » de dissociation (acte positif contestable devant une juridiction) au membre, en considérant que sur ces 3 sujets, seul le membre détenait le monopole de la décision de retrait lorsque l'un desdits comportements était établi à son endroit.

évolutive, dans un sens (retrait de certains actes précédemment considérés comme *graves*[351]) comme dans l'autre (découverte d'un nouveau péché ou réinsertion d'un acte dans la liste des péchés graves [352]»).

La définition d'un « *péché grave* » est téléologique : il s'agit de tout acte entrainant la constitution d'un comité de discipline religieuse.

C'est bien ce qui ressort du « *KS*» (manuel de procédure des anciens de congrégation en abrégé) :

> « *Quand ils apprennent qu'une faute grave a été commise, les anciens doivent agir sans tarder, afin de protéger l'assemblée et devenir en aide au transgresseur (Jude 4). Si les anciens négligeaient de traiter de telles affaires, cela pourrait freiner l'action de l'esprit saint de Jéhovah sur l'assemblée. <u>Les anciens doivent tout d'abord s'assurer que la faute est établie et suffisamment grave pour justifier la formation d'un comité de discipline religieuse</u>[353]* »

Pour schématiser, certains actes sont considérés, en soi ou par nature, comme des péchés graves *(i.e.* l'adultère), tandis que d'autres actes peuvent le devenir, en fonction des circonstances ou des caractéristiques contextuels *(i.e.* le déréglément).

A ce stade, il convient d'indiquer que les anciens des congrégations disposent d'un ouvrage technique et insipide, établi par le Comité de service du Collège dirigeant, contenant tous les éléments de procédure relative à la discipline religieuse.

---

[351] La masturbation masculine ou féminine, pendant la présidence Nathan Knorr, fut considérée comme un péché grave susceptible d'excommunication. Elle fut postérieurement retirée de la liste des péchés graves.
[352] C'est le cas des relations bucco génitales (ou fellation) entre des personnes mariées.
[353] « *Prenez Soin Du Troupeau De Dieu* », édition 2014, Chap 12

Cet ouvrage[354] est réservé à l'usage exclusif des anciens. La majorité des témoins de Jéhovah n'ont aucune connaissance de son contenu.

Les péchés dit graves sont formellement listés dans l'ouvrage de anciens. Mais un ancien ne devrait pas uniquement se fier à cette liste, car elle est susceptible d'être modifiée, soit dans sa nature ou dans son appréciation, par des articles ponctuels publiés dans une Tour de Garde ou dans un Ministère du royaume (Km en abrégé), ou via des lettres confidentielles adressées au Collège d'anciens.

Lorsque plusieurs modifications ont été constatées pendant une période, le « *Ks* » est alors révisé. Les anciens reçoivent un nouvel ouvrage procédural, auquel ils devront s'y habituer[355].

Ainsi, le « *KS*», édition 2019, comportait 39 actes considérés comme des péchés graves. Les textes bibliques cités en référence ont souvent peu, voir aucun rapport avec la pratique condamnée.

A titre d'exemple, voici une liste des « *péchés graves* » pouvant entrainer l'excommunication du membre, selon le « *KS* », édition 2014 :

- Actes sexuels immoraux ;
- Mariage adultère ;
- Abus sur enfant ;
- Impureté grave, impureté pratiquée avec avidité ;
- Conduite indigne et effrontée ;

---

[354] Initialement dénommé « *Faites Paître Le Troupeau De Dieu* » **1pie 5 :2**» puis, désormais « *Prenez Soin du Troupeau De Dieu* » **1pie 5 :2** ». Chez les Témoins de Jéhovah, il est davantage connu sous son abréviation : « *KS*» !

[355] Pour les y aider, une formation interne a été mise en place, dans le cadre de « *l'Ecole du Ministère du Royaume* ».

- Ivresse ;
- Gloutonnerie ;
- Vol ;
- Mensonge malveillant et intentionnel, faux témoignage, escroquerie, calomnie ;
- Paroles obscènes ;
- Insultes ;
- Avidité, jeux d'argent, extorsion ;
- Refus de subvenir aux besoins de sa famille ;
- Accès de colère, violence, violence domestique ;
- Homicide ;
- Apostasie ;
- Spiritisme ;
- Idolâtrie.

Il n'est pas toujours aisé pour des anciens, même les plus expérimentés, de se retrouver dans ce capharnaüm de règles.

De plus, l'application de ces règles dépendra fortement de la personnalité des membres qui composeront le comité de discipline religieuse, en particulier celle du président dudit comité.

Avec le développement des réseaux sociaux, il existe, de nos jours, une prolifération des vidéos d'ex anciens témoins de Jéhovah, acceptant de partager leurs expériences diverses dans ces comités et confirmant notamment la pratique consistant à dénuder le membre ayant commis la « *pornéïa* ».

Il s'agit en effet d'une batterie de questions intimes, obligeant le membre à revisiter mentalement et oralement son péché sexuel. Ce dernier se voit ainsi contraint de verbaliser, dans les détails, son péché grave.

Une pornographie collective !

Ce procédé extrême, fortement impudique, serait prétendument un indice pour juger de la crédibilité et de la sincérité du repentir du pécheur.

Au terme d'une audition secrète, pouvant durer plusieurs heures, entre 3 hommes[356] et le pêcheur, ce dernier, éreinté, meurtri et humilié, sortira momentanément de la salle, afin de permettre aux 3 juges de délibérer. A l'issue de leur conciliabule, le membre sera rappelé pour entendre la décision, qui lui sera communiqué par le président du comité.

Il est fréquent que malgré les aveux du pêcheur/de la pêcheresse, malgré la reconstitution du péché commis, on lui annonce son excommunication.

Pour le membre, c'est le début d'une dépression…

3. Une pratique inconnue de la Bible

Pourtant, à y regarder de près, la Bible ne soutient aucunement une telle procédure.

---

[356] Certains anciens, âgés de 24 ou 25 ans, peuvent assister ainsi à leur premier bain d'un comité de discipline religieuse. Un jeune de 24 ans, souvent célibataire ou jeune marié sans enfant, écoutera d'autres hommes interroger sans relâche, une mère de famille, ayant commis l'adultère, ou, parfois se plaignant d'un viol (de son époux ou d'un autre frère)…

Nulle part on trouvera la trace d'une procédure secrète ou le compte-rendu d'audition d'un pécheur intervenu derrières des portes closes.

C'est même tout l'inverse.

En Israël, toute accusation portée devant les anciens devait être traitées « *à la porte de la ville* » ou « *en public* » (**Deut 21 :19, 22 :24 ; Ruth 4 :1-11 ; Job 29 :7 ; Prov 31 :23 ; Amos 5 :10**), ce qui permettait d'ailleurs de déceler la trace du favoritisme ou de l'injustice.

Dans le Nouveau Testament, ce même modèle de publicité est importé, l'insistance était faite sur la nécessité de présenter un problème devant toute l'assemblée (**Mat 18 :15-20 ; 1 Cor 6 :1,2**), afin qu'elle soit en mesure de prendre une décision.

La procédure mise en place par la Société Watch Tower n'a aucun fondement biblique. La pratique inquisitoriale de la procédure disciplinaire est le contraire même du modèle chrétien, supportrice d'une totale transparence (**Act 5 :1, 5, 11**).

Sauf la pratique des actes considérée par la Bible comme répréhensible (**ex.1 Cor 6 :9**), aucun autre élément, provenant d'une préférence humaine, ne peut servir de fondement à l'excommunication d'un autre chrétien.

Cela dit, une pratique ou une attitude, considérée comme choquante, inconvenante ou gênante par un chrétien, au regard de ses préférences personnelles ou de sa sensibilité particulière, peut servir de fondement à une prise de distance avec un frère, sans pour autant qu'il soit exigé une procédure d'excommunication formelle de ce dernier.

Or, l'excommunication chez les Témoins de Jéhovah peut être basée sur une position arbitraire voulue par le Collège dirigeant, plutôt qu'une norme biblique. C'est notamment le cas de la définition de l'apostasie, laquelle signifie, en réalité, une discordance de point de vue avec le Collège dirigeant et une verbalisation publique de cette discordance.

Plus généralement, la pratique des Témoins de Jéhovah de la discipline religieuse constitue un manque sidérant d'amour (**Jean 13 :35**).

Cela ne signifie pas qu'il faille banaliser le péché au seul motif de l'amour, car l'amour implique le respect actif des commandements de Dieu (**Jean 14 :15 ; Jean 15 :10 ; 1 Jean 5 :2,3**).

Dans l'église, il existe une méthode pour aborder un cas de transgression d'une loi divine, empreint d'amour et de fermeté.

Le mode opératoire propre aux Témoins de Jéhovah ne peut trouver d'écho quelconque dans les écritures. Il s'agit hélas d'une technique de manipulation au profit de la Société Watch Tower, dont les malheureuses victimes sont tout autant les anciens (en leur donnant l'illusion d'avoir un réel pouvoir) que le « fauteur » (qui s'acharnera à regagner l'amour et l'attention de ses frères).

Au demeurant, il est patent de constater que lorsque l'homme, mentionné en 1 Corinthiens 5, fit preuve de repentance, l'apôtre Paul plaida immédiatement pour sa réinsertion 2 Corinthiens 2 : 5-8.

Dans ce récit, on notera qu'il ne fut nulle part exigé un questionnement minutieux et vexatoire, par 3 anciens claquemurés, sur les caractéristiques de sa relation avec la femme de son père, en ce compris leurs ébats sexuels…

Connaissant l'apôtre Paul, une telle idée lui aurait suscité du dégoût, car après avoir parlé de l'opposition existant entre les ténèbres et la lumière, il indiquait :

> « *Que l'impudicité, qu'aucune espèce d'impureté, et que la cupidité, ne soient pas même nommées parmi vous, ainsi qu'il convient à des saints. Qu'on n'entende ni paroles déshonnêtes, ni propos insensés, ni plaisanteries, choses qui sont contraires à la bienséance; qu'on entende plutôt des actions de grâces. Car, sachez-le bien, aucun impudique, ou impur, ou cupide, c'est-à-dire, idolâtre, n'a d'héritage dans le royaume de Christ et de Dieu. Que personne ne vous séduise par de vains discours; car c'est à cause de ces choses que la colère de Dieu vient sur les fils de la rébellion. N'ayez donc aucune part avec eux. Autrefois vous étiez ténèbres, et maintenant vous êtes lumière dans le Seigneur. Marchez comme des enfants de lumière! Car le fruit de la lumière consiste en toute sorte de bonté, de justice et de vérité. Examinez ce qui est agréable au Seigneur; et ne prenez point part aux œuvres infructueuses des ténèbres, mais plutôt condamnez-les. Car il est honteux de dire ce qu'ils font en secret.* » (**Eph 5 :3-12**).

C'est dans ces conditions que les Témoins de Jéhovah tenteront piteusement d'exploiter un texte biblique, affirmant qu'il faille percevoir des « *actes qui conviennent à la repentance* », lesquels actes comprennent avant tout les réponses aux questions indécentes des anciens, prétendu symbole de l'humilité du fauteur.

A cet effet, ils affirment :

> « *La repentance scripturale exige, en outre, l'existence d'une certaine disposition par laquelle ou d'un certain fondement sur lequel Dieu*

peut appuyer la puissance de sa loi et toutefois <u>prendre acte de notre repentance</u>, car il ne change pas (Mal. 3:6). <u>Si son pardon était aveugle, toute crainte et tout respect à son égard et vis-à-vis de ses lois disparaîtraient.</u> Cette disposition, comme le montre la Bible, est le sacrifice du Fils unique de Dieu : " Car tous ont péché et sont privés de la gloire de Dieu ; et ils sont gratuitement justifiés par sa (bonté imméritée, NW), par le moyen de la rédemption qui est en Jésus-Christ (...) de manière à être juste tout en justifiant celui qui a la foi en Jésus. " — Rom. 3:23-26.

[...]

<u>Dans la repentance, un facteur essentiel est le mobile. Le nôtre doit être un regret sincère</u>, fondé sur l'amour de Dieu et de la justice, et non pas simplement sur la crainte du châtiment. Seule, " la tristesse selon Dieu produit une repentance à salut dont on ne se repent jamais ". C'est " la bonté de Dieu (qui) te pousse à la repentance ". Un remords purement égoïste ne nous profitera pas plus qu'il n'a profité à Ésaü, Pharaon ou Judas. — II Cor. 7:10 ; Rom. 2:4 ; Gen. 27:34-37 ; Ex. 10:16, 17 ; Mat. 27:3-5.

[...]

<u>Si un chrétien voué se trouve surpris par un péché grave, il devrait se hâter de se repentir</u> de sa mauvaise conduite. Il devrait <u>confesser sa faute d'abord à Dieu, puis aux responsables de son organisation visible</u>, exprimer sa repentance et demander ardemment le pardon. <u>Après</u>, en traçant un sentier droit pour ses pas et <u>en se soumettant humblement à tout châtiment qui peut lui être administré, il peut démontrer que sa repentance est vraiment due à un chagrin réel et qu'il veut sincèrement marcher sur les sentiers de la justice.</u> [357] »

Cette présentation des choses procède d'une grande incompréhension des textes sacrés.

---

[357] Tour de Garde, 15 juin 1961, p 189-191

Il est évident que seul Dieu peut lire dans les cœurs et détecter la sincérité ou non d'un cœur qui prétend faire acte de « *repentance* ». S'agissant des hommes, privée de l'omniscience divine, ils ne peuvent se contenter que de deux éléments : une déclaration et des actes.

En d'autres termes, seule l'expression verbale d'un regret (la déclaration) est une condition nécessaire à l'obtention du pardon de l'église.

L'acte exigé dépendra du cas d'espèce. Dans le cas de l'homme mentionné en 1 Corinthiens 5, ses regrets devaient inclure l'interruption de sa relation incestueuse.

Le cas échéant, l'église devait alors accorder son pardon.

Cela est en accord avec les textes suivants :

> « *Les habitants de Jérusalem, de toute la Judée et de tout le pays des environs du Jourdain, se rendaient auprès de lui; et, confessant leurs péchés, ils se faisaient baptiser par lui dans le fleuve du Jourdain. Mais, voyant venir à son baptême beaucoup de pharisiens et de sadducéens, il leur dit: Races de vipères, qui vous a appris à fuir la colère à venir ? Produisez donc du fruit digne de la repentance, et ne prétendez pas dire en vous-mêmes: Nous avons Abraham pour père! Car je vous déclare que de ces pierres-ci Dieu peut susciter des enfants à Abraham.* » (**Mat 3 :5-9**) ;

> «*Lorsqu'ils sont arrivés vers lui, il leur a dit: «Vous savez de quelle manière je me suis toujours comporté avec vous, depuis le jour où j'ai mis le pied en Asie: j'ai servi le Seigneur en toute humilité, avec [beaucoup de] larmes et au milieu des épreuves que provoquaient pour moi les complots des Juifs. 20 Vous savez que, sans rien cacher, je*

vous ai annoncé et enseigné tout ce qui vous était utile, en public et dans les maisons, <u>en appelant les Juifs et les non-Juifs à changer d'attitude en se tournant vers Dieu et à croire en notre Seigneur Jésus[-Christ]</u>. » (**Actes 20 : 18-21**)

« *En conséquence, roi Agrippa, je n'ai point résisté à la vision céleste: à ceux de Damas d'abord, puis à Jérusalem, dans toute la Judée, et chez les païens, j'ai prêché la repentance et la conversion à Dieu, <u>avec la pratique d'œuvres dignes de la repentance</u>.* » (**Actes 26 :19, 20**).

« *Cherchez l'Éternel pendant qu'il se trouve; Invoquez-le, tandis qu'il est près. <u>Que le méchant abandonne sa voie</u>, Et l'homme d'iniquité ses pensées; <u>Qu'il retourne à l'Éternel, qui aura pitié de lui</u>, A notre Dieu, qui ne se lasse pas de pardonner.* » (**Es 55 :6,7**).

Dans ces quatre textes, la repentance emporte une seule et même idée : <u>le changement d'attitude</u>.

Le texte d'Esaïe est lumineux : la seule chose que Dieu sollicite du pêcheur, c'est d'abandonner sa voie pécheresse ou mauvaise et, automatiquement, se tourner vers Lui. En conséquence, l'Eternel aura « *pitié* » et pardonnera.

Il n'est pourtant nulle part fait allusion à « *une certaine disposition* », à un « *mobile spécial* », à une confession des péchés auprès du « *responsables de [l']organisation visible* » de Dieu à Brooklyn, afin de « *démontrer* » que « *sa repentance* » procède d'« *un chagrin réel* ».

Une telle lecture pharisaïque est un alourdissement des conditions posées par Dieu lui-même dans sa parole.

Les Témoins de Jéhovah se sont données pour mission de sonder « *les cœurs et les reins* » du repentant, en le soumettant à une batterie des questions des plus embarrassantes, prétendant ainsi y voir la manifestation d' « *un chagrin réel* ».

La Société Watch Tower est allée jusqu'à prétendre qu'une telle procédure serait une marque d'amour, tout en se gardant de révéler à ses lecteurs les détails de ce qu'implique sa procédure d'excommunication…

Au quotidien, il n'est pas rare que le désengagement d'un individu de la communauté des Témoins de Jéhovah ait un impact, non seulement sur sa vie sociale antérieure (ostracisme des autres membres), mais surtout sur sa vie maritale, pouvant ainsi conduire l'époux restant attaché à la Société Watch Tower de chercher à provoquer une séparation ou un divorce…[358].

Quelle tristesse !

---

[358] Cour d'appel Paris, 12 mai 2016, n°14/21488 : « *Y… réfute les griefs avancés, niant avec force tout acte de violence à l'encontre de son épouse, expliquant que celle-ci s'est en réalité détachée de lui, au point de le rejeter physiquement et ne plus lui adresser la parole suite à son désengagement de la communauté 'des témoins de Jéhovah' alors qu'elle-même est restée très assidue à cette pratique religieuse.* »

Chapitre 8 : Ainsi parlait Monsieur X…

Les articles ou les ouvrages publiés par la Société Watch Tower sont couverts par le sceau du secret. Il est impossible de déceler l'identité du rédacteur, même s'il est possible, pour certaines personnes, d'émettre des hypothèses.

La principale raison, avancée par la Société Watch Tower, tiendrait à prévenir l'éclosion de toute souche d'orgueil pouvant naître dans le cœur du rédacteur.

Si ce motif peut, a priori, paraître louable, la réalité ne correspond pourtant pas à ce récit.

1. <u>L'évolution de la pratique éditoriale de la Société Watch Tower</u>

Sous la présidence de Charles Russell, deux systèmes de publicité coexistaient : certains articles étaient signés par lui, et d'autres ne comportaient aucune précision.

Plusieurs personnes participèrent à la rédaction de certains ouvrages, le plus connu étant l'Aurore du Millénium.

Sa séparation d'avec sa femme, Maria Russell, et les revendications postérieures de cette dernière sur le contenu des certains articles de Tour de Garde, jouèrent grandement dans l'anonymisation des publications de la Société Watch Tower, conformément au souhait de Charles Russell.

Au soir de sa vie, il formula le vœu, dans son Testament, d'éluder toute signature personnelle d'un auteur :

> « « *Le nom des membres du comité (avec les changements qui devront probablement être apportés de temps en temps) devront paraître dans chaque numéro du journal, <u>mais on ne doit faire connaître d'aucune manière le nom de l'auteur de chaque article. Il suffira qu'on sache que les articles du journal ont l'approbation de la majorité des membres du comité.</u>* »

Sous Joseph Rutherford, ce souhait resta lettre morte, ce dernier revendiquant explicitement la paternité de tous les articles principaux de la Tour de la Garde ou de l'Age d'Or (Réveillez-vous), ainsi que tous les ouvrages de la Société Watch Tower. Et cela, malgré la participation d'autres membres, au rang desquels figurait Freddie Franz.

Après la mort de Joseph Rutherford, la situation évolua : son successeur, Nathan Knorr, ne signa aucun des ouvrages parus ni aucun article majeur d'une Tour de Garde ou d'un Réveillez-vous.

<u>D'une part</u>, il reconnaissait n'avoir aucun talent pour l'écriture. S'il pouvait toujours s'approprier les projets d'autrui, il craignît sans doute qu'il fut confondu par des chercheurs sourcilleux, relevant une concordance troublante de style avec celui de Freddie Franz…

<u>D'autre part</u>, il ne souhaitait pas que la lumière retombât sur son numéro deux, Freddie Franz. Leur tandem n'ôtait en rien la hiérarchie existante, réservant la primauté de la lumière à Nathan Knorr.

D'ailleurs, le brio prétendu de Freddie Franz, pour les aspects doctrinaux, n'empêchait pas Nathan Knorr d'opposer son véto sur des points qu'il réprouvait.

Toutefois, l'absence de signature des articles ou des ouvrages publiés sous l'ère de Nathan Knorr, puis sous Freddie Franz, ne faisait aucun obstacle à ce qu'on reconnaisse « *la patte* » de ce dernier. Son style était toujours le même : peu lisible, très ampoulé et fortement spéculative.

En tout état de cause, la jurisprudence « *Knorr* » perdure jusqu'à nos jours.

L'idée selon laquelle l'absence de signature serait le signe d'une humilité exemplaire relève du mythe et de l'opportunisme.

La situation actuelle procède d'un état de fait, ayant débuté sous Nathan Knorr et s'étant poursuivi, au gré des circonstances et à la faveur d'un grand nombre de partisans, jusqu'à présent.

En définitive, tous les articles ou ouvrages, commis par la Société Watch Tower, apparaissent comme un enseignement d'une corporation, plutôt qu'une position doctrinale individualiste.

2. L'antithèse du modèle biblique

Il est patent de constater que la position éditoriale de la Société Watch Tower n'est pas en accord avec le modèle biblique.

Toutes les positions, tout enseignement ou propos présents dans la Bible, sont aisément identifiables et personnalisables. Les écrits de l'apôtre Paul ou de l'apôtre Pierre ne font pas d'eux des êtres immodestes.

La modestie ou le manque d'humilité de ces hommes, si existant, procéderait davantage de la teneur de leur message, plutôt qu'une simple signature de tel ou tel écrit. Le contraire, soit l'absence de signature, ressemblerait à de la fausse modestie et à une forme de lâcheté.

Dans la Bible, tous les personnages sont cités nommément, en bien (**Col 4 :12 ; Phi 2 :15-30 ; 2 Pie 3 :15,16**) ou en mal (**2 Tim 2 :17,18**), sauf en cas de parabole, où l'on utilise fréquemment l'expression « *un certain homme* » (**2 Sam 12 :1-4 ; Mat 13 :24**).

Le modèle biblique milite clairement pour l'incarnation, car le monde des humains est un espace ancré et situé. Cette incarnation ne doit toutefois pas être confondue avec la personnalisation du message, car tout doit être redirigé vers Dieu, le Seul Être digne de recevoir honneur et gloire.

Mettre en avant sa modestie, au seul prétexte que ses textes ne seraient pas signés, démontre l'incompréhension profonde du sens donné à ce mot. Cela fait d'ailleurs passer tous les auteurs connus de la Bible pour des immodestes.

En règle générale, l'anonymat est l'exception, le principe étant le nominatif.

On serait déconcerté de recevoir une lettre de l'Ecole de ses enfants signée « *L'Ecole* », ou de recevoir une correspondance de son employeur signée « *L'employeur* » ou « *La Société* ». Une telle lettre serait d'ailleurs jugée irrégulière devant un Tribunal.

L'anonymat des écrits doit nécessairement faire l'objet d'une motivation substantielle, plutôt que des prétextes aussi simples que l'humilité ou la modestie.

A y regarder de près, on peut comprendre la raison d'être de l'anonymat des articles des Tour de Garde ou des ouvrages publiés. Cela permet de mieux diluer la responsabilité personnelle de l'auteur derrière le voile corporatiste.

A cet effet, Barbara Anderson révélait une anecdote mettant clairement en lumière l'irresponsabilité de la Société Watch Tower :

> « *Au moins une fois par mois, un lundi soir après l'étude de la Tour de Garde, un « poids lourd » du Béthel est chargé de donner un discours à toute la famille du Béthel. En 1991, l'écrivain principal, John Wischuck, a été chargé de donner une conférence sur le mariage.*
>
> *À cette époque, John était probablement dans la soixantaine, n'avait jamais été marié et, bien sûr, avait peu d'expérience avec les enfants. Il avait une relation étroite avec sa mère, qui vivait, je crois, à Valley Stream, Long Island et rentrait souvent « à la maison ». Lorsque mon mari, Joe, est allé vivre au Béthel au milieu des années 50, John était déjà là et avait un travail important. Ainsi, lorsque nous sommes allés au Béthel au début des années 80, John nous a accueillis comme des amis, pas comme des débutants !*
>
> *C'était agréable d'être traité comme un pair lorsque j'ai été invitée à travailler, six ans après mon arrivée au Béthel, dans le dans le département de rédaction où travaillaient John et d'autres "anciens". Tout le monde savait que nous avions un fils au Béthel. <u>Et parce que j'étais mère, on me demandait souvent mon avis sur différentes questions familiales.</u>*
>
> *Ce lundi soir, John a ouvert sa discussion sur le mariage en mentionnant qu'il n'était pas marié et a ensuite dit ce que nous pensions tous : "Vous vous demandez probablement tous pourquoi on me confierait une conférence sur le mariage ?" Il a poursuivi en*

disant grosso modo que l'information qu'il allait partager provenait de la Bible et n'était pas la sienne, et qu'il n'était pas nécessaire d'être marié pour prodiguer des conseils sur le mariage si c'était basé sur la Bible, etc. .

Pendant ces années au Béthel, il y avait beaucoup d'hommes entraînés et capables qui partaient se marier. En raison de l'énorme expansion de l'organisation, beaucoup de ces hommes ont été autorisés à amener leurs nouvelles épouses au Béthel afin qu'elles ne partent pas. Et, sans entrer dans les détails, la plupart des mariages souffraient d'un stress extraordinaire lié au mode de vie institutionnel. Et c'est en un mot pourquoi nos dirigeants ont décidé que la famille Bethel avait besoin d'entendre un discours sur le mariage.

Eh bien, dois-je vous dire que le discours de John contenait des informations en noir et blanc. Il a insisté sur le fait que les hommes chrétiens doivent faire ceci et cela, et que les femmes chrétiennes doivent faire ceci et cela ! Dois-je m'expliquer davantage? Je crois que non.

Après avoir entendu le discours de John, Joe et moi n'avons pas été impressionnés (à ce moment-là, nous étions mariés depuis 32 ans) et savions que le discours n'aiderait pas à résoudre les problèmes de mariage, en particulier les informations sur la sujétion conjugale !

Le lendemain matin, je me suis arrangé avec deux autres filles du personnel, des femmes mariées matures de l'âge de John (qui étaient mariées à des « poids lourds »), pour attendre devant les portes de notre bureau que John passe, et quand il l'a fait, nous avons commencé à le taquiner à propos de son discours sur le "mariage", dans l'espoir de l'aider à sortir des sentiers battus.

Au début, il a ri, puis s'est irrité, et juste avant d'entrer dans son bureau, il a essayé de nous remettre à notre place en disant : « Vous n'avez pas besoin d'être marié pour comprendre le mariage. Suivez simplement ce que dit la Bible ! » Il ferma doucement mais fermement sa porte à nos doux rires. (Rappelez-vous, c'était le Béthel et il y avait des règles qui régissaient le comportement.)

Quelques mois plus tard, j'ai dû me rendre au bureau de John pour une raison dont je ne me souviens plus. Et alors que je levais la main pour frapper à sa porte, je pouvais entendre la voix de John haut et fort. Il se disputait avec quelqu'un au téléphone au sujet de l'éducation et des enfants Témoins.

Alors que je me tournais pour partir, j'entendis le téléphone claquer alors je décidai de frapper. John a crié : "Entrez !" Quand il a vu que c'était moi, il a dit avec colère : "J'en ai assez de ça ! Je n'écrirai plus jamais d'articles sur le mariage, les enfants et l'éducation parce que, apparemment à cause des réprimandes que j'ai reçues ces derniers temps, Je ne sais pas de quoi je parle."

Eh bien, je devais certainement être d'accord. Après avoir exprimé mon opinion, je suis parti un peu ébranlée.

Je me souviens d'avoir laissé John assis à son bureau avec une sorte d'expression stupéfaite sur le visage après que je lui ai dit ce que je ressentais. Je n'étais pas en colère contre lui, juste sincèrement ouvert et honnête à propos de certaines directives et conseils peu pratiques que l'on trouve dans la littérature de la Société.

En privé, j'avais observé que les recommandations domestiques données par certains de ces hommes reflétaient une mentalité des années 1950, la même mentalité qu'ils avaient lorsqu'ils sont venus au Béthel dans les années 50 alors qu'ils étaient encore des garçons.

En raison de la politique de confidentialité, peu de membres du personnel du Comité de rédaction connaissaient les noms des auteurs d'articles de magazines ou de livres, y compris moi. Je n'avais donc aucune idée que John écrivait bon nombre de ces articles d'étude dogmatiques et dictatoriaux de la Tour de Garde fortement parsemés de textes scripturaires sur le mariage et l'éducation des enfants qui apparaissaient fréquemment dans le magazine.

Oui, un homme qui n'était pas marié prodiguait des conseils sur le mariage ; Un homme qui n'avait pas de relations sexuelles aidait à créer des politiques sur le comportement intime ; Un homme qui n'a jamais élevé d'enfants conseillait sur l'éducation des enfants. Oui, quelle folie ![359] »

Combien de fois un témoin de Jéhovah, après avoir lu un article publié par la Société Watch Tower, a souhaité connaître l'identité et le parcours de l'auteur ?

A titre d'exemple, voici l'extrait d'un article d'étude de la Tour de Garde de décembre 2020 :

« *14. Pourquoi un Lévite s'est-il découragé ?*

14 Le rédacteur du Psaume 73 était Lévite. Il avait donc l'immense honneur de servir Jéhovah à l'endroit où un culte lui était rendu. Malgré cela, il en est venu à être découragé. Pourquoi ? Parce qu'il s'est mis à envier les méchants et les arrogants. Ce n'était pas leur méchanceté qu'il enviait, mais leur apparente réussite (Ps. 73:2-9, 11-14). Ils étaient riches et ils semblaient avoir une vie agréable et sans souci. Le psalmiste était tellement découragé par cette situation

---

[359] http://underpop.free.fr/w/watchtower-bible-and-tract-society/barbara-andersons-anecdotes-from-life-at-bethel.pdf

qu'il a dit : « *C'est vraiment en vain que je gardais un cœur pur et que je me lavais les mains dans l'innocence.* » De toute évidence, il était en grave danger sur le plan spirituel.

16. Quelles leçons pouvons-nous tirer de l'exemple du Lévite ?

16 La leçon pour nous ? N'envions jamais les méchants à qui tout semble réussir. Leur bonheur est superficiel et temporaire ; ils ne vivront pas pour toujours (Eccl. 8:12, 13). Si nous les envions, nous risquons de nous décourager et de perdre notre amitié avec Jéhovah. Éprouves-tu parfois les mêmes sentiments que le Lévite ? Dans ce cas, fais comme lui. Suis les conseils pleins d'amour de Dieu et fréquente ceux qui font sa volonté. Si tu trouves ta plus grande joie en Jéhovah, si tu l'aimes plus que tout, tu connaîtras le vrai bonheur et tu resteras sur le chemin qui mène à la « vraie vie » (1 Tim. 6:19).[360] »

Si a priori ces deux paragraphes ne soulèvent, en soi, aucune difficulté particulière, il convient néanmoins de remarquer l'image qui lui est associée.

Il s'agit d'une représentation de deux couples déjeunant dans un restaurant et se faisant servir le vin par un sommelier. A l'extérieur, un témoin de Jéhovah, laveur de carreaux, pose un regard admiratif sur ces couples d'amis.

La légende associée à cette image indique : « *Le rédacteur du Psaume 73 a été profondément découragé en voyant l'apparente réussite de ceux qui n'accordaient pas la priorité au service de Dieu. <u>Cela pourrait nous arriver aussi</u> (voir paragraphes 14-16).* »

---

[360] La Tour de Garde, décembre 2020, p 19-20

Voilà donc à quoi ressemblent « *les méchants* » ou « *ceux qui n'accord[ent] pas la priorité au service de Dieu* » d'après la Société Watch Tower…

Dans ces conditions, il est naturel de chercher à identifier l'auteur de l'article, son âge, son parcours et son expertise…

L'anonymisation devient ainsi un paravent à l'arbitraire.

Un autre exemple criant de l'irresponsabilité que confère l'anonymisation est la déclaration suivante :

> « *1) Je suis âgé de plus de 18 ans, sain d'esprit, et apte pour faire cette déclaration. J'ai pris connaissance personnellement de l'objet des présentes, elles sont toutes vraies et exactes.*
>
> *2) Je fournis cette déclaration pour soutenir la requête en annulation de la motion présentée par l'accusation demandant le témoignage de Gerrit Losch ainsi que la notification sous-jacente exigeant que le témoignage de Guerrit Losch, s'accompagne de documents et d'enregistrements requis pour les besoins du procès.*
>
> *3) Si je suis appelé à témoigner dans cette poursuite au civil, je voudrais fournir les informations suivantes au sujet du contenu de la déclaration.*
>
> *4) Je ne suis pas destinataire de la demande de témoignage, mais j'ai appris que la Watchtower s'était opposée à cette demande après qu'elle ait reçue la notification de l'accusateur.*
>
> *5) Je viens d'apprendre que ce Tribunal a rendu une ordonnance contraignant la Watchtower à me demander de témoigner (Voir doc 1, ci-après dénommé "Watchtower"), mais je n'avais pas reçu de copie de l'ordonnance du Tribunal.*

6) Je suis membre du Collège Central de l'église des Témoins de Jéhovah ayant été nommé à ce poste le 1er juillet 1994. Je n'étais donc pas membre de ce Collège Central en 1986, quand l'accusateur allègue avoir été abusé par Gonzalo Campos.

7) <u>Le Collège Central des Témoins de Jéhovah est l'autorité religieuse la plus élevée dans l'église des Témoins de Jéhovah, elle exerce une surveillance spirituelle sur tous les Témoins de Jéhovah dans le monde.</u>

8) <u>Je ne suis pas, et n'ai jamais été un mandataire social, directeur, représentant légal, un membre ou un employé de la Watchtower. Je ne dirige pas, et n'ai jamais dirigé à aucun moment le fonctionnement de la Watchtower. Je ne dépends pas de la Watchtower. Je n'ai pas, ni n'ai jamais eu aucun pouvoir personnel pour faire ou pour déterminer la politique générale de la Watchtower ou dans un quelconque département de la Watchtower.</u>

9) <u>La Watchtower n'a et n'a jamais eu aucun pouvoir sur moi.</u>

10) Je n'ai aucune connaissance personnelle des faits ou des événements concernant le sujet du cas cité, parce que, entre autres choses :

(a) Je n'ai jamais dirigé ou travaillé pour le département juridique ou pour le département au Service.
(b) Je n'ai jamais vécu au Etats-Unis avant 1990.
(c) Avant 1990, je résidais en Autriche.
(d) Je ne connais pas, et n'ai jamais rencontré le plaignant, José Lopez.
(e) Je ne connais pas, et n'ai jamais rencontré Leticia Lopez, la mère du plaignant José Lopez.
(f) Je ne connais pas et n'ai jamais rencontré l'accusé Gonzalo Campos qui est poursuivi

11) Je réside dans l'Etat de New York, je vis et je travaille à Brooklyn où se trouve le quartier général des Témoins de Jéhovah.

Je déclare sous serment, conformément aux lois de l'Etat de Californie, que tout ce qui précède est véridique et correct, et que cette déclaration a été faite le 4 février 2014.

Gerrit Lösch »

Cette déclaration de Gerrit Losch fut produite dans le cadre du procès intenté par Jose Lopez contre la Société Watch Tower, pour des faits d'agressions sexuelles commises par Gonzalo Campos.

Gonzalo Campos, membre de la congrégation de Linda Vista (Californie), reconnut avoir violé sept enfants entre 1992 et 1999. Excommunié, il fut réintégré après quatre ans.

En 2010, cinq de ses victimes intentèrent un procès contre la Société Watch Tower, reprochant le Collège dirigeant d'avoir permis à Gonzalo Campos de continuer d'être ancien, alors même qu'ils avaient déjà connaissance des faits de pédocriminalité.

En 2012, la Société Watch Tower transigea dans cette affaire.

En 2013, José Lopez et d'Osbaldo Padron reprirent la lutte contre la Société Watch Tower, l'accusant de ne pas avoir su mettre le criminel hors d'état de nuire.

C'est dans le cadre de cette dernière plainte que la Cour supérieure de San Diego condamna la Société Watch Tower à 3,5 millions de dollars de dommages-intérêts pour avoir notamment refusé de remettre des documents internes démontrant que la congrégation de Gonzalo Campos était au courant du passif du criminel.

La Société Watch Tower ayant interjeté plusieurs fois appel, la décision se commua en astreinte journalières de 4 000 dollars.

En plus des documents internes devant être remis à la Cour, il fut exigé que Gerrit Lösch, le plus ancien membre du Collège dirigeant, vienne témoigner dans ce procès. C'est dans ce cadre que ce dernier fit la déclaration précitée du 4 février 2014.

Il est effrayant de constater qu'alors même que les fidèles sont censés obéir et se soumettre aux directives provenant des matériaux publiés par la Société Watch Tower, un membre du Collège dirigeant, tout en reconnaissant travailler dans « *le quartier général des Témoins de Jéhovah* », affirme pourtant n'avoir jamais détenu aucun mandat social, ni n'avoir jamais été « *un membre ou un employé de la Watchtower* », ni même ne dépendre d'elle, « *n'avoir aucun pouvoir personnel pour faire ou pour déterminer la politique générale de la Watchtower* » ou d'un « *quelconque département de la Watchtower* ». Réciproquement, la « *Watchtower n'a et n'a jamais eu aucun pouvoir* » sur lui.

En d'autres termes, Gerrit Loësh, membre du Collège dirigeant, serait transparent vis-à-vis de la Société Watch Tower, et vice-versa.

Cet homme, qui n'aurait aucun statut vis-à-vis de la Société Watch Tower et qui ne serait « *rien* », a pourtant prononcé un sermon dans une convention internationale organisée par cette même Société Watch Tower, en Italie, le 22 mai 2005.

En voici un extrait :

> « *Fréquentez ou non l'université pourrait être un reflet de votre foi, ou de votre manque de foi, et indiquer si vous avez vraiment conscience de la proximité de grande tribulation.*
>
> *Un fait est indiscutable : le temps qui reste réduit, comme le dit Paul en 1Co 7 :29. Si actuellement vous fréquentez l'université, pourquoi ne pas réfléchir dans la prière, à l'opportunité d'y renoncer pour faire quelque chose de meilleur ?*
>
> *Mais pour nous qui sommes attentifs à la signification des évènements mondiaux, à la lumière de la prophétie biblique, il existe des raisons mieux fondées pour ne pas donner une priorité à une carrière profane.*
>
> *Nous pourrions nous comparer à quelqu'un qui voit une pancarte sur un bâtiment : « entreprise en cours de liquidation ». Iriez-vous chercher à vous faire embaucher là-bas ? Naturellement non. Et si nous travaillons pour cette entreprise, sagement nous chercherons un travail ailleurs.*
>
> *Et bien, sur toutes les institutions de ce monde, figure la pancarte : « cessation prochaine d'activité » ! La fin est proche ! Oui, le monde passe, nous assure la Bible. Voilà pourquoi, sagement, nous n'adoptons pas la façon de faire des personnes qui en font partie intégrante.*
>
> *A présent, vous avez entendu le conseil. Que ferez-vous maintenant ?*
>
> *Certains justifient le fait de fréquenter l'université en citant l'exemple des enfants de certains anciens qui le fréquentent ou qui l'ont fréquentée.*

Nous ne pouvons ni ne voulons vous donner d'ordre. Vous et vos parents devez prendre la décision. Nous ne sommes pas établis Seigneur sur votre foi.

Il n'importe, « l'esclave fidèle et avisé » a la responsabilité de vous mettre en garde contre les dangers spirituels et de vous encourager à mettre les intérêts du royaume à la première place.

C'est pourquoi l'esclave déconseille de fréquenter l'université pendant une longue période. A plusieurs reprises, j'ai eu connaissance de personnes qui avaient presque terminé des études universitaires, qui les ont abandonnées lorsqu'elles ont appris la vérité[361], des personnes baptisées ont refusé des bourses d'étude[362].

Que ferez-vous ? Quelle décision prendrez-vous ? Refuserez-vous ? Suivrez-vous une formation universitaire ? Vous devrez répondre devant Jéhovah…

<u>*Nous voulons louer tous ceux qui, dans l'auditoire, ont cessé de fréquenter l'université quand ils ont appris la vérité et tous ceux qui, après avoir écouté ce discours, feront le même choix.*</u>

Mais peut-être continuez-vous encore de justifier le choix des études universitaires. Vous vous dites par exemple « Tu vois, frère Untel, a fréquenté l'Université et sert maintenant en tant que pionnier dans la congrégation. »

Il est vrai qu'il a survécu à l'Université. On peut dire cela. Mais écoutez ce qui suit. Il s'agit d'une vraie d'un jeune homme, qui souffrait d'un trouble obsessionnel compulsif qui l'obligeait à se laver

---

[361] Il pensait certainement à Freddie Franz…
[362] Freddie Franz n'a jamais eu une bourse d'étude, en dépit de ses affirmations en ce sens.

les mains continuellement, même 100 fois par jour. Son découragement était tel qu'un jour il décida de se tuer. Il acheta un fusil, braqua l'arme dans sa bouche et appuya sur la détente. La balle cependant ne le tua pas, mais endommagea la partie de son cerveau responsable de son trouble. Il survécut, et avec le temps, réussit à vivre une vie normale.

Oui, il est vrai, il survécut, mais recommanderiez-vous à quelqu'un de suivre son exemple ? De la même façon, certains ont survécu à l'Université, mais la recommanderiez-vous à autrui ?

Au lieu de suivre une formation supérieure, il vaut bien mieux grandir dans la connaissance de Jéhovah. [363] »

Voilà comment un homme, n'ayant jamais fréquenté l'Université, peut avoir des idées fixes sur un sujet qu'il ne maîtrise pas.

Inutile d'insister sur l'influence que ses propos ont eu sur son auditoire.

S'il est vrai que les propos tenus par Gerrit Losch, en la circonstance, peuvent lui être rattachés[364], ce discours manuscrit[365] n'est pas de lui, mais provient, en principe du Comité d'enseignement du Collège dirigeant, dont les rédacteurs sont anonymes, Gerrit Losch ne servant que de « *porte-parole* » ou d'orateur en la circonstance.

---

[363] https://www.youtube.com/watch?v=KuLSUPCTWaE
[364] Tous les supports visuels des sermons ou discours (« plan ») proviennent du comité d'enseignement du Collège dirigeant, mais appartiennent, juridiquement, à la Société Watch Tower.
[365] Tous les « plans » ou les supports matériels des sermons prononcés dans une assemblée ou convention spéciale ou internationale des Témoins de Jéhovah sont intégralement manuscrits, et doivent donc être retranscrits oralement à l'identique par l'orateur.

Ultimement, ce discours manuscrit appartient à la Société Watch Tower Bible and Tract Society…

Si le caractère manifestement aberrant et lunaire des propos tenus par Gerrit Losch en Italie transparait sans difficulté, il est dès lors aisé d'imaginer la consternation suscitée par plusieurs articles anonymes publiés sous la houlette de la Société Watch Tower.

Voici un dernier extrait d'un article de la Tour de Garde :

> *« 15. Pourquoi devons-nous aujourd'hui plus que jamais avoir confiance dans les directives de Jéhovah ?*
>
> *15 Alors que la fin de ce monde approche, il nous faut plus que jamais avoir confiance dans les manières d'agir de Jéhovah. Pourquoi ? <u>Parce que, pendant la grande tribulation, nous recevrons peut-être des instructions qui nous paraîtront étranges, difficiles à appliquer ou illogiques. Or, Jéhovah ne s'adressera pas à nous directement. Il nous communiquera probablement ses directives par l'intermédiaire de ses représentants humains. Ce ne sera sûrement pas le moment de les remettre en question ou d'être sceptiques en nous demandant</u> : « Ces directives viennent-elles vraiment de Jéhovah ou les frères responsables de l'œuvre agissent-ils de leur propre chef ? » Comment te comporteras-tu durant cette période décisive de l'Histoire ? La réponse réside peut-être dans la manière dont tu considères la direction théocratique aujourd'hui. Si tu as confiance dans les directives que nous recevons aujourd'hui et que tu y obéis volontiers, tu agiras probablement de la même manière pendant la grande tribulation (Luc 16:10).[366] »*

---

[366] La Tour de Garde, février 2022, p 6

Les joies de l'anonymat !

———————

PARTIE III

Si la Société Watch Tower a su ériger un fonctionnement extrêmement hiérarchisé et standardisé de son organisation à l'échelle mondiale, les fidèles du mouvement ne peuvent toutefois éluder les réalités propres du territoire géographique dans lequel ils évoluent.

Cette dernière partie, composée d'un chapitre unique (**Chapitre 9**), se concentrera sur les témoins de Jéhovah vivant en France.

Chapitre 9 : Chez les Gaulois

La présence des Témoins de Jéhovah en France est la combinaison de 3 facteurs : une circonstance historique, une aura internationale et un homme.

1. Une implantation relativement discrète

La circonstance historique fut l'après-guerre : les Témoins de Jéhovah s'installèrent, en effet, dans le paysage français à partir de 1946.

Cela ne remet pas en cause leur présence antérieure à cette date, puisqu'on note déjà la première trace embryonnaire de leur implantation dans les années 1930, via une association dénommée « *Société culturelle et philanthropique* » (Sic !), ayant son siège 129 boulevard poissonnière, à Paris, puis au 81 rue du Point-du-Jour, à Boulogne-Billancourt, en avril 1959.

Les statuts de l'association furent déposés et enregistrés par l'autorité préfectorale le 16 septembre 1947.

L'article 2 desdits statuts rappelaient l'objet de l'association :

> « *L'Association a pour objet d'apporter son concours à l'entretien et à l'exercice du culte des Témoins de Jéhovah. Elle pourra notamment assurer l'édition, l'impression et la diffusion de ses enseignements au moyen de publications, périodiques, conférences et tout autre moyen d'imprimerie ou audiovisuel. Elle subviendra aux frais et à l'entretien des ministres, prédicateurs et missionnaires. Elle pourra également apporter aide et assistance à toute association poursuivant un objet*

identique en France ou à l'étranger. Elle pourra acquérir, louer ou construire terrains ou immeubles pouvant servir aux buts qu'elle s'est fixés et d'une manière générale réaliser toute transaction mobilière ou immobilière se rattachant à son objet. Le fonctionnement de l'Association sera réglé par les présents statuts ; il devra en outre rester en harmonie avec la constitution du culte des Témoins de Jéhovah. »

Entre 1930 et 1945, La « *Société culturelle et philanthropique* » se montra relativement discrète.

La victoire des alliés et la présence des militaires américains, tant sur le continent européen en général que sur le territoire français en particulier, facilitèrent l'implantation de la Société Watch Tower, comme l'expliquent Charles-Henry Chéry [367] et Maurice Colinon [368].

Grace à l'aura internationale des Etats-Unis - le deuxième facteur - ils se lancèrent dans une propagande organisée et systématique, comprenant des réunions publiques, des visites domiciliaires et la distribution des ouvrages et tracts produits au siège de la Société Watch Tower.

Ce déploiement organisé fut souhaité et mis en place par un homme, Nathan Knorr, 3ième facteur de l'élan donné à l'assise du mouvement en France.

Il visita personnellement la France, notamment pour y prononcer un discours public lors d'une assemblée spéciale en 1951, au Vélodrome d'hiver de Paris. Ce rassemblement réunît 8 000 personnes, provenant de la Belgique, la Suisse et la France.

---

[367] Henry-Charles Chéry, L'Offensive des sectes, P 33 et S
[368] Maurice Colinon, Frères séparés : Le phénomène des sectes au XXe siècle, Fayard, 1959

4 ans plus tard, une nouvelle assemblée rassembla 12 000 personnes et prétendument 4 000 visiteurs.

Si on se réfère aux travaux du prêtre catholique, Charles-Henry Chéry, le message de la Société Watch Tower trouva un écho favorable auprès du milieu ouvrier, principalement dans les villes minières et auprès d'une population d'immigrées attirée par des opportunités d'emploi pendant les trente glorieuses.

C'est le cas du Nord de la France (on comptait déjà 3 500 membres en 1953), de l'Est, de l'Alsace et de la Lorraine (1 000 membres) et du bassin méditerranéen (700 à 800 membres). D'autres bassins miniers furent également représentés (Angers, Nantes, Rouen, Besançon, Saint-Etienne, Montluçon).

Premier frein lancé au mouvement : sous la IVe République, le Gouvernement d'Antoine Pinay interdît la circulation, en France, de la Tour de Garde par décret publié au Journal officiel du 27 décembre 1952.

L'interdiction ne fut levée que le 16 novembre 1974.

Si cette interdiction ne s'étendit pas au Réveillez-vous, les fidèles continuèrent néanmoins de recevoir des articles de la Tour de Garde sous la forme d'un Bulletin intérieur contenant les articles d'études hebdomadaire du mois.

En parallèle, une nouvelle association vue le jour le 17 mai 1979, dénommée « *Association Chrétienne des Témoins de Jéhovah* ».

2. Un changement de ton

Très largement ignoré du grand public jusqu'à alors, les Témoins de Jéhovah commencèrent à attirer l'attention à la fin des années 1980.

A partir de cette date, à chaque fois que l'UNADEFI[369] évoquait le mouvement, l'accent fut placé sur la dangerosité de l'organisation. Il fut clairement indiqué que la Société Watch Tower recourrait aux « *techniques d'endoctrinent et d'embrigadement capables de mettre leurs membres dans un état de dépendance psychologique et morale.*[370] »

Ce changement de ton fut d'ailleurs perceptible dans le regard que les pouvoirs publics portèrent sur la Société Watch Tower.

Initialement épargné dans le Rapport d'Alain Vivien en 1983[371], la Société Watch Tower fut rattrapée par les parlementaires en 1995, figurant ainsi officiellement sur la liste des Sectes, établie dans un rapport parlementaire rendu public le 22 décembre 1995[372].

En 1999, prenant conscience de la nocivité de la Société Watch Tower, sa filiale française (installée à Louviers) perdit son statut particulier lui permettant de bénéficier des faveurs fiscales[373].

Elle fit l'objet d'un contrôle fiscal de ses comptes, du 28 novembre 1995 au 18 janvier 1999.

---

[369] L'Union nationale des associations de défense des familles et de l'individu victimes de sectes : Il s'agit d'une association française, créée en 1982 et reconnue d'utilité publique.
[370] Bulles n°46, 2eme trimestre 1995, p 1
[371] https://www.prevensectes.me/rap83a.htm
[372] https://www.assemblee-nationale.fr/rap-enq/r2468.asp
[373] https://www.assemblee-nationale.fr/dossiers/sectes/r1687.pdf

Dans le cadre des mises en demeures adressées par les services fiscaux à la filiale française de la Société Watch Tower, on peut ainsi constater qu'entre 1993 et 1995, l'association encaissa 182 650 833 FF (27 844 939 €) et 67 929 027, 71 FF (10 355 713 €) pour les années 1995 à 1997[374].

Selon les services fiscaux, le total des ressources de l'association sur la période du 1er janvier 1993 au 31 décembre 1996 s'éleva à 42 490 374 €, dont 38 200 653 € provenant des dons.

Consécutivement à une réclamation de la filiale de la Société Watch Tower sollicitant l'application de l'exonération prévue à l'article 795-10° du code général des impôts (CGI)[375], l'administration fiscale lui dénia cette exonération, le 13 mars 1998, au motif qu'elle n'avait « *pas obtenu à ce jour d'autorisation préfectorale ou ministérielle de recevoir des dons ou legs en franchise de droits de mutation à titre gratuit* ».

3. Une sanglante bataille judiciaire

Le 14 mai 1998, l'administration fiscale adressa à la requérante, faute de déclaration, une procédure de taxation d'office des dons manuels dont elle bénéficia et « *qui ont été révélés à l'administration fiscale au cours des vérifications de comptabilité dont elle a fait l'objet* ».

Le redressement correspondît à un montant équivalent à 22 920 392 € à titre principal et 22 418 484,84 € au titre des pénalités et intérêts de retard.

---

[374] CEDH, 30 janvier 2011, n°8916/05
[375] Sont exonérés des droits de mutation à titre gratuit les dons et legs faits aux associations cultuelles, aux unions d'associations cultuelles et aux congrégations autorisées.

Les positions développées par chaque partie furent techniques et fondées sur l'interprétation des dispositions légales nationales.

A ce titre, les Témoin de Jéhovah de France furent déboutés de leur contestation devant le Tribunal de grande instance de Nanterre, par jugement du 4 juillet 2000, puis devant la Cour d'appel de Versailles par un arrêt confirmatif du 28 février 2002, et, enfin, devant la Cour de cassation, par un arrêt de rejet du 5 octobre 2004.

En droit interne, ce fut une complète douche froide pour le mouvement.

La requérante se pourvue devant la Cour Européenne des droits de l'Homme, aux fins de faire valoir la violation de ses droits au titre de l'article 9.

La Cour de Strasbourg était, à l'époque, réputée plus libérale, n'hésitant d'ailleurs pas à esquisser une jurisprudence particulière audacieuse et, à certains égards, hasardeuse.

Le rétropédalage qu'elle dût effectuer sur un certain nombre de ses positions (liberté d'expression, droit à la vie privée et familiale, contrôle aux frontières, droit d'accès au juge) confirme, à rebours, son absence de prudence sur certaines de ses positions innovantes, parfois en total décalage avec les réalités internes d'un Etat partie à la Convention et soumis à sa juridiction.

Pour rappel, l'article 9 de la Convention Européenne de Sauvegarde des Droits de l'Homme stipule :

> *« 1. Toute personne a droit à la liberté de pensée, de conscience et de religion ; ce droit implique la liberté de changer de religion ou de*

conviction, ainsi que la liberté de manifester sa religion ou sa conviction individuellement ou collectivement, en public ou en privé, par le culte, l'enseignement, les pratiques et l'accomplissement des rites. 2. La liberté de manifester sa religion ou ses convictions ne peut faire l'objet d'autres restrictions que celles qui, prévues par la loi, constituent des mesures nécessaires, dans une société démocratique, à la sécurité publique, à la protection de l'ordre, de la santé ou de la morale publiques, ou à la protection des droits et libertés d'autrui. »

Les positions de chaque partie, brièvement résumées, étaient les suivantes :

— La requérante considérait que la taxation des dons manuels prévue à l'article 757 du CGI, à laquelle elle fut assujettie pendant plusieurs années, portait atteinte à son droit de manifester et d'exercer sa religion garantie par l'article 9 précité.

« L'association précisait qu'en tant qu'autorité ecclésiale nationale, elle est indispensable au culte des Témoins de Jéhovah en France. Elle fournit direction et soutien spirituel aux Témoins de Jéhovah. Afin de réaliser son objet, elle a acquis et installé son siège temporel à Louviers, le Béthel, dont elle est indissociable. Par ailleurs, les membres du Béthel, communauté religieuse, dépendent d'elle pour bénéficier d'un lieu de culte, poursuivre leur ministère exclusivement religieux et disposer d'un lieu de vie. Elle se réfère à un jugement du tribunal administratif de Paris du 28 mars 2007 qui a reconnu la nature religieuse des activités des membres du Béthel, « le lien de subordination dans lequel se trouvent les Témoins de Jéhovah, membres permanents du Béthel, procède essentiellement d'une adhésion spirituelle à leur communauté, fût-elle également de travail, et non d'un lien professionnel [...] ».

« La requérante soutient qu'en procédant à la taxation litigieuse, exorbitante, l'Etat a porté atteinte à l'acte cultuel lui-même. Si la taxation litigieuse était confirmée, il en résulterait la saisine et la vente du Béthel, ce qui entraînerait la perte d'un lieu de culte. La pratique collective d'une religion implique de pouvoir s'appuyer sur des ressources matérielles et celles-ci sont généralement le fruit des offrandes des fidèles. Elle implique le droit de louer ou d'acquérir un lieu de culte et de préparer des manuels. Les offrandes sont de nature religieuse et représentent sa principale ressource soit 86,47 %. Leur taxation aboutirait inévitablement à la liquidation, l'Etat pouvant mettre en vente les biens hypothéqués. La requérante ajoute enfin que l'Etat s'est ingéré dans sa liberté de religion par une taxation punitive motivée par la volonté de réprimer les activités religieuses de minorités confessionnelles figurant sur la liste noire des sectes ».

— *« Le Gouvernement [contesta] l'existence d'une ingérence dans le droit de la requérante de manifester et d'exercer sa liberté de religion. Les offrandes visées par la taxation litigieuse ne font pas partie du culte au même titre que la prière et ne relèvent pas du sacré. En toute hypothèse, si le paiement de la créance litigieuse, résultant de la taxation d'office, devait entraîner la liquidation de l'association, aucun obstacle légal ne l'empêcherait de se reconstituer ».*

En d'autres termes, l'absence du caractère irréversible de la situation hypothétique envisagée par l'association contredisait ses prétentions.

« Le Gouvernement observe à cet égard que l'association requérante a considérablement réduit son activité qui paraît aujourd'hui limitée à la propriété de biens immobiliers ».

Toutefois, comme il fallait s'y attendre, par un arrêt du 30 juin 2011, la Cour de Strasbourg condamna le Gouvernement français, au nom d'une idéologie libérale qui la caractérisait.

4. Une victoire en trompe l'œil

Consécutivement à la publication de cette décision, des quotidiens de l'époque titraient « *Témoins de Jéhovah : Une secte pour la France, une religion pour la Cour européenne des Droits de l'homme* »[376][377][378], mettant ainsi en exergue le décalage de perception existant entre une décision de justice, prise sur le fondement de l'interprétation des textes, et le sentiment quotidien et empirique de la population française.

Cette victoire permit au mouvement notamment de pouvoir solliciter l'autorisation de disposer d'aumôniers dans les maisons d'arrêts, comme d'autres institutions religieuses.

Le principe de non-discrimination faisait obstacle à toute différence de traitement possible.

C'est ainsi qu'en 2015, les Témoins de Jéhovah comptaient 111 aumôniers, derrière l'église catholique (760), l'église protestante

---

[376] https://www.20minutes.fr/societe/750739-20110630-temoins-jehovah-secte-france-religion-cour-europeenne-droits-homme
[377] https://www.parismatch.com/Actu/Societe/Temoins-de-Jehovah-religion-en-Europe-secte-en-France-147886#:~:text=Selon%20une%20d%C3%A9cision%20de%20la,des%20exon%C3%A9rations%20d'imp%C3%B4ts%20assorties.
[378] https://www.lexpress.fr/actualites/2/actualite/les-temoins-de-jehovah-une-religion-pour-la-cour-de-strasbourg_1007871.html

(377) et le culte musulman (193), mais avant le judaïsme (75), le culte orthodoxe (52) et le culte bouddhiste (10)[379].

L'accès du mouvement à « *l'officialité* » ne se traduisît toutefois pas par à un accroissement réel du nombre de ses fidèles.

En 2011, date de leur victoire devant la Cour de Strasbourg, les Témoins de Jéhovah revendiquaient 250 000 fidèles en France. Ce chiffre chuta à 150 000 en 2017. En 2021, le chiffre déclaré était en deçà de 130 000.

Un site internet publia une infographie éclairante, permettant de constater le décalage criant entre l'effort dépensé par les fidèles et les résultats engrangés[380] :

- Les témoins de Jéhovah représentent 0,18% de la population française ;
- Depuis 2020, leur croissance est négative et provient principalement de la croissance organique (les enfants des membres) ;
- En 2012, ils dépensèrent 11 277 heures pour 1 conversion, le plus jeune âge recensé pour un baptême ayant été un enfant de 5 ans ;
- Du fait de la baisse de leur démographie dans le temps, 107 offices ou salles du royaume ont été vendues.

---

[379] https://www.linflux.com/monde-societe/religions/111-aumoniers-temoins-de-jehovah-dans-les-prisons-francaises/#:~:text=C'est%20ainsi%20que%20pour,au%201er%20janvier%202015.
[380] http://questionsbibliques.e-monsite.com/

Ce phénomène reflète au demeurant une tendance à l'échelle régionale[381]. Les Témoin de Jéhovah ont, en effet, enregistré une baisse historique dans 70 pays dans le monde en 2020, en particulier une baisse significative en Afrique.

Frustrée par cette statistique peu encourageante, pour une organisation qui aime vanter ses performances, la Société Watch Tower cessa de publier le nombre réel des fidèles dans des pays où la croissance est stagnante, voir négative (nombre de départ annuel supérieur au nombre des baptêmes).

A titre d'exemple, au Nigéria (pays le plus peuplé d'Afrique), on décompta – 28 313 témoins de Jéhovah en 2021.

Pour effectuer une comparaison des chiffres de 2019 à 2021, il faut les extraire mécaniquement sur le site officiel de l'organisation.

Sachant que le nombre réel de témoins de Jéhovah n'est plus publié, il convient de prendre en considération le « *nombre maximum de proclamateur* » ou la « *moyenne mensuelle du nombre de proclamateurs* » des différentes années, puis de comparer le nombre de baptêmes avec le « *nombre maximum de proclamateur* »[382].

---

[381] https://www.jwinfo.ch/temoins-de-jehovah/2020/12/baisse-historique-du-nombre-de-temoins-de-jehovah-dans-plus-de-70-pays/
[382] https://www.jwfacts.com/watchtower/statistics.php

Prenons le cas de la Suisse.

Année	Nombre de proclamateur	Baptêmes	Turnover
2018	19 354	240	
2019	19 281	251	**324** (19354 + 251)- 19 281
2020	19 082	301	**500**

Une rapide comparaison des chiffres entre 2019 et 2020 à l'échelle du monde fait ainsi apparaître une baisse de -46 823 témoins de Jéhovah, malgré 241 994 baptêmes en 2020 et 1 669 901 531 heures de « *prédication* » reportées.

Les Témoins de Jéhovah connaissent un turnover extrêmement élevé, le taux de rotation étant d'environ 2/3.

C'est d'ailleurs ce qu'affirmait, avec effarement, le magazine Time :

> « *Un exemple encore plus extrême de ce que l'on pourrait appeler le "bidonnage masqué" est celui des Témoins de Jéhovah relativement petits, avec un taux de roulement <u>d'environ les deux tiers</u>. Cela signifie que les deux tiers des personnes qui ont dit à Pew qu'elles avaient été élevées comme Témoins de Jéhovah ne le sont plus – pourtant, le groupe attire à peu près le même nombre de convertis. Remarques Lugo, "Pas étonnant qu'ils doivent continuer à frapper aux portes.*[383] »

---

[383] http://content.time.com/time/nation/article/0,8599,1716987,00.html

Sur la base des chiffres précédemment publiés par la Société Watch Tower, il en ressort le constat suivant :

- De 1991 à 1995, la croissance était de 21,57 %.
- De 1996 à 2000, la croissance a été de 11,92 %.
- De 2001 à 2005, la croissance était de 8,64 %.
- De 2006 à 2010, la croissance était de 11,29 %.
- De 2011 à 2015, la croissance était de 7,99 %.
- De 2016 à 2020, la croissance était de 3,59 %.

Il convient de ne pas perdre de vue que l'augmentation du nombre de colporteurs ou proclamateurs ne représente qu'environ la moitié du nombre de baptisés, ce qui fait des Témoins de Jéhovah la religion ayant le taux de rotation le plus élevé :

> « *Les Témoins de Jéhovah sont les plus "mobiles". Représentant moins de 1% des adultes américains, un tiers de leurs membres quittent le groupe et les deux cinquièmes se joignent à une autre religion.* [384] »

> « *Les Témoins de Jéhovah ont le taux de rétention le plus bas de toutes les traditions religieuses. Seulement 37% de tous ceux qui disent avoir été élevés comme Témoins de Jéhovah s'identifient encore comme Témoins de Jéhovah.* [385] »

5. Le « *millier* » deviendra « *le plus petit* » (Es 60 :22)

Ces indicateurs négatifs sont extrêmement problématiques pour une organisation qui n'a cessé de mettre en avant sa croissance

---

[384] Leadership Currents Shaping Our World: Switched after Birth, July 1, 2003
[385] http://religions.pewforum.org/reports As at March 8 2008

comme le symbole de sa bénédiction divine, au point de faire du texte d'Esaïe 60 : 22[386] un slogan de propagande.

La Tour de Garde a toujours mis en valeur les indicateurs de croissance pour encourager un effort continuel de colportage :

> « *JÉHOVAH étant en train d'accélérer le rassemblement des "brebis", ce n'est certainement pas le moment pour ses serviteurs de marquer le pas dans l'œuvre consistant à prêcher le Royaume et à faire des disciples (Ésaïe 60:8, 22; Matthieu 24:14; 28:19, 20). Nous devons plutôt agir en harmonie avec ce que Dieu veut accomplir à notre époque. Tandis que la fin approche, nous rendons de plus en plus fréquemment visite à nos semblables. Bien que l'activité de témoignage accomplie par un nombre sans cesse croissant de proclamateurs et de pionniers fasse déjà grand bruit dans le monde, la cadence de cette joyeuse moisson va encore augmenter. — Ésaïe 60:11; voir Psaume 126:5, 6.* [387] »

> « 11. a) Quel phénomène se poursuit, et comment cela s'est-il traduit en 1999 ? b) <u>Dans quels pays a-t-on enregistré d'excellents chiffres de baptêmes en 1999 (voir le tableau des pages 17 à 20)</u> ?

> *11 En conséquence, des millions de personnes affluent " comme des colombes vers les ouvertures de leur colombier ", trouvant refuge au sein de la congrégation chrétienne. <u>Elles se comptent chaque année par centaines de milliers, et bien d'autres encore peuvent venir</u>. Isaïe dit en effet : " Tes portes, oui on les tiendra constamment ouvertes ; elles ne seront fermées ni le jour ni la nuit, afin de t'apporter les ressources des nations. " (Isaïe 60:11). <u>L'année dernière, 323 439 personnes se sont fait baptiser pour montrer qu'elles s'étaient vouées à Jéhovah, et Jéhovah n'a pas encore fermé les portes</u>. " Les choses désirables de*

---

[386] « Le plus petit deviendra un millier, Et le moindre une nation puissante. Moi, l'Eternel, je hâterai ces choses en leur temps. »
[387] La Tour de Garde, 15 juillet 1988, p 15

toutes les nations ", les membres de la grande foule, continuent donc d'entrer en masse (Haggaï 2:7). Aucun de ceux qui veulent sortir des ténèbres n'est refoulé (Jean 12:46). Puissent-ils ne jamais cesser d'aimer la lumière !
[...]

18. a) Quelles grandes choses Jéhovah a-t-il faites pour ses serviteurs ? b) Comment savons-nous que l'accroissement va se poursuivre, et quel avenir glorieux attend ceux qui demeureront dans la lumière ?

18 Incontestablement, Jéhovah déverse sa lumière sur ses serviteurs ; il les bénit, les guide et les affermit. Au cours du XXe siècle, ceux-ci ont été à même de constater l'accomplissement de ces paroles d'Isaïe : " Le petit deviendra un millier et l'infime une nation forte. Moi, Jéhovah, j'accélérerai cela en son temps. " (Isaïe 60:22). <u>D'une poignée de fidèles en 1919, " le petit " est devenu plus qu'" un millier ". Et cet accroissement n'est pas terminé. L'année dernière, 14 088 751 personnes ont assisté à la célébration du Mémorial de la mort de Jésus. Parmi elles, beaucoup n'étaient pas des Témoins actifs.</u> Nous sommes heureux qu'elles aient été présentes à cet événement important, et nous les invitons à ne pas cesser de se rapprocher de la lumière. <u>Jéhovah continue de briller avec éclat sur ses serviteurs. La porte de son organisation reste ouverte.</u> Soyons donc tous déterminés à demeurer dans la lumière de Jéhovah. Que de bienfaits nous en retirons dès à présent ! Et quelle joie nous aurons dans l'avenir, quand toute la création louera Jéhovah et se réjouira dans la splendeur de sa gloire ! — Révélation 5:13, 14. [388] »

Là encore, les chiffres, en valeur relative (indicateur le plus pertinent), contredisent l'enthousiasme du mouvement.

---

[388] La Tour de Garde, 1er janvier 2000, p 13-17

6. A la recherche du paradis spirituel

Les Témoins de Jéhovah ont toujours vanté leur supériorité morale, allant jusqu'à décrire la situation régnante au sein de la Société Watch Tower comme d'un « *paradis spirituel* ».

Le concours d'autoglorification n'est jamais loin des colonnes de la Tour de Garde :

> « *Quelqu'un a dit un jour que la bonne moralité peut "s'apprendre par l'exemple, (...) ou simplement par la compagnie de gens ayant une bonne moralité". <u>Voilà donc une autre excellente raison de chercher à rencontrer les personnes qui fréquentent la Salle du Royaume locale. Non que les Témoins de Jéhovah soient intrinsèquement meilleurs que les autres; mais leur haut niveau de moralité atteste le pouvoir de la Parole de Dieu.</u> — 2 Corinthiens 4:7.* [389] »

Si une telle assertion avait un quelconque accent de vérité, les Témoins de Jéhovah ne seraient pas massivement perçus, dans l'opinion publique, comme une organisation sectaire en France ; L'UNADFI ou la MIVILUDE[390] ne tirerait pas régulièrement la sonnette d'alarme sur le mouvement.

Et pour cause !

Si on faisait le tour des réseaux sociaux ou d'articles indépendants, les membres des Témoins de Jéhovah ne brillent pas nécessairement par leur moralité ou leur exemplarité.

---

[389] Réveillez-vous, 8 août 1993, p 8-10
[390] La Mission interministérielle de vigilance et de lutte contre les dérives sectaires : un organisme de l'État français, créé en 2002.

Au contraire, les faits rapportés laissent indiquer, au mieux, une normalité équivalente à tout individu (athée ou non).

A titre d'exemple, en juillet-août 2013, le magazine Lyon Capitale rapportait la sordide affaire de « *sept petites filles, toutes sœurs ou cousines, qui ont été violées par leur grand-père alors qu'elles avaient entre 6 et 13 ans. Personne n'a rien dit, tout le monde s'est muré dans le silence, jusqu'à ce que les plus âgées, en mars 2010, réalisant qu'elles n'étaient pas les seules, décident de briser l'omerta.* »

Parlant de l'Omerta, le magazine précisait qu'il s'agissait de « *l'omerta de la famille mais aussi celle des Témoins de Jéhovah de Péronne, dont tous étaient de dévoués fidèles* » :

> « *"Il ne s'agit pas du procès des Témoins de Jéhovah, précise à Lyon Capitale Pascal Duriez, l'avocat des parties civiles. Mais il y a bel et bien eu des directives internes au sein de la congrégation pour que les victimes se taisent." Même l'avocat de la défense s'est félicité que le parquet cite à comparaître trois responsables des Témoins de Jéhovah locaux, "certains [étant] complices par leur silence". Le grand-père a écopé de sept ans de prison.* »

S'agissant de la protection des enfants face aux prédateurs sexuels, le magazine rappelait les propos d'un ancien responsable des Témoins de Jéhovah en la matière :

> « *Auditionné lors de la commission d'enquête parlementaire "relative à l'influence des mouvements à caractère sectaire et aux conséquences de leurs pratiques sur la santé physique et mentale des mineurs", il y a quelques années, Alain Berrou, un ancien responsable de la congrégation, a expliqué la démarche qu'il devait suivre : "Il m'est arrivé, en tant que responsable, d'être saisi de directives non écrites, mais qu'il fallait recopier sous la dictée à la virgule près, et qui*

traitaine des cas d'abus sexuels sur enfants. (…) <u>Le mouvement a tout un système de justice parallèle et les responsables locaux reçoivent un manuel de directives à appliquer à l'égard d'adeptes manifestant des velléités de liberté intellectuelle.</u>" »
[…]

Voici ce que ce responsable a rapporté à la commission d'enquête :

"L'article 62 du Code pénal prévoit de poursuivre d'une action judiciaire quiconque est au courant d'une agression d'enfant et n'avertit pas les autorités. Si l'auteur des sévices est un membre baptisé de la Congrégation, voici les directives à appliquer : Premièrement, avant tout, téléphonez au service juridique de la Société pour recevoir des conseils. Deuxièmement, faites immédiatement une enquête pour établir si les faits sont vérifiés. <u>Troisièmement, formez un comité judiciaire. Ensuite, éventuellement, dénonciation aux autorités.</u>"

Le dernier paragraphe des directives est on ne peut plus clair sur ce que les Témoins de Jéhovah feront dans l'éventualité de porter l'affaire devant les autorités judiciaires gouvernementales : "Les Anciens sont, aux yeux de la loi, des ministres du culte et, à ce titre, sont tenus au secret confessionnel dérivé du secret professionnel (article 378 du Code pénal) <u>Ils sont libérés de cette obligation dans le seul cas d'inceste, sévices sexuels, avortements illégaux.</u> »

Le Collège déterminera la meilleure solution pour la Congrégation et sa réputation." Autrement dit et dans des termes moins formels, chez les Témoins de Jéhovah, on ne lave pas son linge sale sur la place publique, cela pouvant porter atteinte à la réputation de l'association. »

Le Magazine interrogea des policiers, s'exprimant sous anonymat[391]. Leurs propos sont absolument accablants.

Le Magazine inclût une interview de William H Bowen, ex-responsable des Témoins de Jéhovah, vivant aux Etats-Unis et créateur du site internet *Silent Lambs*[392].

Voici un extrait de cet interview :

> « *Vous avez publié sur votre site Internet une base de données propre aux Témoins de Jéhovah, faisant état de 23 720 cas d'agressions sexuelles et de viols. Comment y avez-vous accédé ?*
>
> *Au printemps 2002, j'ai été contacté par trois personnes différentes, et de manière séparée, faisant partie des Témoins de Jéhovah, qui m'ont donné un certain nombre d'informations, notamment concernant le nombre de témoignages, recueillis par la secte elle-même, de membres qui se sont confessés. Ce ne sont pas des suspicions, ce sont des personnes qui ont avoué à la secte avoir abusé des enfants.*
>
> *Que contient ce fichier ?*
>
> *Y sont consignés tous les détails de l'affaire, dont la date de naissance du pédophile, ce qui s'est passé, l'âge de la victime, les lieux, les dates des attouchements, leur nombre, etc. Ces détails sont ensuite saisis sur un ordinateur au siège pour un archivage permanent, et peuvent être ressortis à tout moment, par les personnes autorisées, en cas d'infraction ultérieure.* <u>*En 2002, le fichier énumérait 23 720 cas. Aujourd'hui, j'estime que la base de données contient bien plus de 40*</u>

---

[391] Leur devoir de réserve le justifie
[392] Ce site internet fait état de la pandémie de la pédocriminalité au sein des congrégations des Témoins de Jéhovah dans le monde.

000 noms d'agresseurs d'enfants. Si on fait un ratio par rapport au nombre de Témoins de Jéhovah dans le monde, on arrive à un cas de viol toutes les quatre congrégations. En France, où on recense 1 500 congrégations, si on applique ce ratio, cela fait environ 375 cas possibles de viols confessés.

Le siège mondial des Témoins de Jéhovah reconnaît-il l'existence de cette base de données ?

Oui, dans un courrier à l'intention de la BBC, ils en ont reconnu l'existence, tout en affirmant qu'il n'y avait pas de sens à citer le chiffre exact…

Pourquoi une telle omerta ?

Cela ne sert qu'à protéger l'organisation. On souhaite que les anciens aient la maîtrise totale de tout. »

En 2021, le quotidien régional France 3 Bretagne fit état d'une enquête ouverte après une plainte pour un cas d'inceste[393] :

> « *Une enquête préliminaire a été ouverte à Lorient après la plainte d'un membre des Témoins de Jéhovah qui accuse son père de l'avoir violée lorsqu'elle était enfant. Selon la plaignante, sa communauté aurait aussi "couvert" ces actes.*
> [...]
> *La trentenaire, aujourd'hui mariée et mère de trois enfants, dit avoir été victime de viols et d'agressions sexuelles de la part de son père, entre 1995 et 2008. Elle était alors âgée de 8 à 21 ans, selon sa plainte dont l'AFP a obtenu copie. Elle indique que son père l'aurait*

---

[393] https://france3-regions.francetvinfo.fr/bretagne/morbihan/lorient/lorient-les-temoins-de-jehovah-au-c-ur-d-une-enquete-apres-une-plainte-pour-inceste-2101135.html

contrainte à des pénétrations anales digitales ou à l'aide de bananes ou petites cuillères "dès qu'il le pouvait".

Sa mère lui aurait "à de nombreuses reprises" demandé de dormir avec son père, la traitant de "coincée" lorsqu'elle se plaignait des atteintes sexuelles de son père, selon la plainte.

La plaignante évoque aussi des maltraitances subies par les enfants gardés par sa mère en tant qu'assistante maternelle, certains ayant été victimes de coups, d'insultes ou privés de nourriture. »

La plainte de la plaignante établissait un lien avec les responsables locaux des Témoins de Jéhovah :

« En août 2013, après la révélation des faits dans l'entourage de la plaignante, les Témoins de Jéhovah de Lorient avaient organisé un "comité judiciaire" composé de trois membres de la communauté, selon Hélène S. "L'un des Anciens a dit qu'on pouvait faire un dépôt de plainte, mais les autres ont dit que ça allait salir le nom de Jéhovah", a-t-elle raconté à l'AFP.

Une enquête a été ouverte dès juin 2019 à Lorient et sa mère s'est vu retirer son agrément d'assistante maternelle, selon la jeune femme. Mais "mes parents sont pleinement soutenus par la communauté" qui "les couvre", affirme-t-elle. "Si mes parents tombent, la communauté de Lorient tombe car il y a beaucoup trop de personnes qui sont au courant", selon elle.

"En matière d'inceste, il y a déjà une loi du silence mais là, elle est encore plus forte", insiste son avocate Karine Shebabo, qui évoque une "omerta", le "silence total de tous les membres des Témoins de Jéhovah". »

Or, s'agissant de l'inceste, la CIIVISE[394] a récemment publié un rapport sur l'inceste en France et ses graves conséquences à long terme[395].

Le quotidien rappelle qu'en « *2005, un ancien Témoin de Jéhovah avait été condamné à 12 ans de réclusion aux assises de la Gironde pour le viol de sa fille. Quatorze ans plus tôt, les Témoins de Jéhovah avaient fait comparaître l'homme devant le "conseil des anciens" et décidé de l'exclure de la communauté sans toutefois dénoncer les faits à la justice.* »

En juin 2022, Philippe X, 34 ans, chef d'entreprise, et membre des Témoins de Jéhovah, comparaissait devant la Cour d'assises de Seine et Marne pour une tentative d'assassinat sur son épouse, l'homme l'ayant tiré une balle dans la tête lors d'un pique-nique (la balle ayant heureusement fracturé la boite crânienne sans toucher le cerveau). Il aurait aussi prétendument embauché un jeune homme pour l'y aider dans ce projet funeste[396].

En outre, est-il nécessaire de rappeler que les cabinets des Juges aux Affaires Familiales, en France, sont également peuplés par des couples dont l'un des époux appartiendrait à l'Eglise des Témoins de Jéhovah ?

Dans ces cabinets, la recherche d'un divorce pour faute[397], ou une demande d'annulation de mariage[398], ou encore une demande

---

[394] Commission Indépendante sur l'Inceste et les Violences Sexuelles faites aux Enfants
[395] https://www.europe1.fr/societe/inceste-la-ciivise-sonne-lalarme-sur-les consequences-a-long-terme-le-gouvernement-promet-dagir-4135641#:~:text=Ces%20violences%20subies%20enfant%20ont,%2C%20boulimie...).
[396] https://www.linfo.re/france/faits-divers/seine-et-marne-un-temoin-de-jehovah-juge-pour-un-tir-rate-sur-sa-femme
[397] Cour d'appel Lyon, 5 mai 2015, n°14/00222
[398] Cour d'appel Poitiers, 23 février 2022, RG n°21/01183

d'aménagement d'exercice de l'autorité parentale sur l'enfant[399][400] ne sont pas rares.

Ces éléments attestent de la banalité du quotidien des témoins de Jéhovah, présentés pourtant comme des fleurons de la société humaine en matière de moralité.

On pourrait poursuivre ainsi à l'infini…

Les faits sont clairs : les témoins de Jéhovah de France n'ont aucune spécificité quelconque par rapport aux autres français, croyant ou non. Leur moralité n'est en rien différente des autres ; tous les griefs d'ordre moral, éthique ou pénal décelables chez le premier quidam français s'appliquent également à eux.

Les prétentions des Témoins de Jéhovah relèvent du mythe. Non seulement les faits leur donnent torts, mais la rapidité avec laquelle leurs membres désertent leurs rangs démontrent, chaque jour, le mensonge de ce mouvement.

Comment peuvent-ils revendiquer une stature morale quelconque, lorsque cette organisation fait face à plusieurs procès de pédocriminalité à travers le monde, ou que son fonctionnement est perçu par des autorités étatiques comme peu protectrices de l'intégrité physique des enfants [401]?

---

[399] Cour d'appel de Dijon, 17 juin 2016, RG n° 16/02448
[400] CA Aix-en-Provence, 27 avril 2017, RG n° 16/02448
[401] https://www.childabuseroyalcommission.gov.au/media-releases/report-jehovahs-witness-organisations-released

Le 28 novembre 2016, la Commission royale britannique concluait son rapport de la sorte :

> « *La Commission royale a constaté que les enfants ne sont pas suffisamment protégés contre le risque d'abus sexuels d'enfants au sein de l'organisation des témoins de Jéhovah et ne pense pas que l'organisation réponde de manière adéquate aux allégations d'abus sexuels d'enfants.* [...] *La Commission royale a constaté que le système disciplinaire interne de l'organisation des Témoins de Jéhovah pour traiter les plaintes d'abus sexuels sur des enfants n'était pas axé sur les enfants ou les survivants. Les survivants n'ont que peu ou pas de choix quant à la manière dont leur plainte est traitée, les sanctions sont faibles sans tenir compte du risque de récidive de l'auteur. Enfin, la Commission royale a considéré que la pratique générale de l'organisation consistant à ne pas signaler les cas graves d'abus sexuels sur des enfants à la police ou aux autorités démontrait un grave manquement de sa part à assurer la sécurité et la protection des enfants.* »

Le nombre des pédocriminels témoins de Jéhovah en Australie a d'ailleurs été considéré comme l'un des plus élevés parmi les autres dénominations religieuses dans ce pays[402].

A l'heure des réseaux sociaux, les témoignages croulent d'horizons divers, réduisant chaque jour à néant l'écart entre la légende durement construite par ce mouvement et la réalité[403].

La Société Watch Tower a sans doute oublié qu'on ne bâti rien de durable sur un mensonge.

---

[402] https://www.washingtonpost.com/news/morning-mix/wp/2016/11/28/australian-jehovahs-witnesses-protected-over-a-thousand-members-accused-of-child-abuse-report-says/
[403] https://www.youtube.com/watch?v=gDwHdj7plWo

Le temps finit toujours par rendre à chacun la monnaie de sa pièce et la vérité finit toujours par prévaloir.

———————————

BIBLIOGRAPHIE

PARTIE I

CHAPITRE 1

Ouvrages & Articles
La Gazette de Pittsburgh, 14 mars 1879
Milennial Dawn, Vol. III : Thy Kingdom Come 1891, p. 66, 117, 314-319, 342
Charles Russell, The Battle of Armageddon, p 613
Biography of Pastor Russell, Divine Plan of the Ages, 1918, p 6
Overland Monthly February 1917, p 129
J.J. Ross, « *Some Facts And More Facts About The Self-Styled «Pastor» Charles T. Russell* ».
Alexander MacMillan, Faith on the March, 1957, p 27
Jehovah's Witnesses in the Divine Purpose, 1959, p 17
Annuaire des Témoins de Jéhovah, 1975, p 42
Cathleen Koenig, Charles Taze Russell

Sites internet

https://www.watchtowerlies.com/russell_pas_le_president_de_la_watchtower.html

https://www.challies.com/articles/the-false-teachers-charles-taze-russell/

http://www.providentialbc.com/Exposing_Jehovahs_Witnesses.html

http://aquilatj.free.fr/Historique/russell_test.htm

https://www.pastorrussell.pl/wpcontent/uploads/2017/11/The_Twain_One.pdf

http://jwdivorces.bravehost.com/decisions/ctrdivorce.html

CHAPITRE 2

Ouvrages & Articles
Joseph Rutherford, Millions Now Living Will Never Die, 1920, p 88, 97
Joseph Rutherford, La Harpe de Dieu, 1921, p 187
Joseph Rutherford, Le Chemin du Paradis, 1925, p 224, 226, 227
Joseph Rutherford, Création, 1927, p 1927
Joseph Rutherford, Préparation, 1933, p 350
Joseph Rutherford, Richesse, 1936, p 350
Joseph Rutherford, Pourquoi Servir Jéhovah, 1936, p 62
Joseph Rutherford, Consolation, 1938
Joseph Rutherford, Justification, Vol 3, p 156-157, 295
Joseph Rutherford, Le Salut, 1939, p 151
Joseph Rutherford, Face the Facts, p 46-50
Annuaire des Témoins de Jéhovah 1933, p 11
Annuaire des Témoins de Jéhovah, 1974, p 97-98
Annuaire des Témoins de Jéhovah, 1975, p 81, 83
Facts for Shareholders, 15 November 1917, p 14
God's Kingdom of a Thousand Years Has Approached, 1973, p 347
« Les Nations Sauront Que Je Suis Jéhovah. » Comment ? 1974, chap 20
Que Dieu Soit Reconnu Pour Vrai, 1952, p 240
Les Témoins de Jéhovah, Proclamateurs du Royaume de Dieu, 1993, p 67, 93, 647

Alan Rogerson, Millions Now Living Will Never Die, 1969, p 46, 53- 60
St. Paul Enterprise 16 janvier 1917
Religion: Jehovah's Witness", Time, 10 June 1935
Tony Wills, A People For His Name, 2006, p 98, 121, 129, 177-179, 201
Barbara G Harrison, Visions of Glory – A History and Memory of Jehovah's Witnesses, 1978, chap 6
Rud Persson, Rutherford's Coup, The Watch Tower succession Crisis of 1917 and its Aftermath, Hart
Pierson, Light After Darkness, p 5, 6, 11
William Schnell, 30 Years A WatchTower Slave, 1971, Baker Book House, p 46
Alexander Mc Millan, Faith in the March, p 152
Raymond Franz, Crise de Conscience, p 72
James Penton, Apocalypse Delayed: The Story of Jehovah's Witnesses, 2e edition, p56

CHAPITRE 3

Ouvrages & Articles
Jehovah's Witnesses in the Divine Purpose, p140
Annuaire des Témoins de Jéhovah 1973
Joseph Rutherford, Consolation, 1938, p 19
Life Everlasting in Freedom of the Sons of God, 1966, p 26-30
Aid to Bible Understanding, 1971, p 1134, 1669
Les Témoins de Jéhovah, Proclamateurs du royaume de Dieu, p 91
Ernest Raba, St. Mary's University School of Law: A Personal Reminiscence, 1986
Hans Hillerbrand, Encyclopedia of Protestantism, 2004, p 895
James Penton, Apocalypse Delayed: The Story of Jehovah's Witnesses, p 72, 107

Alan Rogerson, Millions Now Living Will Never Die, p 66
Time Magazine, 11 juillet 1977

Sites internet

http://users.adam.com.au/bstett/JEHOVAHSWITNESSES.htm

https://beroeans.net/fr/2020/03/13/james-penton-discusses-the-presidencies-of-nathan-knorr-and-fred-franz/

https://www.tetragrammaton.org/tetradfrench.html

PARTIE II

CHAPITRE 4

Ouvrages et Articles
Joseph Rutherford, Richesses, 1936, p 350
Que Dieu Soit Reconnu Pour Vrai, 1952, p 240
Theocratic Aid to Kingdom Publishers, 1945, p 307
Organisé Pour Faire La Volonté de Jéhovah, p 209-210
Adorez le seul vrai Dieu, 2002, page 59
Raymond Franz, Crise De Conscience, chap 4
Alexander Mc Millan, Faith in the March, p 152

Sites internet

https://www.jw.org/en/jehovahswitnesses/activities/events/annual-meeting-report-2012/

https://www.ancestry.fr/learn/learningcenters/default.aspx?section=lib_generation#:~:text=Notre%20connaissance%20de%20la%20moyenne,ann%C3%A9es%20varie%20selon%20le%20cas.

CHAPITRE 5

Ouvrages & Articles
L'Aurore du Millénium, 1890, volume 3, pp. 305-8
Etudes Perspicaces des Ecritures, Vol 2, p 1081
Jehovah's Witnesses in the Divine Purpose, 1959, p 40

CHAPITRE 6

Ouvrages & Articles
Joseph Rutherford, Consolation, 1938, p 19
Blood, Medicine, and the Law of God. Watch Tower Society, 1961, p 54
Raymond Franz, Crise de Conscience, p 124-125
Dr Muramoto,1998, -"Bioethics of the refusal of blood by Jehovah's Witnesses, Parts 1 & 2
Le Monde, 28 octobre 2001, propos recueillis par Paul Benkimoun

<u>Sites internet</u>

https://www.medela.fr/allaitement-pour-professionnels/conseils/preparation-allaitement/bienfaits-du-lait-maternel
https://idele.fr/detail-article/origine-des-cellules-du-lait

CHAPITRE 7

Ouvrages & Articles
« Prenez Soin Du Troupeau De Dieu », édition 2014, Chap 12
R. J. Furuli, PH.D, My Beloved Religion And The Governing Body, 2020, p171

Sites internet

https://www.youtube.com/watch?v=HR4oBqrQ1UY

CHAPITRE 8

Sites internet

http://underpop.free.fr/w/watchtower-bible-and-tract-society/barbara-andersons-anecdotes-from-life-at-bethel.pdf
https://www.youtube.com/watch?v=KuLSUPCTWaE

PATRIE III

CHAPITRE 9

Ouvrages & Articles
Henry-Charles Chéry, L'Offensive des sectes, p 33 et s.
Maurice Colinon, Frères séparés : Le phénomène des sectes au XXe siècle
Leadership Currents Shaping Our World: Switched after Birth, 1 July 2003
CEDH, 30 janvier 2011, n°8916/05
Cour d'appel Lyon, 5 mai 2015, n°14/00222
Cour d'appel de Dijon, 17 juin 2016, RG n° 16/02448

CA Aix-en-Provence, 27 avril 2017, RG n° 16/02448
Cour d'appel Poitiers, 23 février 2022, RG n°21/01183

Sites internet

https://www.prevensectes.me/rap83a.htm

https://www.assemblee-nationale.fr/rap-enq/r2468.asp

https://www.assembleenationale.fr/dossiers/sectes/r1687.pdf

https://www.20minutes.fr/societe/750739-20110630-temoins-jehovah-secte-france-religion-cour-europeenne-droits-homme

https://www.parismatch.com/Actu/Societe/Temoins-de-Jehovah-religion-en-Europe-secte-en-France 147886#:~:text=Selon%20une%20d%C3%A9cision%20de%20la,des%20exon%C3%A9rations%20d'imp%C3%B4ts%20assorties.

https://www.lexpress.fr/actualites/2/actualite/les-temoins-de-jehovah-une-religion-pour-la-cour-de-strasbourg_1007871.html

https://www.linflux.com/monde-societe/religions/111-aumoniers-temoins-de-jehovah-dans-les-prisons-francaises/#:~:text=C'est%20ainsi%20que%20pour,au%201er%20janvier%202015.

http://questionsbibliques.e-monsite.com/

https://www.jwinfo.ch/temoins-de-jehovah/2020/12/baisse-historique-du-nombre-de-temoins-de-jehovah-dans-plus-de-70-pays/

http://content.time.com/time/nation/article/0,8599,1716987,00.html

https://www.jwfacts.com/watchtower/statistics.php

http://religions.pewforum.org/reports As at March 8 2008

https://france3-regions.francetvinfo.fr/bretagne/morbihan/lorient/lorient-les-temoins-de-jehovah-au-c-ur-d-une-enquete-apres-une-plainte-pour-inceste-2101135.html

https://www.linfo.re/france/faits-divers/seine-et-marne-un-temoin-de-jehovah-juge-pour-un-tir-rate-sur-sa-femme

https://www.youtube.com/watch?v=erWV8YnTFto

https://www.childabuseroyalcommission.gov.au/media-releases/report-jehovahs-witness-organisations-released

https://www.washingtonpost.com/news/morning-mix/wp/2016/11/28/australian-jehovahs-witnesses-protected-over-a-thousand-members-accused-of-child-abuse-report-says/

https://www.youtube.com/watch?v=gDwHdj7plWo

© Rydian Dieyi, 2022
Édition : BoD – Books on Demand, info@bod.fr
Impression : BoD – Books on Demand, In de Tarpen 42, Norderstedt (Allemagne)
Impression à la demande
ISBN : 978-2-3224-5258-3
Dépôt légal : Novembre 2022